Über dieses Buch

Zwischenmenschliche Beziehungen und soziales Leben sind ohne ein
Verstehen der Menschen, aber auch ohne konstruktive Selbsterkenntnis nicht möglich. Josef Rattner vereinigt in diesem Buch die
Erkenntnisse der Tiefenpsychologie zu einer allgemeinverständlichen
Charakterkunde. Selbsterkenntnis und Menschenkenntnis werden
damit aus dem Bereich rein subjektiver Einschätzung und Mutma-
ßung befreit und auf den Boden wissenschaftlicher Forschung gestellt. Aufgrund seiner langjährigen praktischen Erfahrung kann
der Autor darüber hinaus auf die Möglichkeiten der psychotherapeutischen Charakterveränderung hinweisen.

Der Autor:

Josef Rattner, 1928 in Wien geboren, studierte Philosophie, Psychologie, Deutsche Literatur und später Medizin. Er promovierte
zum Dr. phil. und Dr. med. Gegenwärtig lebt er als frei praktizie-
render Psychotherapeut und Lehranalytiker in Berlin.
Von Josef Rattner erschien bisher im Fischer Taschenbuch Verlag:
›Aggression und menschliche Natur‹ (Bd. 6173).

Josef Rattner

Der schwierige Mitmensch

Psychotherapeutische
Erfahrungen zur
Selbsterkenntnis,
Menschenkenntnis und
Charakterkunde

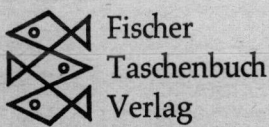
Fischer
Taschenbuch
Verlag

Fischer Taschenbuch Verlag
 1.–25. Tausend: Februar 1973
26.–40. Tausend: Mai 1973
Ungekürzte Ausgabe

Umschlagentwurf: Jan Buchholz / Reni Hinsch

Fischer Taschenbuch Verlag GmbH, Frankfurt am Main
Lizenzausgabe nach der 2. erweiterten Auflage
mit freundlicher Genehmigung des
Walter-Verlages, Olten und Freiburg im Breisgau
© Walter-Verlag AG, Olten, 1971
Gesamtherstellung: Hanseatische Druckanstalt GmbH, Hamburg
Printed in Germany
ISBN 3 436 01657 8

Hierbei bekenn' ich, daß mir von jeher die große und so bedeutend klingende Aufgabe: »erkenne dich selbst!« immer verdächtig vorkam, als eine List geheim verbündeter Priester, die den Menschen durch unerreichbare Forderungen verwirren … wollten. Der Mensch kennt nur sich selbst, insofern er die Welt kennt, die er nur in sich und sich nur in ihr gewahr wird. Jeder neue Gegenstand, wohl beschaut, schließt ein neues Organ in uns auf. Am allerfördersamsten sind aber unsere Nebenmenschen, welche den Vorteil haben, uns mit der Welt aus ihrem Standpunkt zu vergleichen und daher nähere Kenntnis von uns zu erlangen, als wir selbst gewinnen mögen. Ich habe daher in reiferen Jahren große Aufmerksamkeit gehegt, inwiefern andere mich wohl erkennen möchten, damit ich in und an ihnen, wie an so viel Spiegeln, über mich selbst und über mein Inneres deutlicher werden könnte … Von Freunden … lasse ich mich ebenso gern bedingen als ins Unendliche hinweisen, stets merke ich auf sie mit reinem Zutrauen zu wahrhafter Erbauung.

Goethe: *Bedeutendes Fördernis durch ein einziges geistreiches Wort*, Inselausgabe, Bd. 6, S. 478

Inhalt

Menschenkenntnis

Das Verstehen des Mitmenschen ist von großer Bedeutung für ein glückliches und erfolgreiches Leben. Denn aus dem richtigen Verständnis erwächst immer auch ein guter und gediegener Umgang: wer sich in den anderen einfühlen kann, wird ihn auch sinngemäß behandeln können. In allen menschlichen Beziehungen ist daher Menschenkenntnis erforderlich; im Maße, wie sie vorhanden ist, entwickeln sich diese Beziehungen zu Gedeih und Verderb. So kann sich kein Mensch von der Bemühung dispensieren, ein Stück Kennerschaft auf diesem Gebiet zu erwerben; schon im »rein egoistischen Interesse«, seinem Dasein einen möglichst hohen Grad von Glück und Erfüllung zu geben, wird es notwendig, unsere Selbsterkenntnis und die Kenntnis des Mitmenschen zu entfalten.

Wahrscheinlich würden viele Menschen zustimmen, wenn man die Wichtigkeit der Menschenkenntnis hervorheben würde. Fast jedermann wird der Meinung sein, es sei wertvoll, über sich selbst und die anderen Bescheid zu wissen. Aber wenn man näher zusieht, wird man gewahr, daß die Menschen im allgemeinen sehr schlechte Menschenkenner sind. Die Täuschungen über die eigene Persönlichkeit und die Persönlichkeit des Mitmenschen sind oft überraschend groß. Daraus folgen zumeist auch Handlungen, die eine ganz andere Resonanz finden, als man erwartet hat. Der psychologische Fachmann ist sehr häufig beeindruckt durch die Art, wie die Menschen aneinander vorbeireden, vorbeidenken, vorbeihandeln. Auf der Ebene der Gefühle und des menschlichen Zusammenlebens scheint eine »babylonische Sprachenverwirrung« zu obwalten. Das Sich-Verstehen zweier oder mehrerer Menschen ist die Ausnahme, die Regel ist wechselseitiges Mißverständnis.

Man denke nur an die zahllosen Ehen, die wegen gegenseitiger Verständnislosigkeit scheitern. Ein Großteil der Ehen, die geschieden werden oder in dauernder Kampfstimmung verharren, krankt nicht an »Unvereinbarkeit der Charaktere« (wie die Beteiligten gemeinhin glauben), sondern am mangelhaften Verstehen beider Seiten. Jeder bekämpft im anderen einen Popanz, der der Wirklichkeit nicht entspricht. Wird dem Psychologen eine solche zerrüttete Ehe zur Beurteilung vorgelegt, so kann er oft schon nach wenigen Aussprachen den beiden »Kampfhähnen« zeigen, daß sie im Partner ein Vorstellungsbild attackieren, das realitätsfremd und irreführend ist. Oft müssen sich Paare, die schon viele Jahre zusammenleben, vom Fachmann nach einigen Beratungssitzungen Hinweise erteilen lassen, die ihre Meinung vom Lebenspartner grundlegend ändern. Der objektive Beurteiler sieht Charakterzüge und Wesenseigenschaften, die vom Gatten oder der Gattin völlig falsch interpretiert oder gar nicht erkannt worden sind.

Auch Kinder verstehen ihre Eltern nicht, und Eltern mißverstehen ihre Kinder. Auch hierfür liefert die psychologische Beratungspraxis anschauliche Beispiele. Dasselbe gilt für die Verhältnisse zwischen Vorgesetzten und Untergebenen, zwischen Freunden, Bekannten usw.

Mit einem Wort: Menschenkenntnis fehlt an allen Ecken und Enden. Und doch wäre dies die notwendigste und nützlichste Wissenschaft, die es überhaupt gibt. Irrtümer im Umgang mit Sachen, Naturgegenständen mögen bedauerlich sein: Irrtümer in der Menschenkenntnis können unser ganzes Leben verpfuschen oder doch schwer beeinträchtigen. Da der Mensch sein Leben immer in Gemeinschaft mit anderen Menschen führt, besteht ein innerer Zwang, diese anderen zu begreifen: Ein Manko in diesem Bereich ist immer ein großes Übel.

Jeder hält sich für einen Menschenkenner!

Wiewohl die Kunst und Wissenschaft des Menschen-Verstehens überall im argen liegt, gibt es kaum einen Menschen, der sich nicht für einen guten Menschenkenner hält. Dies ist ein merkwürdiger Tatbestand. Auch offensichtlich schlecht orientierte Menschen, die immer wieder in der Einschätzung anderer versagen, glauben sich »eine gute Nase« in der Menschenbeurteilung zuschreiben zu dürfen. Jeder Mensch meint im Grunde seines Gefühls, er kenne sich und die anderen, und man müsse ihm hierüber keine Belehrung zukommen lassen.

Woher stammt diese Selbsttäuschung, die nicht selten unheilvoll werden kann? In den übrigen Fachgebieten sind die Menschen viel bescheidener und selbstkritischer. Wenn jemand Astronomie, Mathematik oder Physik kennt resp. versteht, so wird er dies mühelos und ohne weiteres zugeben. Aber nur wenige werden sich eingestehen, daß sie schlechte Menschenkenner sind. Es braucht schon beinahe die Weisheit des *Sokrates*, der vor 2400 Jahren den schönen Ausspruch getan hat: »Ich weiß, daß ich nichts weiß!« Wer diesen Standpunkt auf dem Gebiet der Menschenkenntnis erreicht hat, ist schon nahe daran, in diese Disziplin eindringen zu können. Er hat sicherlich günstigere Voraussetzungen als jener, der sich im Besitz einer Menschen-Kennerschaft wähnt, die gar nicht existiert.

Für den Psychologen ist es kein Rätsel, warum die Menschen sich für Menschenkenner halten können, ohne es wirklich zu sein. *Jede Meinung über sich selbst und die Mitmenschen bestimmt nämlich die Erfahrungen, die man mit sich selbst und diesen Mitmenschen zu machen pflegt.* Darum scheinen sich solche Auffassungen, Gedanken und Gefühle, wie irrig sie auch sein mögen, ständig zu bestätigen. Auch das schiefste Urteil *scheint* sozusagen immer recht zu behalten!

Die »Gefühlsspiralen«

Unfreundliche Menschen gehen im allgemeinen von der Voraussetzung aus, daß alle Menschen Egoisten seien, daß man von den anderen nicht viel Gutes erwarten könne, daß alle nur auf den eigenen Vorteil schauen usw. Durch die Tatsache ihrer Unfreundlichkeit legen sie nun faktisch dem Mitmenschen nahe, sich ihnen gegenüber reserviert, kühl, »egoistisch« zu verhalten. Dadurch werden sie dauernd in ihrem Distanzgefühl bekräftigt, sie sehen in ihrer Umwelt nur, was zu ihrem vorausgesetzten Konzept paßt, so daß sie ihre Unfreundlichkeit durch ihr ganzes Leben hindurch bewahren können, ohne daß diese je korrigiert würde.

Herrschsüchtige, aggressive Menschen haben — aus Gründen, auf die wir später zurückkommen werden — das unbewußte Gefühl, daß man sie zu wenig achtet, daß man sie unterschätzt usw. Aus dieser Gefühlslage heraus sind sie mißtrauisch, empfindlich und reagieren leicht mit Verstimmung oder Aggression. Sie glauben sich oft von Kritikern und Gegnern umgeben, gegen die sie sich zur Wehr setzen müssen. Fast immer schießt dabei die Reaktion weit über das sinnvolle Maß hinaus. So können Gatte oder Gattin, Untergebene, Kinder usw. zur Zielscheibe aggressiver Auslassungen werden, die naturgemäß einen gefühlsmäßigen Gegensatz zum autoritären Menschen hervorbringen. Dieser spürt das und sieht sein Bild einer feindlichen Umgebung bewahrheitet, was seine bereits eingenommene Charakterposition nur noch fördert.

Solche »Gefühlsspiralen« (in denen ein bestehender Charakterfehler zu entsprechenden Erfahrungen führt, welche ihn noch mehr ausprägen und fixieren) könnten im Zusammenhang mit Eifersucht, Geiz, Schüchternheit, Pessimismus, Angst, Neid, Intoleranz usw. aufgezeigt werden. Jeder Charakterzug, den wir haben, schließt auch ein Welt- und Menschenbild ein, das allen Eindrücken, die man von Welt und Mitmensch bekommen kann, zugrunde liegt. Ein verengtes Gefühlskonzept kann so unseren Erfahrungsbereich wesentlich einschränken.

Dies ist uns immer unbewußt, indem unsere Gefühlshaltung gleichsam die »Brille ist, mit der wir auf uns selbst und den Mitmenschen schauen«. Da man diese »Brille« von früher Kindheit an trägt, weiß man um sie nur wenig oder gar nichts: die Optik unserer Selbst- und Fremdbeurteilung wird in den ersten Lebensjahren, durch die emotionellen Erfahrungen im Raume der Familie, ausgebildet, in einer Zeit also, wo Selbstkritik nicht möglich ist. Hernach ist sie derart mit unseren Erlebnissen und Schätzungsweisen verwoben, daß man dazu keinen inneren Abstand hat. Darum können massive Fehler in unserer Menschenkenntnis bestehen, ohne daß wir darum wissen. Mitunter sind solche Fehlhaltungen geradezu grotesk, dies selbst bei sehr gebildeten und klugen Leuten. Aus den falschen Meinungen und Auffassungen ergeben sich dann auch falsche Lebensführungen, die nicht selten in Unglück, Tragik oder psychische Erkrankung einmünden. Man darf von der psychologischen Erfahrung her feststellen, daß allen seelischen Erkrankungen — von der Nervosität bis zur Neurose, von der einfachen Sexualstörung bis zur sexuellen Perversion, von der psychosomatischen Krankheit bis zu den Gemüts- und (teilweise) Geisteskrankheiten usw. — ein tiefgreifender Mangel an Menschenkenntnis zugrunde liegt. Dieser Mangel ist ein fundamentaler Faktor für die gefühlsmäßige Isolierung, Lebensangst, Unsicherheit, Einsamkeit und Verzweiflung, die zur psychischen Erkrankung überleiten. Aber auch bei den sogenannt »Gesunden« wäre das Leben schöner, produktiver, freier und glücklicher, wenn man sich selbst und den Mitmenschen gut einschätzen könnte, wenn man ein wahrer Menschenkenner wäre!

Vorwissenschaftliche Menschenkenntnis I

Seit den Anfängen der Kultur ist die Menschheit bemüht, Menschenkenntnis zu erarbeiten. Allerdings haben frühere Zeitalter hierzu das Instrument der Wissenschaft noch nicht besessen. Daher mußten sie sich mit Mutmaßungen und Meinungen begnügen, die uns Heutige seltsam, verquer und auch komisch dünken können. Dennoch ist es lehrreich, die alten und veralteten Methoden der Menschenkenntnis in Betracht zu ziehen. Auch in ihren oft kindischen Ausartungen läßt sich da und dort ein Stück sinnvoller Menschenbeurteilung erkennen. In der Regel jedoch überwuchern in der vorwissenschaftlichen Ära Aberglaube und Unsinn, die noch bis auf den heutigen Tag das Gemüt der Menschen verwirren und verdunkeln.

Ein unsinniges System der Menschenkenntnis liegt in der Astrologie vor, welche behauptet, Charakter, Wesen und Schicksal des Menschen aus der »Stunde seiner Geburt« ablesen zu können. Nach dieser mythologischen Lehre haben die Gestirne — Sonne, Mond und Planeten — eine entscheidende, schicksalsbestimmende Macht über den Menschen. Weiß man demnach die Sternkonstellation in der Geburtszeit, so kann man durch Berechnungen ermitteln, welche Gemütskräfte in dem betreffenden Menschen walten. Daraus hat sich eine ganze After-Wissenschaft entwickelt, mit geheimnisvollen Tabellen und Statistiken, deren mysteriöser Aufwand Eindruck erwekken soll. Auch unter intelligenten Leuten gibt es nicht wenige, die der Astrologie Glauben zu schenken geneigt sind. Besonders beliebt sind die »Tierkreis-Zeichen«: der Umlauf der Erde um die Sonne wurde schon im Altertum in zwölf Etappen eingeteilt, die die alten Griechen mit ihrer reichen Phantasie im Sinne von Tiersymbolen usw. interpretierten. So ergaben sich Zyklen, die man etwa dem Widder, Krebs, den Zwillingen, dem Wassermann, der Jungfrau usw. zuschrieb. Jedes Geburtsdatum kann einem Tierkreisabschnitt zugeordnet werden, woraus sich nach den Auffassungen der Astrologie bestimmte Gemüts- und Persönlichkeitsmerkmale ableiten lassen. Dem im Widder Geborenen wird Hartnäckigkeit, dem im Krebs Geborenen »Rückwärtswendung« zugeschrieben. Die einfache und naheliegende Symbolik liegt hier auf der Hand. Sie findet viele Gläubige, aber von Beweisführung für die genannten Hypothesen kann man nicht reden. Alles, was die Astrologen aussagen, schwebt im luftigen Raume der Phantasie.

Wir können uns ganz gut vorstellen, wie die Menschen — als die Namen für den Tierkreis einmal gewählt waren — in den astrologischen Vorstellungskreis gerieten. Im Zuge des abergläubischen Weltbildes nahm man die selbstgeschaffenen Worte und Begriffe für absolute Zusammenhänge; man fiel der »Magie des Wortes« anheim, die immer, wo ein Wort vorliegt, auch an den entsprechenden Sinn glaubt. Da die Entstehung von Charakter und Persönlichkeit damals unbekannt war, rätselte man daran herum, suchte allüberall nach Ursachen: es ist einfühlbar, daß die geheimnisvollen Sterne und Planeten dem unwissenden Gemüt den Eindruck des Erhabenen und Übermächtigen vermittelten, so daß man sie mit dem Schicksalsgedanken verband. Heute jedoch wäre es kindisch, solche Glaubensvorstellungen weiter aufrechterhalten zu wollen — unser Leben und Schicksal ist sicher nicht durch die Sterne bestimmt! Diese toten Himmelskörper, die »blind in ihrer Bahn laufen« und sich nicht um den Menschen kümmern, erklären nichts von der Wesensbeschaffenheit eines Menschen. Auch die Horoskope, die ziemlich einfallslose Astrologen allwöchentlich für die Leser der Zeitungen und Zeitschriften stellen, kommen nicht über Plattheiten und Selbstverständlichkeiten hinaus. Sie sind meist so allgemein gehalten, daß sie auf jeden Menschen zutreffen können. Es wäre merkwürdig, daß Leute, die wie die Astrologen in die Zukunft blicken zu können behaupten, den kümmerlichen Beruf von Horoskopstellern ausüben müssen: wäre etwas an ihren Behauptungen dran, so könnten sie die einflußreichsten Posten besetzen und müßten nicht ihren Broterwerb mit derartigen Bagatellen betreiben.

Trotz der Unwissenschaftlichkeit der Astrologie ist sie immer noch sehr häufig im Alltagsleben und in der psychologischen Praxis anzutreffen. Da etwa erklärt ein Ehepaar seine Ehestreitigkeiten damit, daß er (oder sie) »eben ein Widder sei«, und »mit Widdern ist es eben fast unmöglich auszukommen«. Oder Eltern, die durch ungeschickte Erziehungsmethoden ihren Sohn zum Halbstarken und Tunichtgut erzogen haben, lassen sich ein vielseitiges astrologisches Gutachten durch einen Experten ausstellen, worin haarscharf durch Sternkonstellationen bewiesen wird, daß der Junge durch »Venus, Mars und Mond« schon bei der Geburt eine schlimme Belastung mitbekommen hat. Dies mag für die Eltern, die ihre erzieherische Aufgabe infolge von Unkenntnis nur schlecht bewältigt haben, ein gewisser Trost sein: damit wird ihre Verantwortung verringert, und die geheimnisvollen Sterne müssen als Ursachen für erzieherisches Fehlverhalten — das anzuerkennen manchen Leuten recht schwerfällt — einspringen. Auf diese Weise streckt man die Waffen vor dem Unglück, da man nicht einsieht, wieweit man an ihm durch eigene Unzulänglichkeit beteiligt ist.

Physiognomik

Eine weitere vorwissenschaftliche Methode der Menschenkenntnis ist die sogenannte »Physiognomik«. Ihre Annahme geht dahin, aus den äußeren Formungen des Schädels und des Gesichts den Charakter erahnen zu können. Man muß also nur einen Menschen gut und genau betrachten, wenn man aus seinen Gesichtszügen erkunden will, wie er wirklich ist. Demnach trüge also jedermann die Wahrheit über sich selbst offen auf seinem Gesicht mit sich herum: man muß diese »Wahrheit« nur *sehen* können.

Die Physiognomik stammt hauptsächlich aus dem 18. Jahrhundert. Ihre Vorkämpfer waren *F. J. Gall* (ein Anatom) und *Johann Caspar Lavater* (Pfarrer in Zürich, Freund Goethes).

Gall postulierte, daß das Hirn in bestimmte Areale aufgeteilt werden könne, die bestimmte Funktionen ausüben — was sich teilweise hernach bestätigt hat, indem wir heute gewissen Hirnzonen etwa Sehen, Hören, Riechen, motorische Bewegung usw. zuordnen können. Der Fehler *Galls* bestand nur in der Annahme, daß eine Ausprägung der einzelnen Funktionen durch eine besondere Entwicklung der betreffenden Hirnregion entstehe, was man dann an Ausbuchtungen der knöchernen Schädelhülle ablesen könne: *Gall* suchte daher an seinen Versuchspersonen alle möglichen Schädelbuckel und baute einen »Atlas« auf, in dem man nachschlagen konnte, was jeder Buckel bedeute. Noch in den Romanen von *Honoré de Balzac* wird diese Überzeugung vertreten; es wird etwa von einem Baron gesprochen, der seine Töchter sehr liebhat, und der Schriftsteller behauptet, er habe eine Schädelausbuchtung, die für liebende Väter charakteristisch sei. Unnütz zu sagen, daß sich diese »Buckel-Lehre« längst als haltlos erwiesen hat und nur noch wissenschaftsgeschichtlich interessant ist.

Auch *Lavater* bewegte sich im Bereich dieses Irrtums, als er meinte, man könne am Gesicht und seiner Prägung die Persönlichkeit studieren. Seine Deutungstechnik war etwas subtiler als diejenige von Gall; Analogieschlüsse aus dem Tierreich sollten das menschliche Wesen transparent machen. Da Raubvögel zum Beispiel mächtige Schnäbel haben, wurde angenommen, daß eine kühn-geschwungene Nase auf Mut und Trotz hindeute; die hohe Stirne als Sitz eines großen Gehirns wurde auf Klugheit und Geistigkeit hin angesprochen; das vorstehende Kinn aber galt als Zeichen von Willensstärke und wuchtigem Lebenseinsatz. Man könnte die Liste dieser phantasiereich und mit vielen Ausrufezeichen vorgetragenen Deutungen ins Unendliche vermehren.

Heute ist man jedoch von dieser statischen Physiognomik (die im Maler *Huter* einen späten Adepten und Fortsetzer gefunden hat) gänzlich abgekommen. Die Formen des Gesichtes sind ja großenteils durch die Erbmasse bedingt. Der Charakter jedoch entsteht — wie wir durch die Tiefenpsychologie wissen — durch Erziehung und Beeinflussung in den Kindheitsjahren. Darum kann die äußere Erscheinung eines Menschen nicht als Wesensmaßstab genommen werden. Richtig ist allerdings, daß die unbewußte Lebenseinstellung *mit der Zeit* das Gesicht prägt. Wer jahrelang traurig und mißmutig ist, bekommt Gesichtszüge, in denen Trauer und Mißmut »eingeschrieben« sind. Dasselbe gilt für Mut, Angst, Freude, Tapferkeit, Aufgeschlossenheit usw. Für den feinen Beobachter kann ein Gesicht *in seinem lebendigen Ausdrucksspiel* zum Spiegel der Seele werden. Hierzu braucht es jedoch viel Erfahrung und Umsicht, weil alle Ausdruckserscheinungen *mehrdeutig* sind:

17

sie können leicht, vor allem den oberflächlichen Betrachter, in die Irre führen. Daher sollte man immer abraten, den Menschen nach seinem Äußeren zu beurteilen: die Physiognomik darf nicht als wissenschaftliche Menschenkenntnis gelten.

Vorwissenschaftliche Menschenkenntnis II

Nach den bisherigen Ausführungen muß das Gesamturteil über die Physiognomik (Deutung des Seelenlebens auf Grund der festen Konturen des Schädels und des Gesichts) im Sinne eines kritischen Vorbehaltes ausfallen: nicht die festen, gegebenen Formen des Gesichts sprechen den seelischen Gehalt aus, sondern lediglich das lebendige Mienenspiel, das allerdings mit der Zeit gewisse Gestaltmerkmale ausbildet. So zeichnet sich in ein Gesicht nach und nach der »Geist« seines Trägers ein; das gelebte Leben hinterläßt Spuren, die man bei sorgsamer Beachtung sehen und auch deuten kann. Aber man muß sich bewußt sein, daß hier viele Irrtumsmöglichkeiten bestehen; nur ein gewiegter Menschenkenner kann sich in dieser Beziehung auf sein Urteil verlassen, und meistens wird selbst er es vorziehen, nicht rasch über einen Menschen den Stab zu brechen. Immerhin kann man einräumen, daß das Gesicht die Persönlichkeit zum Ausdruck bringt. Dies ist wohl auch in jener Anekdote gemeint, die erzählt, daß Abraham Lincoln, Präsident der Vereinigten Staaten im 19. Jahrhundert, die Anstellung eines höheren Beamten ablehnte, weil ihm dessen Gesicht nicht gefallen habe. Die Berater des Präsidenten hielten ihm vor, man dürfe doch nicht einen Menschen nach seinem Gesicht einschätzen: Dafür könne er doch nichts! Lincoln antwortete kurz angebunden: »Nach seinem 30. Lebensjahr ist jeder Mensch für sein Gesicht verantwortlich!« (d. h. bis dahin hat er Zeit genug gehabt, seine Gesinnung dem Gesicht aufzuprägen).

Die Physiognomik ist ein Zweig der *Ausdruckskunde.* Zu dieser gehören einige weitere Verfahren, nach denen (angeblich) Menschen verstanden werden können, so zum Beispiel mimische und gestische Deutung, der Gang und die Stimme eines Menschen, seine Sprechweise, seine Handschrift. Was ist von diesen Methoden zu halten?

Wissenschaft vom Ausdruck

In den letzten Jahrzehnten wurde eine eigentliche »Ausdruckspsychologie« begründet, deren Ziel und Zweck es ist, mit wissenschaftlichen Methoden die Ausdrucksphänomene zu untersuchen. Einer der Bahnbrecher dieser Lehren ist *Ludwig Klages*, auf den auch kennzeichnenderweise die moderne Graphologie zurückgeht. Aber auch schon *Charles Darwin*, der große Evolutionstheoretiker im 19. Jahrhundert, hat ein sehr interessantes Buch über den »Ausdruck der Gefühle bei Mensch und Tier« geschrieben, ein Werk, das vieles von dem vorwegnimmt, was man heute »Verhaltensforschung« nennt.

Die Ausdruckspsychologie befaßt sich mit Mimik, Gestik, Stimme, Sprechweise, Gang und Gebärde des Menschen. Sicherlich liegt in all dem etwas Charakteristisches, denn kein Mensch hat dieselben ausdruckspsychologischen Merkmale. Schon unsere Stimme etwa ist absolut unverwechselbar; oft kann man einen Menschen, den man jahrzehntelang nicht mehr gehört und gesehen hat, an seiner Stimme erkennen. Oder etwa der Gang: jeder Mensch hat eine ganz persönliche und unverwechselbare Art, sich zu bewegen. Leicht kann man sich in Erinnerung rufen, wie etwa ein trauriger Mensch *schleppend* einhergeht, mit allen Gesten ankündigend, daß ihn die Last seiner Sorgen zu Boden zieht. Oder etwa der freudigbewegte, schnelle Gang des Optimisten, der unsichere Gang des Schüchternen, der linkisch in einen Saal eintritt, oder der abgehackte Gang des Nervösen und Unsteten! Dasselbe gilt von der Stimme, die traurig, fröhlich, kalt, monoton usw. wirken kann. Ganze Volksschichten können ihre Lebensart in eine bestimmte Sprechweise hineinlegen: für die Generäle des wilhelminischen Deutschlands und auch der Weimarer Republik war es üblich, »schnarrend« zu reden, worin die ganze Saloppheit und Herablassung dieses Standes zum Ausdruck kam. Hätte sich das deutsche Volk auf Ausdruckskunde verstanden, so würde es unter Umständen auch aus der hysterischen, schreienden, sich selbst überschlagenden Sprechweise seines »Führers« entnommen haben, wohin allenfalls die bewunderte »Genialität« dieses Psychopathen führen könnte. *Chaplin* hat in seinem tiefgründigen Film »*Der große Diktator*« die Rhetorik des demagogischen Massenverführers auf eine karikierende Formel gebracht, in der die ganze Skurrilität dieses Halbverrückten durchschaubar wurde; die enthusiastisch aufgenommenen Hitlerreden ließen sich auf ein paar blödsinnige, harte Silben reduzieren, die ungefähr wie »rucken, zucken, schnucken« (mit adäquater Mimik) tönten.

Auch in der Schauspielkunst verfügt man über ein umfängliches ausdruckskundliches Wissen. Jeder Schauspieler muß sich derart in seine Rolle einfühlen, daß sie von der Bühne herab echt und lebendig wirkt. Dies bedingt eine Anverwandlung in Wort und Stimme, Geste und Benehmen. Nur so ist es zu verstehen, daß für die Zeit des Bühnenauftritts ein harmloser Schauspieler »jeder Zoll ein König« sein kann. Besonders in der Pantomime geht es darum, Seelisches durch Gebärdensprache vernehmlich zu machen. Die großen Könner auf diesem Gebiet — etwa Marcel Marceau, Sammy Molcho und andere — zeigen uns, wieviel psychischer Gehalt im Ausdruck steckt oder stecken kann, vorausgesetzt, daß man nicht durch Hemmung oder Täuschungsmanöver sein Inneres gleichsam verbirgt.

Graphologische Analyse der Handschrift

Seit langem gilt auch die Handschrift als Spiegelung des Seelenlebens. Schon im 18. Jahrhundert hat ein französischer Geistlicher (*Abbé Michon*) versucht, die Schriftzüge graphologisch zu deuten. Aber die Methode war damals noch eher primitiv. Erst durch *Klages, Pulver, Pophal* usw. hat die Schriftdeutung eine wissenschaftliche Form angenommen. Man bemüht sich heute, nicht mehr einzelne Merkmale (etwa bestimmte Buchstaben) unter die Lupe zu nehmen, sondern den seelischen Gesamtgehalt, die Schreibbewegung in ihrem inneren Ablauf.

Im Grunde ist jede Handschrift eine »Hirnschrift«: die schreibende Hand führt nur die Bewegungen aus, die vorher durch das Hirn, respektive das Seelenleben geplant worden sind. So hat man eigentlich in einem beschriebenen Blatt eine fixierte Ausdrucksbewegung vor sich, gleichsam das Sprechen eines Menschen, das sich in einem »Tintenfaden« (der übers Papier läuft) niedergeschlagen hat. Darin besteht der Vorzug der Schriftdeutung vor allen anderen ausdruckspsychologischen Verfahren: man hat eine bleibende Unterlage, nicht nur ein flüchtiges Ausdrucksphänomen, das sofort wieder verschwindet (wie etwa die Stimme, eine Geste usw.). Darum kann man die Schrift eingehend studieren, man kann sie unter das Mikroskop legen, man kann sie innerlich nachahmen usw. Verschiedene Forscher haben Systeme entwickelt, wonach man aus ganz bestimmten Merkmalen auf die schreibende Persönlichkeit schließen kann. Vor allem die Graphologie von *Max Pulver* (»Symbolik der Handschrift«) hat ein aufschlußreiches Deutungssystem entwickelt.

Dennoch ist die Graphologie auch heute noch nicht so weit, daß sie aus der Schrift *verbindliche Aussagen* über den Schrifturheber machen kann. Der graphologische Befund bleibt immer approximativ: er kann nur in großen Zügen über den Charakter, die Intelligenz, die Lebenseinstellung des Schreibers Auskunft geben.

Dazu kommt noch eine Reihe weiterer Schwierigkeiten: Jeder Schriftbefund ist mehrdeutig. Es gibt keine eindeutige Beziehung zwischen Schriftmerkmal und Wesenseigentümlichkeit. Daher bedarf es eines sehr geschulten Einfühlungsvermögens, um aus den graphologischen Einzelbefunden ein Gesamtbild der Persönlichkeit zu erstellen. Dies erfordert eine hochgradige Intuition, eine genaue Kenntnis psychologischer Wesensgesetze, objektives Urteil, Loyalität und innere Sicherheit beim Beurteilenden. Es fallen nämlich immer, wenn ein Mensch einen anderen einschätzen soll, viele persönliche Faktoren ins Gewicht. Ist der Beurteilende nicht ein gewiegter Selbst- und Menschenkenner, so läuft er Gefahr, eigene Schwächen und Eigenschaften in den Beurteilten hineinzuprojizieren. Solche Projektionen spielen im alltäglichen Umgang, aber auch in der sogenannten wissenschaftlichen Diagnostik eine wichtige und oft verheerende Rolle. Ist der Graphologe ein Nur-Graphologe (d. h. beschränken sich seine Fachkenntnisse auf die Graphologie allein), so ist keine Gewähr geboten, daß nur der tiefenpsychologisch geschulte Fachmann zur Schriftdeutung befähigt ist und daß selbst er sich niemals auf den *Schriftbefund allein* verlassen darf: er soll den Schrift-Eindruck immer anhand der *persönlichen Kontaktnahme* entweder bestätigen oder korrigieren.

Problematische Typenlehren

Ein weiterer Versuch, die Menschen zu verstehen, liegt in den sogenannten Typenlehren vor. Da diese weite Verbreitung gefunden haben, kann eine Auseinandersetzung mit ihnen nicht vermieden werden. Auch an diesem Punkt zeigt sich die Problematik der echten Menschenkenntnis: Können Typologien Einsicht in den konkreten, einzelnen Fall vermitteln? Eine Typologie sucht aus der Fülle seelischer Erscheinungsweisen besondere Strukturen herauszuheben, die immer wiederkehren. Aber wird man damit der Individualität gerecht? Schlägt man damit nicht unwiederholbare, unauswechselbare Einzelmenschen über einen Leisten? Mit diesem Mangel sind sozusagen alle Typenlehren behaftet. Sie schablonisieren und schematisieren, wobei der Betrachter glaubt, etwas Handfestes zu erfassen, indes er nur eine Verallgemeinerung vor sich hat.
Ein uraltes Beispiel von Typologie ist die griechische Auffassung von den vier Temperamenten. Demnach lassen sich die Menschen in vier Temperamentsgruppen einteilen: Choleriker (Zornmütige), Melancholiker (Traurige), Phlegmatiker (Langsame, Träge) und Sanguiniker (Lebenslustige). Bei den Griechen herrschte die Annahme vor, daß diese Temperamentsunterschiede durch bestimmte Körpersäfte erzeugt würden. Im Choleriker vermutete man ein Überwiegen der »gelben Galle«,

im Melancholiker der »schwarzen Galle«, im Phlegmatiker des erdhaften Elementes, im Sanguiniker »des Blutes«. Temperamente sind nach dieser Konzeption angeboren. Man muß sie hinnehmen wie ein Schicksal. Positive Temperamente sind das cholerische und das sanguinische: sie sind aktiv und tätig. Die beiden anderen Temperamente wurden dem Krankhaften zugeordnet, ohne daß man sich erklären konnte, woher die Menschen ihr Temperament haben.

Die neuere Psychologie ist von dieser groben Einteilung der Menschen abgekommen. An sich ist es recht bequem, die Vielfalt menschlicher Reaktionsweisen unter vier Etiketten gruppieren zu können: in Wirklichkeit entgeht hierbei aber die individuelle Nuance, die gerade in der Menschenbeurteilung entscheidend ist. Jeder Choleriker hat einen anderen Zorn, jeder Phlegmatiker eine andere Trägheit, jeder Melancholiker eine andere Art von Traurigsein, und jeder Sanguiniker ein eigentümliches Aktiv- und Fröhlichsein. Auch lehrt uns die Tiefenpsychologie, daß die Temperamente mit hoher Wahrscheinlichkeit anerzogen sind. Sie werden oft durch »psychische Ansteckung« von den Eltern auf das Kind übertragen. Man denke etwa an ein Kind, das bei einer traurig-depressiven Mutter aufwächst: es nimmt die Mutlosigkeit Tag für Tag »mit der Muttermilch« auf. Natürlich kommt es dann zur Übereinstimmung zwischen der Gemütslage der Mutter und derjenigen des Kindes, was den (falschen) Eindruck von Vererbung und Angeborensein machen kann. Es zeigt sich aber bei näherer Betrachtung, daß Temperamentseigenschaften abgeändert werden können. Durch innere Umstellung und Umerziehung kann ein Choleriker auf seine Zorn- und Wutausbrüche verzichten lernen. In der Psychotherapie können depressive Menschen mit der Zeit fröhlich und unternehmungslustig werden. Phlegmatiker können als Mutlose entlarvt werden, die schon aus Angst vor Fehlschlägen auf jede Aktivität verzichten. So scheint sich der Temperamentsbegriff in nichts aufzulösen. Temperament ist offenbar eine erworbene Eigenschaft, die auf kindlicher Prägung beruht, so daß durch emotionale Korrekturprozesse bis in den Kern der Persönlichkeit hinein neue Haltungen angebahnt werden können. Man geht also fehl, wenn man sich als Menschenkenner mit diesen Schablonen begnügt, die im Einzelfall notwendig steril und oberflächlich bleiben müssen, da nicht erklärt wird, wie der Mensch wurde, was er ist.

Extraversion und Introversion

Eine weitere Typenlehre geht auf *C. G. Jung* zurück, der um 1917 sein Buch »Psychologische Typen« veröffentlichte. Darin wurden die Menschen in zwei Gruppen zusammengefaßt: die Extravertierten (nach außen lebenden) und die Introvertierten (nach innen gekehrten). Nach Jung sollten dies Ur-Unterschiede zwischen den Menschen sein. Er räumte wohl ein, daß es alle möglichen Übergänge zwischen diesen beiden Idealtypen gäbe, und daß auch Erziehung und Umwelt da und dort einen gewissen Einfluß auf »die seelische Richtung« ausüben könnten.

Primär aber sei konstitutionell eine Grundtendenz gegeben, die der Mensch bei sich selbst kennen müsse, um sie dann auch allenfalls modifizieren zu können. Jung baute auf dieser Typologie sehr weitreichende Schlüsse auf, ergänzte auch diese Ur-Typen durch feinere Substrukturen, etwa durch den Gefühls-, Empfindungs-, Denk- und Intuitionstyp. Da die vier letztgenannten Typen sowohl extra- als auch introvertiert sein können, ergibt sich ein Schema mit acht Einteilungsfeldern, in die angeblich jeder Mensch mehr oder minder eingeordnet werden kann. Nach Jung und seinen Schülern ist viel damit gewonnen, wenn man weiß, was für ein Typ man ist; man könne dann daraus ableiten, was man bei sich kompensatorisch entfalten müsse, um ein innerlich abgerundeter Mensch zu werden. Was Jung dann als Ergebnis des sogenannten »Individuationsprozesses« schildert, wäre ein Mensch, der nach Möglichkeit alle Funktionen und Haltungen entfaltet und so sich selbst und die Welt in sich integriert hat. Einseitigkeiten seien schädlich, weil dadurch Spannungen und Disparatheiten entstehen. Die Individuation (Ich- oder Selbstwerdung) sei ein komplizierter Prozeß, der im Grunde die Sinnfindung für den Lebensablauf in sich berge. Bei Jung wird die Psychologie zu einer Heilslehre, die ins Mystische eintaucht.

Wie an jeder Typologie, ist auch an der Jungschen etwas dran, unseres Erachtens aber nicht so viel, wie die Anhänger des »Meisters« meinen. Wahrscheinlich sind Extra- und Introversion nicht naturgegebene Haltungen. Man macht oft die Beobachtung, daß hier Erziehung und Umwelt einen großen Einfluß besitzen. Das Nach-innen-gekehrt-Sein ist häufig auf Erziehungseinflüsse zurückzuführen, wo emotionaler Kontakt selten und schwer zu erreichen war. Dann wird das Innenleben vom Kind als Ersatz für das äußere Leben aufgebaut. Auch beim Denken, Fühlen, Wollen und Intuieren kommt erzieherisches Training (Anregung, Schulung, Imitation) unverkennbar ins Spiel. Jung sah wohl die Dinge zu statisch: heute neigt die Psychologie dazu, überall Gewordenes zu sehen. Verhältnisse, die sich entwickelt haben und darum nicht unveränderlich sind. Tatsächlich macht man in der Psychotherapie die Erfahrung, daß es Umwandlungen von Extra- und Introversion gibt. Naturgemäß können dann die Anhänger der Jungschen

Lehre sagen, hier sei eine uneigentliche (künstliche) Lebenshaltung in die eigentliche (durch Anlage gegebene) umgewandelt worden. Die Akten über dieses Problem sind nicht geschlossen, aber eine Vielzahl von Forschern hält das Schema Intro- und Extraversion für zu grob, um wirklich die Lebenseinstellungen interpretieren zu können.

Die Typologie Ernst Kretschmers

Dasselbe läßt sich auch über die Typenlehre des deutschen Psychiaters Ernst Kretschmer (»Körperbau und Charakter«, 1920) sagen, die Weltberühmtheit erlangt hat. Auf Grund pathologischer Befunde teilte Kretschmer die Menschen in »rundwüchsige« (pyknische) und »schlankwüchsige« (leptosome) ein. Ersteren schrieb er ein ausgeglichen-rhythmisches, letzteren ein abrupt-spannungsgeladenes Temperament zu. Zu dieser Betrachtungsweise war Kretschmer durch die Analyse der Körperbauformen bei schizophrenen und manisch-depressiven Kranken gelangt. Somit wurden die Menschen ganz einfach unter diese beiden Krankheitsgruppen verrechnet, allerdings mit einer sehr feinsinnigen Analyse, die vielerorts großen Eindruck gemacht hat.

Auch hier wieder mag es da und dort stimmen, daß rundwüchsige Menschen eher zu »leben und leben lassen« neigen, indes schlankwüchsige härter, nervöser, zugespitzter und heftiger reagieren. Kretschmer hat am Beispiel von »Genialen Menschen« Zusammenhänge aufgezeigt, die wirklich überraschend sind: die Fanatiker der Weltgeschichte etwa waren hager, sehnig, lang und dünn, indes Shakespeare seinen Julius Cäsar im gleichnamigen Drama die bekannten Worte sagen läßt:

Laßt wohlbeleibte Männer um mich sein,
mit glattem Kopf, die nachts gut schlafen,
Der Cassius (ein magerer Mensch!) denkt zu viel:
Wäre er doch fetter...

Man würde aber phantastisch fehlgehen, wenn man als »Menschenkenner« die Dicken und die Dünnen so kurzerhand nach Kretschmer be- und aburteilen würde. Alle möglichen Überschneidungen kommen vor, und zwar so häufig, daß man am besten auch diese Typologie als eine geistreiche Gedankenspielerei betrachtet. Im Einzelfall versagen solche Konstruktionen immer, oder sie liefern eine so blutleere Abstraktion, daß niemandem damit gedient ist.

Die Tiefenpsychologie lehrt uns, jeden Menschen als einmalig und einzigartig zu sehen. Er ist so, wie ihn seine Werdensgeschichte (von der Geburt an) hat wachsen und werden lassen. Um ihn zu verstehen, muß diese Lebensgeschichte verstehend aufgerollt werden. Alle Krücken und Hilfskonstruktionen soll man dabei fallenlassen, im Bemühen, das ganz Persönliche und Unwiederholbare an einem Menschen zu erfassen. In diesem Sinne ist Menschenkenntnis ebensosehr Kunst wie auch Wissenschaft.

Seele des Kindes – Seele des Erwachsenen

Im Gegensatz zu den traditionellen Methoden der Menschenkenntnis geht die Tiefenpsychologie nicht von Typen und Globalbefunden aus, sondern will das Individuum in seinem seelischen Werdegang von der Kindheit bis zur Gegenwart verstehen. Unter dem Titel der »Tiefenpsychologie« werden jene psychologischen Richtungen zusammengefaßt, die sich von Sigmund Freud herleiten und eine ganz bestimmte Auffassung von Wesen und Natur des Seelischen, der seelischen Erkrankungen und der in ihnen transparent werdenden Dynamik vertreten. Als Pioniere der Tiefenpsychologie rangieren neben Freud auch Alfred Adler, C. G. Jung, H. Schultz-Hencke, Karen Horney, Erich Fromm, H. S. Sullivan usw. Alle diese Autoren haben folgende Gemeinsamkeiten:

1. Seelische Krankheiten (Neurosen, Perversionen, Delinquenz, Psychosen) entstehen durch seelische Verletzungen in der Kindheit, im Zusammenhang mit Erziehungsmethoden, die die Bedürfnisse des Kindes nicht erfüllen.

2. In der Kindheit durchläuft der Mensch eine komplizierte seelische Entwicklung, die die Grundlagen zu seiner Charakter- und Persönlichkeitsbildung zutage fördert. Durch das ganze Leben hindurch bleiben in den ersten Jahren erworbene seelische Strukturen erhalten. »Das Kind ist der Vater des Mannes.«

3. Sehr wichtige seelische Motivationen und Triebkräfte sind unbewußt. Sie haben dennoch gewaltige Macht über den Menschen. Werden diese Motive erkannt, so kann man sie kontrollieren und beeinflussen. Sowohl im Normalleben wie in psychischen Erkrankungen ist das Unbewußte von kaum zu überschätzender Tragweite.

4. Seelische Therapie besteht in der Bewußtmachung pathologischer Einstellungen und Haltungen sowie in einer gefühlsmäßigen Neu- und Umerziehung. Die Erfahrungen, die man bei psychotherapeutischen Behandlungen dieser Art macht, sind umwälzend für die Erkenntnis der menschlichen Natur. Erst in der monate- oder jahrelangen Auseinandersetzung mit

psychisch Kranken lernt man verstehen, was die innersten Triebkräfte des Menschen sind.

5. Es ist erstaunlich, wieviel Infantiles im erwachsenen Menschen vorgefunden werden kann. Dieses äußert sich nicht nur in Träumen, Fehlleistungen, neurotischen Symptomen, sondern auch im alltäglichen Affekt- und Gemütsleben, wo auch Erwachsene noch ganz im Sinne ihrer Kindheitserlebnisse und -situationen reagieren.

6. Nur aus dem Verständnis der psychischen Dynamik der Kinderjahre kann das Verhalten der Menschen als einzelne und als Massen begriffen werden. Die Tiefenpsychologie wird somit zu einer Grundwissenschaft, die zu allen wissenschaftlichen Disziplinen, die sich mit dem Menschen befassen (Medizin, Geschichte, Pädagogik, Literatur, Kriminalistik, Philosophie usw.), Wesentliches beizutragen hat.

Es gäbe noch viele Gesichtspunkte zu erwähnen, in denen die Repräsentanten der Tiefenpsychologie übereinkommen. Für unseren Gedankengang ist am wichtigsten, daß sie alle der Meinung sind, mit den tiefenpsychologischen Forschungsresultaten sei erstmals in der Geschichte der Menschheit eine wissenschaftliche Menschenkenntnis möglich geworden.

Kinderpsychologie und Menschenkenntnis

Die tiefenpsychologische Menschenkenntnis hat ihre Grundlagen in den Einsichten, die in den psychotherapeutischen Behandlungen seelisch irritierter und kranker Menschen gewonnen wurden. Wenn eine Psychotherapie durchgeführt wird, arbeiten der Therapeut und der Patient über eine relativ lange Zeit zusammen, um die Probleme des letzteren genau zu verstehen. In diesem Zusammenhang werden alle Gedanken, Gefühle, Handlungen und Reaktionen des Analysanden sorgfältig überprüft und auf ihre Motivationen hin untersucht. Mit Hilfe dieses Bewußtwerdungsprozesses werden innere Umstellungen vollzogen, die in der Therapeut-Patient-Beziehung sozusagen emotional eingeübt werden. Anläßlich dieses sehr mannigfaltigen Umerziehungs- und Neuorientierungsvorganges hat man Gelegenheit, einen tiefgründigen Einblick in das Seelenleben des Analysanden zu bekommen. Dieser wird noch dadurch vertieft, daß auch die Lebensgeschichte in die Betrachtung einbezogen wird. Alle Schicksale und Erfahrungen von frühester Kindheit an werden sinngemäß eingeordnet, so daß das Leben des Patienten vor dem Helfer und dem Hilfsbedürftigen in möglichst großer Klarheit ausgebreitet wird. Für das Studium der Selbst- und Menschenkenntnis ist das derartige Erarbeiten von »Lebensläufen« von großartiger Erhellungskraft.

Die Tiefenpsychologen haben in ihrer Praxis auch wunderbare Gelegenheiten, über die Psyche des Kindes Aufschluß zu erhalten. Es hat sich erfahrungsgemäß die Lehre ergeben, daß jede seelische Verirrung und Deformation aus bestimmten krankheitsverursachenden Kindheitssituationen erwächst. So kann man an seelisch gestörten Menschen immer ein »Kindheitsdrama« ermitteln, das weiterhin erlaubt, Schlüsse auf die seelischen Dispositionen und Voraussetzungen der Kindheit zu ziehen. Die Kinderpsychologie und die Pädagogik sind durch die Tiefenpsychologie gewaltig gefördert worden.

Überraschend ist hierbei, wie sehr das Kind in jedem Erwachsenen weiterlebt. Jeder ist da und dort immer noch das Kind, das er — eventuell vor Jahrzehnten! — war. Darum ist es für den Menschenkenner von großem Nutzen, wenn er bei der Beurteilung eines Menschen auch einiges über dessen Kinderjahre erfahren kann. Hier treten Charakterzüge und Eigentümlichkeiten viel drastischer hervor, als dies später der Fall ist. Man hat sich inzwischen mehr oder minder ans Leben angepaßt, so daß viele Unzulänglichkeiten, Gestörtheiten und Probleme verdrängt wurden. Aber im tiefsten Inneren hat jeder noch die Nöte seiner Kindheit in sich. Man könnte einen bekannten Satz abwandeln: Sage mir, wie du als Kind warst, und ich sage dir, welche Probleme du im Leben hast!

Wie die Kindheit weiterwirkt

Die Tiefenpsychologie steht auf dem Standpunkt, daß die ersten Kinderjahre die Zeit der grundlegenden Persönlichkeitsformung sind. Charakter und Persönlichkeit sind nicht konstitutionell (biologisch) gegebene Größen, sondern erworbene Strukturen, die aus der Kontaktnahme des Kindes mit seiner mitmenschlichen Umgebung hervorgehen. Was ein Kind im andauernden Umgang mit Mutter, Vater, Geschwistern usw. erlebt, prägt sich tief in sein Gemüt ein. Diese Erfahrungen bilden den Bodensatz aller späteren Gefühle, Haltungen, Tendenzen, Einstellungen. Die gesamte Persönlichkeit ist zu verstehen als ein Niederschlag der sozialen (mitmenschlichen) Erfahrungswelt, in die das Kind in seiner ersten Lebensetappe hineingeriet.

Was einer in den ersten fünf bis sechs Jahren in seiner Umgebung lernt, bestimmt großenteils seinen weiteren Lebenslauf. Er sollte als Kind vor allem soziale Verbundenheit, Lebensmut, Selbst- und Fremdachtung erlernen. Oft ist dies angesichts der seelischen Störungen und der Unbeholfenheit der Erzieher nicht nur bedingt möglich. Anstelle der genannten Eigenschaften machen sich im Seelenleben die Störungsquellen des Minderwertigkeitsgefühls, des Geltungsstrebens, der Lebensangst, der Egozentrizität bemerkbar, über die noch weiter unten manches zu sagen sein,wird. Jedenfalls gerät die kindliche Entwicklung in einen Engpaß, der das Heranreifen zu Weltoffenheit, Produktivität, Glück und Lebensfreude verhindert. Als Folge davon treten Charakterzüge wie Eifersucht, Neid, Geiz, Traurigsein, Furchtsamkeit, Menschenscheu, asoziales Gebaren usw. in den Vordergrund. Dies ist in der Kindheit ganz unverstellt zu sehen, wobei die Tiefenpsychologie erklärt, daß alle diese Fehlentwicklungen auf erzieherischen Fehlgriffen und Fehlhaltungen beruhen. Ist einmal eine bestimmte Charakterstruktur in einem Heranwachsenden verankert, so besteht große Aussicht, daß sie sich durch das ganze Leben hindurch so erhält, wie sie in der Kindheit war. Denn ihre entscheidenden Positionen liegen im Unbewußten und sind der bewußten Formung und Einflußnahme entzogen. Auch reagiert die Umwelt meistens so, daß ein bestehender Charakterfehler »bestätigt« wird. Der Ängstliche zum Beispiel spürt, daß man ihn links liegen läßt, eventuell unterschätzt oder mißachtet, also Grund genug, um noch ängstlicher zu werden. Ebenso wird auch der Mißtrauische immer wieder Nahrung für sein Mißtrauen finden. Er interpretiert alles so, wie es seinem Charakter entspricht. Niemand hilft ihm über seine Irrtümer hinweg. So kann man mit Staunen feststellen, daß Menschen jahrzehntelang immer an denselben Fehlhaltungen festhalten: es gibt keinen Ausweg aus dem »Teufelskreis«.

Tiefenpsychologische Menschenkenntnis heißt demnach, den Werdegang eines Menschen so zu verstehen, daß Kindheit und Erwachsensein eine große Einheit bilden. Das Kind, das einer war, bestimmt die Probleme, Aufgaben und Nöte, mit denen er als Erwachsener zu ringen hat.

Strukturen und Gesetze des Seelenlebens I

Soll man einen Menschen beurteilen (sei dies für eine Partnerschaft, für berufliche Kooperation, für freundschaftlichen Umgang, für Übernahme irgendwelcher Verantwortungen usw.), so steht man vor einer ungeheuer schwierigen Aufgabe. Jeder Mensch bietet dem Betrachter tausendfältige Reaktionen dar, die unter Umständen sehr gegensätzlich sein können. In der einen Situation verhält er sich so, in der anderen geradezu konträr. Wo liegt nun sein wahres Wesen? Wie ist er wirklich? Seit Jahrtausenden verzweifeln Menschenkenner am unlösbaren Problem, eine einfache Formel für die Kenntnis des Mit- und Nebenmenschen zu finden.

Und dennoch ist die Aufgabe, Menschen zu verstehen, nicht unlösbar. Sie erfordert naturgemäß, wie jede Kunst und Wissenschaft, viel Geduld, Wissen, Besonnenheit, Selbstkritik und Überlegung. Wer sich hingebungsvoll mit der Frage der Menschenkenntnis auseinandersetzt, bekommt mit der Zeit Einfühlung und Fingerspitzengefühl, erhält Kriterien und Gesichtspunkte, die ihn im unübersichtlichen Raum menschlicher Verhaltensweisen mancherlei Ordnung erkennen lassen. Ein Wissen um diese Ordnungen erleichtert das Menschenverständnis sehr.

So hat uns die psychologische Forschung gelehrt, daß menschliches Verhalten nicht einfach willkürlich, augenblicksgebunden, launenhaft, chaotisch ist. Ein Mensch ist nicht ein Chamäleon, das seine Farbe jeweils nach der Umgebung wandelt. Jeder hat seine innere Kontinuität und Konstanz, die durch sein Leben hindurchgeht. Viele Details seines Lebens fügen sich zu sinnhaften »Gestalten« zusammen. Dies wird in der Psychologie durch den wichtigen Begriff der »Struktur« erfaßt, der auf den Leipziger Psychologen Felix Krüger zurückgeht.

»Struktur« wird definiert als »sinngegliederte Ganzheit, die mehr ist als die Summe ihrer Teile«. Auf das Seelenleben angewendet bedeutet dies, daß Seelisches immer als geordnetes Ganzes auftritt, wo alle Teile aufeinander abgestimmt sind und sich wechselseitig bedingen. Der Gegensatz von Struktur ist »amorphe Masse«. Ein Steinhaufen bleibt immer noch ein Steinhaufen, wenn man auch einige Steine wegnimmt. Anders bei Strukturen: wenn hier ein Teil fehlt, ist das Ganze verändert. Auch der lebendige Organismus ist eine solche Struktur. Im Seelischen sind alle Fakten so zusammengefügt, daß eines das andere ergänzt. Darum kann der Menschenkenner aus einem kleinen Detail auf die Gesamtpsyche schließen. Er verwendet hierbei Strukturwissen, das man sich durch Erfahrung aneignen kann. Dem gewiegten Menschenbeurteiler werden winzige Hinweise zu Mutmaßungen auf entferntere Tatbestände, die dann in der Regel auch bestätigt werden können.

Strukturbeispiel 1: Der normale Mensch

Als Beispiel einer »Struktur« sei der »normale Mensch« geschildert. Naturgemäß handelt es sich hierbei um eine Abstraktion: psychologisch gesehen, hat jedermann da und dort kleine Anomalien, und die Grenze zwischen gesund und krank ist im Seelenleben durchaus fließend. Es ist aber für die Menschenkenntnis sinnvoll, sich einen möglichst klaren Begriff von der Normalität zu machen, damit man einen Maßstab für menschliches Verhalten in die Hand bekommt. Was gehört, in großen Zügen gesprochen, zum »Normalsein«? Welche Teilbefunde können und müssen erhoben werden, damit das Ganze der Normalität in Erscheinung tritt? Darüber hat uns die tiefenpsychologische Psychotherapie in den letzten Jahrzehnten weitgehend Aufschluß erteilt.

Vom normalen Menschen setzen wir nach einem Wort von Sigmund Freud voraus, daß er »arbeiten und lieben« kann. Er ist fähig, an seiner Arbeit Interesse zu nehmen, Geduld, Ausdauer, Konzentration und Liebe zur Sache aufzubringen. Auftauchende Schwierigkeiten entmutigen ihn nicht. Er hält an seinen Pflichten und Verantwortungen fest. So leistet er arbeitend einen Beitrag zur Wohlfahrt und zum Bestand der Menschheit.

Der Normale kann jedoch nicht nur arbeiten — er ist auch mußefähig. Er kann seine Freizeit sinn- und gehaltvoll ausfüllen. Er lungert in seinen freien Stunden nicht einfach herum (etwa dauernd vor dem Fernsehschirm), sondern tut etwas, das ihn und seine Lebensgefährten (Frau und Kinder) innerlich bereichert. Auch daran läßt sich seelische Stabilität erkennen.

Des weiteren gehört zur Normalität im Seelischen eine relative Angstfreiheit. Wer in sich geordnet ist, wird wohl da und dort manches im Leben befürchten müssen, aber er lebt nicht in dauernder Angstgestimmtheit. Aus diesem Grunde kann er sich des Lebens freuen, glücklich sein und andere glücklich machen.

Je angstfreier man ist, um so besser sind die mitmenschlichen Beziehungen, die man hat, und umgekehrt. Je mehr der Mensch an die anderen herankommen kann und mit ihnen herzlich verbunden ist, um so weniger befällt ihn die destruktive Stimmung der Angst, in der das Leben schal, leer und verzweifelt anmutet. Es gibt kein besseres Heilmittel gegen die Angst als tragende menschliche Beziehungen. Hierzu ist man aber nur in dem Maße fähig, als man seelisch gesund ist; der Seelisch-Kranke fühlt sich in seinen sozialen Bindungen nicht geborgen.

Weiterhin ist charakteristisch für Normalität der Grad von Vernunft und Realitätseinsicht. Mit innerlich ausgeglichenen Menschen kann man reden. Sie erweisen sich im Gespräch als zugänglich, hören auf Argumente, sprechen zur Sache, weichen nicht in unlogische Gemeinplätze, schiefe Konstruktionen und Behauptungen aus. So könnte man die Gesprächsfähigkeit als ein wichtiges Kriterium des seelischen Geordnetseins bezeichnen. Dem Kenner seelischer Erkrankungen wird dies besonders einleuchten. Wenn man nämlich mit kranken Menschen zu tun hat, so erlebt man eindrücklich die Tatsache, daß man ihnen auch mit den logischsten Überlegungen nicht beikommt.

Der Freudsche Satz, den wir oben angegeben haben, verlangt auch die sogenannte »Liebesfähigkeit«. Diese ist allerdings schwer zu beurteilen. Jedermann behauptet von sich, sehr liebesfähig zu sein: nur müßte man einen »idealen Partner« haben, um dies dokumentieren zu können. Hier sind viele Selbsttäuschungen im Spiel. Der Eifersüchtige zum Beispiel, der seinen Partner beherrschen und kontrollieren will, nennt sich auch liebesfähig. Ebenso der Tyrann, der immer »nur das Beste will«. Auch ausnützende, parasitierende, anklammernde Gemüter fühlen sich als große Liebende. Nur der Seelenarzt kann entscheiden, ob wahrhaft Liebe im Spiel ist. Seine Kriterien für das echte Liebenkönnen sind: Fähigkeit zur Einfühlung, Geben anstatt Nehmen, Verständnis für den anderen, Güte, Herzlichkeit, Helfen- und Fördernwollen, Anerkennung der Fremdpersönlichkeit, Achtung und Selbstachtung usw. Nur wenn diese Eigenschaften beisammen sind, kommt Liebe zum Tragen: sonst entsteht bloß eine Zerrform von ihr.

Wenn man die obengenannten Kriterien an die Menschen heranträgt, kann man sich ein Bild von ihrem seelischen Zustand machen. Man darf hierbei jedoch nie den persönlichen Faktor in der Beurteilung vergessen: der Laie sieht sehr gerne alle Fehler bei den anderen, nur wenige bei sich selbst. Menschenkenntnis ohne Güte ist blind — sie dient einer imaginären Selbsterhöhung, nicht dem Verstehen des Mitmenschen.

Strukturbeispiel 2: Arbeitsunfähigkeit

Als ein weiteres Beispiel seelischer Gesetzmäßigkeiten sei dem »Menschenkenner« nun die Schilderung des arbeitsgestörten Menschen an die Hand gegeben. Wir beschreiben natürlich nur einen Prototyp: der Einzelfall kann viele Nuancen haben. Oft findet man Mitmenschen, die in ihrer Arbeit scheitern. Welche seelischen Eigenschaften müssen wir bei ihnen strukturell erwarten? Was gehört zum Zustandsbild arbeitsgehemmter Menschen?

Der Psychologe erkennt in der Regel, daß Arbeitsstörungen nur ein Symptom für tieferliegende Gestörtheiten sind. Wir haben bereits angedeutet, daß es zum Arbeiten-Können vieler positiver Eigenschaften bedarf, nämlich der Geduld, des Interesses, der Geschicklichkeit usw. Das wichtigste jedoch in der Arbeit ist die Fähigkeit zu guten menschlichen Beziehungen. Arbeiten spielt sich ja immer im sozialen Beziehungsraum ab. Ohne Zusammenarbeit kommt fast nichts zustande. So hängt es von meiner menschlichen Beziehungsfähigkeit ab, ob meine

Arbeit gedeiht, ob ich in meiner Arbeit gedeihe. Wer zum Beispiel krankhaften Ehrgeiz hat, oder Angst vor den Mitmenschen, oder Mißtrauen, oder nervöse Ungeduld, oder Streitsucht usw., wird unwillkürlich seine innere Unruhe in den Arbeitsprozeß hineintragen, womit er sich selbst sabotiert. Je freundlicher wir zum Mitmenschen eingestellt sind, um so sachlicher können wir unsere Arbeit ins Auge fassen. Wir werden uns dann auch helfen lassen, wo Hilfe not tut. Versager werden wir nicht pathologisch überbewerten, als ob wir nun auf immer blamiert seien. Die Angst vor dem Versagen ist oft die Ursache des Versagens. Angst macht dumm und hemmt alle schöpferischen Potenzen des Menschen.

Strukturen und Gesetze des Seelenlebens II

Im Strukturgedanken liegt, daß man Seelisches nur verstehen kann, wenn man gewisse Zusammenhänge und Gesetzmäßigkeiten kennt, die den Aufbau menschlicher Haltungen, Einstellungen, Gefühle, Charakterzüge usw. bestimmen. Nur so kann man den Erkenntnisprozeß abkürzen, um innerhalb nützlicher Frist etwas über den Mitmenschen zu erfahren. Der gewiegte Menschenkenner schließt, oft unbewußt, aus kleinen Anzeichen auf deren Hintergrund. Gibt man ihm einen Faden in die Hand, so kann er mit dessen Hilfe das ganze seelische Gewebe aufdröseln und übersichtlich zur Darstellung bringen. Viele Menschen bauen für die Zwecke des alltäglichen Umgangs eine Fassade auf. Darin muß gar nicht Täuschungsabsicht obwalten, denn an die Fassade glaubt der Betroffene selbst ebensosehr, wie er andere daran glauben machen will. Der Menschenkenner muß sich hellsichtig und hellhörig machen, um das innere Leben hinter der Maske der Täuschungen und Selbsttäuschungen erblicken zu können. Er muß sozusagen mit dem »dritten Auge«, mit dem »dritten Ohr« sehen und hören können. Nicht nur was ein Mensch sagt, ist bedeutsam, sondern auch *wie* er es sagt; nicht nur was er spricht, sondern auch was er verschweigt; in einem langen Gespräch kann eine einzige Äußerung tief ins Innere des Gegenübers blicken lassen, indes vielstündige Plauderei nichts Wesentliches zutage fördert. Schulen wir unser Organ zum Vernehmen der Seele des Mitmenschen! Wer eine starke soziale Verbundenheit hat, viele Menschen kennt und sie ernst nimmt, gewinnt mit der Zeit — es gehört ein ganzes Leben dazu — Einblick in seelische Strukturen, Aufbaugesetze, Hintergründe; er wird zum Menschenkenner in dem Maße, wie er ein reifer, weiser, vernünftiger Mensch wird.

Strukturbeispiel 3: Der schüchterne Mensch

Als ein Hilfsmittel für den um Menschenkenntnis Bemühten sei nun das Symptom Schüchternheit etwas näher beleuchtet. Über das Erscheinungsbild dieser Haltung muß man nicht viel Worte verlieren. Man kennt diesen ängstlichen Menschentypus, der mit leiser, unsicherer Stimme spricht, in seinem Gang, in seinem ganzen Verhalten ein Stückweit Angst zum Ausdruck bringt. Allenfalls äußert sich diese Ängstlichkeit auch körperlich, zum Beispiel im Erröten, Erblassen, beschleunigten Pulsschlag, trockenen Mund, Durchfall usw. Wie sieht es im Inneren eines solchen Mitmenschen aus? Welche Bestandteile seelischer Fehlorientierung müssen zusammenkommen, um Schüchternheit zu erzeugen?

Die genauere Analyse lehrt, daß der Schüchterne im allgemeinen Menschen und Situationen falsch einschätzt. Er neigt zu Mißtrauen, Pessimismus, Zweifel am Wohlwollen der anderen, Unterschätzung der eigenen Kräfte und Überschätzung der Anforderungen, die an ihn gestellt sind. Auf Grund seiner Kindheitserfahrungen meint er, daß man ihn immer kritisieren wolle, daß jede Beurteilung seiner Person eine Verurteilung sein werde. Darum wagt er sich nirgends vor und hält sich im Hintergrund, wobei er sich gerade wegen dieser Zurückhaltung auch selbst verachtet. Seine Maßstäbe sind oft völlig irreal. Er will Dinge und Leistungen von sich, die er nicht — eventuell sogar niemand — leisten kann. So bewegt er sich im Zirkel der Angst. Um andere Leute gut zu stimmen, legt er sich sein unterwürfiges, stilles, braves Verhalten zu, was ungefähr besagen will: Tut mir nicht weh, Ihr seht ja, wie zart und zimperlich ich bin! Unbewußt wird das von der Umwelt verstanden. So bleibt der Schüchterne in seiner Schüchternheit, bis ihm Ermutigung und Selbsterkenntnis — durch Psychotherapie vermittelt — den Weg zu einem aktiven, mutigeren Leben zeigen.

Strukturbeispiel 4: Der freche, arrogante, eitle und selbstgefällige Mensch

Hier haben wir es scheinbar mit dem Gegensatz des schüchternen und ängstlichen Typus zu tun. Solche Leute treten keck und vorwitzig auf, fahren andere an, betonen bei jeder passenden und unpassenden Gelegenheit ihr (angebliches) Überlegensein, haben Allüren der Herrschsucht, Unduldsamkeit und Egozentrizität. In der Fachsprache der Psychologie spricht man gelegentlich vom sogenannten »Narzißmus«, das heißt der Selbstverliebtheit solcher Menschen. Die ältere Psychoanalyse war der Meinung, diese Typen seien so sehr in sich selbst verliebt, daß keine Gefühle mehr für andere Menschen übrigblieben. Ein Übermaß an Selbstliebe verhindere die notwendige Fremdliebe. So seien diese Menschen in sich selbst verkapselt, eingesperrt, ohne den Weg nach vorne, in die Zukunft, zu den Mitmenschen zu finden.

Sieht man näher zu, so ist es mit der Selbstliebe der Eitlen und Selbstgefälligen nicht weit her. Hier ließ sich die psychologische Forschung durch das Oberflächenbild täuschen. Der Eitle liebt sich selbst sehr wenig: im Gegenteil, er zweifelt so sehr an sich, hat so geringe Selbstachtung, daß er dauernd darum bemüht ist, andere von seinem Wert zu überzeugen; gelingt ihm das (mit Hilfe von allerlei Tricks und Manövern), so glaubt er für kurze Zeit auch an sich selbst. Somit ist der auffälligste Befund bei frechen, arroganten, eitlen und selbstgefälligen Menschen ihre große innere Unsicherheit, die sie mit ihrem scheinstarken Gebaren übertönen, verdecken wollen. Eindruckmachenwollen ist auch eine Methode, seine eigene Schwäche zu maskieren. Wo dieses Motiv in den Vordergrund rückt, dürfen wir annehmen, daß starke Selbstzweifel bestehen, eventuell sogar Selbstverachtung, die man krampfhaft kompensieren will. Dies ist der Schlüssel zu allem narzißtischen Tun und Lassen, welches eher aus dem Selbsthaß als aus der Selbstliebe stammt. Wer sich wahrhaft lieb hat, hat es gar nicht nötig, den eigenen Wert durch eitle Effekthascherei ins Licht zu rücken. Er muß keineswegs andere unterjochen, um sich selbst bestätigen zu können. Indem er sich selbst mag und akzeptiert, bekommt er auch ein Gefühl für den Mitmenschen. Er muß nicht groß tun, weil er sich nicht als allzu klein empfindet. So sollte man als Menschenkenner immer hinter jeder übertriebenen Pose die fundamentale Ängstlichkeit und Selbstunsicherheit erkennen lernen. Man denke etwa an die Diktatoren unserer Epoche, die den Mund so voll nahmen und dauernd bei ihren Anhängern ihre Gottähnlichkeit proklamierten: wäre das Volk psychologisch geschulter gewesen, so hätte es in dieser phantastischen Großsprecherei und Großtuerei die pathologischen Minderwertigkeitskomplexe erkannt, die etwa einen Hitler dazu trieben, von Aggression zu Aggression zu taumeln, um sich dauernd aufs neue zu beweisen, daß er das größte staatsmännische und militärische Genie aller Zeiten sei. Daß solche krankhafte Politiker eine ganze Welt in Brand setzen können, um ihre verrückten Ambitionen durchzusetzen, hat unsere leidgeprüfte Generation in erschreckendem Ausmaße erfahren müssen. Würden wir mehr politische Menschenkenntnis besitzen, so wäre die Entlarvung größenwahnsinniger und unverantwortlicher Politiker viel leichter; das Volk würde in Krisenzeiten nicht allemal irgendeinem dahergelaufenen Psychopathen zum Opfer fallen, der dann in seinen unkontrollierbaren Affekten und Leidenschaften unermeßlichen Schaden bei Menschen, Gütern und Werten anrichtet.

Strukturbeispiel 5: Hypochonder und psychosomatische Patienten

Als ein letztes Beispiel psychischer Strukturen (wollte man alles aufzählen, so müßte man ganze Bände mit diesem Problem füllen) seien Hypochondrie und psychosomatische Störungen genannt. Jedermann kennt die Menschentypen, die immerfort krank zu sein glauben, sich stets damit beschäftigen, welche Krankheit nun in ihrem Inneren ausgebrütet wird. Der Hypochonder verbringt einen Großteil seiner Zeit damit, seinen Organismus zu überwachen. Ängstlich registriert er jede Funktion, beurteilt seine Zunge (Belag usw.), seinen Stuhlgang, seinen Herzschlag, seinen Urin usw. Liest er von irgendeiner Krankheit, so glaubt er, sie auch zu haben. Selbst wenn ihm der Arzt versichert, daß er gesund sei, schleicht sich ein Zweifel ein, daß der Arzt doch etwas übersehen habe. So vergeht das Leben ungenützt im dauernden Sichängstigen vor dem Sterben. Der Hypochonder stirbt tausend Tode, bis ihn der eine und unvermeidliche Tod ereilt.

Was geht in solchen Menschen vor? Die Tiefenpsychologie zeigt uns, daß es sich um primär ängstliche Menschen handelt, die ihre Angst auf das Funktionieren des Organismus konzentrieren. Auch sind sie einsam: nur darum beziehen sie sich ständig auf ihre Organe, um etwas zu haben, was ihre innere Leere ausfüllt. Des weiteren gehören dazu Mutlosigkeit, Kontaktscheu, Ehrgeiz, Überlegenseinwollen, unbewußte Feindseligkeit: wer selber in sich feindselige Gefühle trägt, empfindet auch das Leben als feindselig und bangt darum vor Krankheit und Tod. Man heilt Hypochondrie durch Verbesserung der menschlichen Beziehungen.

Von hier eröffnet sich ein Zugang zu den sogenannten »psychosomatischen Erkrankungen« (körperliche Krankheiten auf seelischer Grundlage), die in letzter Zeit erforscht worden sind. Angst und gestörte menschliche Beziehungen liegen den Magengeschwüren, den Ekzemen, dem Asthma, der Hypertonie (hoher Blutdruck), der Verstopfung, dem Durchfall, der Fett- und Magersucht usw. zugrunde; die falsche Einstellung zu sich selbst und den Mitmenschen führt in die Krankheit.

Gestörtes Selbst- und Fremdbildnis I

Das Ziel der Menschenkenntnis kann dahingehend formuliert werden, daß man sich ein annähernd richtiges Bild von sich selbst und den Mitmenschen erarbeiten muß. In dieser Beziehung sind fast alle Menschen noch Anfänger; denn die Aufgabe, vor der man hier steht, ist riesengroß. Sie erfordert zu ihrer Lösung ein ganzes, bemühtes Menschenleben. Und die besten Selbst- und Menschenkenner sind jene, die freimütig eingestehen, daß sie in diesem Bereich sehr oft fehlgehen, Irrtümern unterworfen sind und sich nicht selten als Stümper betrachten müssen.

Die moderne Psychologie hat erkannt, daß zwischen Selbst- und Fremdeinschätzung ein unlösbarer Zusammenhang besteht. Wer sich selbst wahrhaft kennt, hat gute Chancen, auch den Mitmenschen zu verstehen. Es handelt sich hier offenbar um ein einheitliches Problem — unsere Fehler in der Selbstbeurteilung schlagen sich immer auch in Fehlern der Menschenkenntnis nieder. Goethe hat einmal gesagt: »Der Mensch kennt sich selbst, insofern er die Welt, und die Welt, insofern er sich selbst kennt.«

In der psychologischen Fachsprache nennt man Fehler in der Wahrnehmung seiner selbst und anderer Menschen »Parataxien« (H. S. Sullivan), das heißt Verzerrungen des Wahrnehmungsfeldes. Jeder Mensch sieht die Welt anders. Entsprechend seiner Individualität, seiner gefühlsmäßigen Lebenseinstellung denkt, urteilt usw. er in ganz spezifischer Weise. Gewöhnlich meinen wir, daß wir objektiv seien. Das Gegenteil ist jedoch der Fall. Überall, wo Gefühle ins Spiel kommen, hat jedermann seine eigene Optik, seine ganz spezifische »Brille«, die ihm Menschen und Gegenstände in einem charakteristischen Lichte zeigt. Diese Wahrnehmungsbesonderheiten bleiben zumeist unbewußt. Auch Menschen, die ganz verschroben und deformiert wahrnehmen, glauben im Recht zu sein. Sie »sehen es eben so«. So steckt jeder auch psychisch in seiner Individualität drin, ohne es recht zu merken. Die Schulung der Menschenkenntnis muß darin bestehen, daß man seine »Parataxien« durchschaut. Nur derjenige, der weiß, was er in seine Eindrücke und Erfahrungen *hineinlegt*, kann ein annähernd objektives Bild der Menschen gewinnen. Und er wird ein um so besserer Selbstkenner sein, je mehr er Menschenkenntnis erworben hat.

Verdrängung, Projektion und Rationalisierung

Drei Mechanismen wurden durch die Tiefenpsychologie namhaft gemacht, um die Trübungen unseres Urteils über uns selbst und die anderen zu erklären: Verdrängung, Projektion und Rationalisierung. Diese drei Manöver der Selbsttäuschung sollen in der Folge kurz erklärt werden.

1. *Verdrängung:* Unter dem Einfluß einer Kindererziehung, die auf uralten Vorurteilen aufbaut, kann das Kind sich nicht mit seinen Trieben, Impulsen und Bedürfnissen ruhig auseinandersetzen. Ideal wäre eine Pädagogik, in der der Heranwachsende alle seine vitalen Antriebe unbefangen verarbeiten, in sein Ich (seine Persönlichkeit) einbauen könnte. Die traditionelle Erziehung jedoch ist dem entgegen orientiert. Sie verdrängt vor allem sexuelle und ichexpansive Regungen. Diese werden als schlecht und böse bezeichnet. Das Kind muß sich innerlich davon distanzieren, um sich die Liebe der Eltern zu erhalten. Nun bedeutet Verdrängung, daß man jenen Teil der Persönlichkeit, der als unsittlich, erniedrigend und blamabel gesehen wird, aus dem Bewußtsein ausklammert. Man schafft eine innere »Gegenbesetzung«, die den Trieb oder Impuls dauernd niederhält. Naturgemäß erfordert dies einen hohen Energieaufwand, der dann der Persönlichkeitsentfaltung verlorengeht. Auch muß man sich stets einreden, daß die betreffende Regung nicht existiert oder abzuweisen ist. So entsteht die Notwendigkeit von »Scheuklappen«, von schiefen Konstruktionen, die die Verdrängung erleichtern sollen. Jede Verdrängung beruht auf Selbsttäuschung. Fängt man einmal mit Selbsttäuschung an, so kann man kaum die Grenze bestimmen, wo diese aufhören soll. Der Triebverdränger wird unehrlich gegen sich selbst. So verschieben sich bei ihm alle Akzente und Wertsetzungen, womit sein Urteil über Menschen und menschliche Verhältnisse entscheidend belastet wird. Triebverdränger können keine guten Menschenkenner sein.

2. *Projektion:* Eine weitere Folge der Verdrängung ist die Projektion. Diese bedeutet eine Verlagerung von seelischen Tendenzen und Inhalten auf andere. Meistens handelt es sich um unliebsame Strebungen, die man zur Bereinigung und Aufbesserung des Selbstbildnisses lieber auf den anderen projiziert, am anderen bekämpft, um damit selber gut dastehen zu können. Auch hier ist natürlich Selbsttäuschung in rauhen Mengen mit im Spiel. Menschen mit Projektionen beschuldigen andere der Fehler, die sie selbst haben. Je größer die Fehler bei ihnen sind, um so hartnäckiger verfolgen sie andere deswegen. Darum kann man Projektionen eine »systematische Unehrlichkeit gegen sich selbst« nennen. Ein Beispiel hierfür ist etwa der aggressive Mensch. Fragt man ihn, warum er andere Menschen so kränkt, beleidigt, attackiert, beschimpft usw., so wird er erwidern, daß er sich »ja nur wehren müsse«. Die anderen seien so grob und gemein. Meistens wird er viele Beispiele vorbringen können, die den guten Zuhörer als faden-

scheinig anmuten. Aber der Projektionstyp »glaubt daran«. In den USA wurde ein interessantes Experiment gemacht: Man ließ einige sehr aggressive Menschen mit sehr toleranten Persönlichkeiten diskutieren. Die Gespräche wurden auf Tonband aufgenommen.

Hernach fragte man die Toleranten, wie die anderen gewesen seien. Die Antwort war: recht aggressiv. Als man jedoch die Aggressiven fragte, wie die Gesprächspartner gewesen seien, hieß es: schrecklich aggressiv. Das Tonband zeigte jedoch, daß die Toleranten kein böses Wort, keinen gehässigen Ton geäußert hatten. Die Folgerung aus diesem Experiment ist: Jeder aggressive Mensch projiziert dauernd seine feindseligen Gefühle in die Mitmenschen und meint dann, sich gegen sie zur Wehr setzen zu müssen. Der Nutzen dieser Projektion ist die Selbstidealisierung und Selbsterhöhung. Wenn alle anderen Lumpen, böswillige Charaktere sind, bin *ich* doch einigermaßen anständig, weil ich ja »nur« mein gutes Recht verteidige.

3. Rationalisierung: Dieser Fachausdruck belegt den Tatbestand, der in der Volkssprache »faule Ausrede« genannt wird. Verdrängung, Projektion und Rationalisierung hängen innig zusammen: wo das eine ist, sind die anderen beiden auch. Alle drei Mechanismen ergänzen einander. Ein Beispiel der Rationalisierung ist der Fuchs aus der Fabel, der angesichts der Trauben, die ihm zu hoch hängen, sagt: Sie sind ja doch sauer, und ich mag sie nicht! Ebenfalls ist Rationalisierung am Werk, wenn man mit scheinbar guten Gründen eine schlechte Sache verteidigt. So wird etwa ein mißtrauischer Mensch sein Mißtrauen mit irgendwelchen Schauergeschichten von menschlicher Bosheit rational rechtfertigen. Ein ängstlicher Mensch wird auf die Zeitungsberichte »Unglücksfälle und Verbrechen« hinweisen. Jede Gefühlssituation sucht sich eben ihre »Begründungen«. Auch hier ist Selbsttäuschung mit den Händen zu greifen. Man übergibt sich der Unlogik, wenn man aufs Geratewohl seine Komplexe als sinnvoll darstellen will.

Erziehung und Menschenkenntnis

Wie bereits angedeutet, haben alle genannten Störungsquellen unserer Selbst- und Menschenkenntnis ihren Ursprung im erzieherischen und bildungsmäßigen Werdegang des Menschen. Da unsere erzieherischen Maßnahmen noch sehr durch altmodische und unzweckmäßige Vorstellungen belastet sind, hemmen wir die Reifungsvorgänge im Seelenleben des Heranwachsenden. Wir verhindern auf tausend Wegen und Umwegen, daß er mit sich selbst bekannt wird, ein realitätsbezogenes Bild von sich selbst und den Mitmenschen bekommt.

Je ungünstiger die gefühlsmäßigen Erfahrungen in der Kindheit und Jugend sind, um so größer ist die Gefahr aller möglichen Täuschungen in bezug auf die Lebensorientierung. Gute Menschenkenner haben in der Regel in der Kindheit die Menschen gut lieben und damit auch verstehen gelernt. Wer sich frühzeitig infolge von seelischen Verletzungen in sein Schneckenhaus zurückziehen mußte, versäumt viele Anschlüsse an das Leben und entwickelt wenig Einfühlung, Kontaktnahme und Verständigungsbereitschaft. Aus Angst vor den Mitmenschen legt er sich Vorurteile aller Art zurecht. Er fürchtet, daß man ihn nicht mag, ihm nicht gut gesinnt ist: um sich nun zu schützen, entwertet er die anderen, legt ihnen Motive des Denkens und Handelns unter, die gar nicht stimmen. Hat man einmal mit diesen Verfahren des »Selbstschutzes« begonnen, so kommt man damit an kein Ende. Die mangelnde Kontaktfähigkeit führt zu entmutigenden Erfahrungen, die wiederum durch Projektionen und Rationalisierungen ausgebügelt werden müssen. Man bewegt sich dauernd im Zirkel. Oft ist im späteren Leben eine Nacherziehung — zum Beispiel die seelenärztliche Behandlung — notwendig, um die Selbst- und Menschenkenntnis zu vertiefen: aus dem Verstehen des Lebens erwächst dann die Fähigkeit, es zu meistern.

Gestörtes Selbst- und Fremdbildnis II

Das Verständnis von Verdrängung, Projektion und Rationalisierung ist ein erster Schritt zur Verbesserung unserer Selbst- und Menschenkenntnis. Es muß allerdings gesagt werden, daß die Umsetzung dieser theoretischen Kenntnisse in die Lebenspraxis außerordentlich schwierig ist. Wer die genannten Begriffe in psychologischen Abhandlungen liest, erinnert sich zumeist an Beispiele, wo *andere* von diesen Fehlhaltungen befallen waren. Oft geschieht es auch bei der Lektüre von Darstellungen seelischer Krankheitsbilder, daß dem Leser bewußt wird, wie krank eigentlich sein *Partner* ist. In der Bibel heißt es über diesen Zusammenhang, daß man den Splitter im Auge des Nächsten, aber nicht den Balken im eigenen Auge sehe. Die Tiefenpsychologie kann diese uralte Einsicht ohne weiteres bestätigen.

Darum sollte man sich beim Studium psychologischer Probleme vor allem davor hüten, in Selbstgerechtigkeit und Pharisäertum zu verfallen. Für manche wird die psychologische Wißbegierde zu einer Chance, »hinter die Schliche des anderen zu kommen«. Dagegen ist an sich nichts einzuwenden, wenn man nicht vergißt, daß man auch hinter seine eigenen Schliche

kommen muß.

kommen muß. Der wahre Menschenkenner ist niemals hart, unduldsam und unmenschlich. Er wird durch das Wissen um die eigene Begrenztheit und Fehlerhaftigkeit eher gütig, menschen- und lebensfreundlich. Er verwendet seine Erkenntnisse dazu, anderen zu helfen, sie zu fördern, ihnen nicht wehzutun. Wer andere ausnützen, übervorteilen, dominieren will, wird immer nur bruchstückhafte Menschenkenntnis erwerben: in entscheidenden Belangen wird er in die Irre gehen.

Minderwertigkeitsgefühl und Geltungsstreben

Von großer Wichtigkeit für die Objektivität im Umgang mit den Mitmenschen sind zwei seelische Faktoren, die der hervorragende Tiefenpsychologe Alfred Adler aufgedeckt hat: das Minderwertigkeitsgefühl und das Geltungsstreben. Die genauere Herleitung dieser Fundamentaltatsachen des Seelenlebens kann an dieser Stelle nicht gegeben werden. Es sei lediglich angedeutet, daß nach Adler jeder Mensch leicht für Minderwertigkeitsgefühle anfällig ist. Der Mensch ist ein relativ schwaches Wesen in der Natur. Er ist fast ein Viertel seines Lebens hilflos und von anderen Menschen abhängig. Seine Wünsche und sein Wollen sind größer als sein Können. So vereinigen sich viele Umstände, um den Menschen innerlich unsicher, angstbereit und mehr oder minder selbstzweifelnd zu machen.

Verstärkt werden die Minderwertigkeitsgefühle durch zahlreiche Nebenumstände, die allerdings teilweise vermieden werden könnten. Falsche Erziehungsmethoden (Verwöhnung, Härte und Strenge, Lieblosigkeit usw.) können aus dem ursprünglich angelegten Minderwertigkeitsgefühl einen »Minderwertigkeitskomplex« machen: dieser wirkt als Blockade aller günstigen seelischen Entwicklungen und Entfaltungen. Diskriminierung von seiten der Umgebung, Angsteinflößung, Aufwachsen im Schatten von begünstigten Geschwistern, uneinsichtige Eltern, Überforderung usw.: all dies kann dem Heranwachsenden die Minderwertigkeitssituation zu einem unlösbaren Problem machen. Aus dem sich minderwertig fühlenden Kinde wird dann zumeist ein sich minderwertig fühlender Erwachsener. Dieser mag dann später schüchtern, kontaktarm, phlegmatisch, traurig, arbeitsunlustig usw. sein. Er erweist sich als ein entmutigter Menschentypus, dem es schwerfällt, das Leben zu gestalten. Er fühlt sich von den Mitmenschen durch Abgründe getrennt.

Begreiflicherweise stört das Minderwertigkeitsgefühl die Selbst- und Menschenkenntnis. Solche Menschen unterschätzen sich selbst und überschätzen die anderen. Immer sind die anderen schöner, klüger, besser, tüchtiger als derjenige, der an einem Minderwertigkeitskomplex leidet. Der außenstehende Betrachter ist oft verblüfft über die Denkfehler, die dem Betroffenen gar nicht auffallen. So können sich auch hübsche Frauen (wenn sie in der Kindheit entmutigt wurden) als häßlich vorkommen; intelligente Menschen behaupten schlankweg, daß sie die dümmsten Menschen seien, die die Erde trägt. Aus dem tiefen Unsicherheitsgefühl erwachsen diese falschen Selbsteinschätzungen, die rational nicht korrigierbar sind. Solange man dem mit Minderwertigkeitskomplexen Behafteten keine neuartigen und tiefgreifenden emotionalen Erfahrungen vermittelt, kann er seine niedrige Selbstachtung nicht beheben. Man redet hier geradezu »an eine Wand«. Die Ursachen der Minderwertigkeitsgefühle sind unbewußt; oft müssen sie erst durch die Psychotherapie ausgegraben werden, bevor eine Korrektur in Frage kommt.

Oft entsteht durch das Minderwertigkeitsgefühl kompensatorisch ein »Überwertigkeitsgefühl«. Wer sich lange klein, hilflos, schwach und unzulänglich sah, gerät eines Tages auf den Trick, sich ins Gegenteil umzudeuten, umzudichten. Man baut sich die Überzeugung auf, mehr, besser, gescheiter, vornehmer zu sein als die anderen. Hieraus leitet sich das Geltungs- und Machtstreben ab, das in vielen Menschen stark verankert ist. Nun ist man nicht mehr »nichts und niemand«: man hat sich über die anderen erhoben, resp. man strebt dauernd danach. Auch hier kommt die Selbst- und Menschenkenntnis zu Schaden: nun verfällt man in den gegensätzlichen Fehler, der im Minderwertigkeitskomplex zum Vorschein kommt. Man läßt andere kaum noch gelten: alle sind blöd, dumm, minderwertig, nur nicht »ich selbst«. Die feinere Beobachtung zeigt, daß hinter jeder Überwertigkeitspose immer noch das Minderwertigkeitsgefühl lauert. Wer andere unterdrücken, erniedrigen, kleinmachen will, hat selber Angst vor ihnen: und seine Angst wird nie ruhen, solange er nicht seine Überheblichkeit aufgibt. So sind Minderwertigkeitsgefühl und Überlegenheitstendenz fast »siamesische Zwillinge«, die kein Chirurg voneinander trennen kann. Die Heilung solcher seelischer Fehldispositionen kann nur — so beschrieb es Alfred Adler — durch das Anwachsen des »Gemeinschaftsgefühles« (d. h. der echten seelischen Verbundenheit mit den Mitmenschen) erfolgen. Nur wer sich mit den Menschen auf eine Ebene stellt, nicht mehr sein will als sie (im Sinne von Beherrschung, Ausnützung, Indienststellung usw.), kann wahre Sicherheit im Leben erlangen. Ein großartiger Nebengewinn dieser errungenen Liebes- und Kooperationsfähigkeit ist die Selbst- und Menschenkenntnis. Sie wird jenem zuteil, der sich mit den Mitmenschen eins und einig fühlt, sich nicht mehr oder nicht weniger fühlt als sie.

Oft muß der Seelenarzt in der psychotherapeutischen Behandlung bei seinen Patienten *beide Seiten* dieser einheitlichen Schwäche korrigieren: er muß die Größenansprüche des Patienten herabschrauben, aber auch sein Selbstvertrauen stärken. In diesem Prozeß können die beiden Erfordernisse nicht isoliert werden. Wer mehr Selbstvertrauen hat, muß sich nicht einreden, er sei mehr, besser und wertvoller als alle anderen. Wer sich in das menschliche Maß schickt, kann sich gar nicht minderwertig fühlen. Er wird seine eigenen Schwächen kennen und an deren Überwindung arbeiten. Er wird aber auch keine Angst davor haben, daß andere diese Schwächen sehen könnten. Je mutiger und kontaktfreudiger man ist, um so eher kann man eingestehen, daß man »nur ein Mensch« ist. Man gewinnt den Mut zur Unvollkommenheit, der die Voraussetzung der Menschen- und Selbstkenntnis ist.

Beispiele und Anwendungen

Alle genannten seelischen Faktoren spielen im Alltagsleben des »Normalen« wie auch in der seelischen Erkrankung eine ungeheure Rolle. Besonders in der letzteren lassen sich tiefgreifende Zusammenhänge erkennen. Es gibt keine psychische Krankheit ohne Störung der Selbst- und Menschenkenntnis: gelingt es, dem Patienten ein richtigeres Bild von sich selbst und den Mitmenschen zu vermitteln, so wird er seelisch gesund. Fast immer leiden die Menschen nicht so sehr an den Tatsachen des Lebens (schwierige Arbeit, Liebesprobleme usw.), sondern an der Art, »wie sie es nehmen«. Wir kranken mehr an unseren Gedanken über die Dinge als an den Dingen selbst. Kein Zweifel, daß hier die in der Kindheit erworbenen Fehlhaltungen die Wurzeln alles Übels sind.
So sind etwa depressive Patienten meistens sehr perfektionistisch, streng, unduldsam, zwanghaft erzogen worden. Daraus leiten sie starre Forderungen an sich selbst und die Welt ab, die unbewußt bleiben. Die unerfüllbaren Forderungen führen zu Enttäuschungen und Frustrationen. Erreicht man nicht das, was man sich gemäß dem lebensfremden Konzept vorgestellt hat, so verfällt man der Selbstverachtung und wütet gegen sich selbst und die Welt. Der Depressive würde das Leben leichter nehmen, wenn er nicht im Griff seiner unbewußten Maßstäbe wäre. Diese Maßstäbe zu ändern ist der Heilungsweg der Depressionen: dies kann nur im psychotherapeutischen Gespräch geschehen.
Auch der Aggressive und der Ängstliche leiden an Selbst- und Fremdtäuschungen. Da man den andern falsch sieht, meint man, sich dauernd gegen ihn schützen und wehren zu müssen. Wie sehr man dem anderen damit unrecht tut und die voraus-

gesetzte Feindseligkeit selber erzeugt, begreift man nicht, es sei denn, daß man durch eine systematische Schulung der Menschenkenntnis hindurchgeht.

Gestörtes Selbst- und Fremdbildnis III

Aus allem Vorangegangenen sollte klargeworden sein, daß Korrekturen des Selbst- und Fremdbildnisses ein sehr komplizierter seelischer Vorgang sind, der niemandem als Geschenk des Himmels in den Schoß fällt, sondern hart erarbeitet werden muß. Alle großen Selbst- und Menschenkenner sind durch Leid, Verstrickung und innere Not hindurchgegangen. Dadurch wurden sie hellsichtiger und hellhöriger, lernten auf Selbsttäuschungen verzichten und die Wahrheit zu ertragen. Bezüglich der Forderung nach Selbsterkenntnis steht man vor einer ungeheuren Aufgabe, um deren Lösung die Menschheit seit den Anfängen der Kultur ringt. Hier ist auch noch kein Ende abzusehen: jedermann kann, wenn er redlich bemüht ist, auf diesem Gebiet zur Weiterführung menschlicher Erkenntnis beitragen, wobei er gerade durch diese Anstrengung — sich selbst und andere zu verstehen — sowohl zu seinem eigenen Glück, seiner Produktivität wie auch zum Fortschritt der Menschheit beiträgt.

Die tiefenpsychologisch orientierte Psychotherapie hat in bezug auf Selbst- und Menschenkenntnis neue Grundlagen geschaffen, die an Subtilität und Tragweite alles in den Schatten stellen, was in früheren Epochen gedacht und versucht worden ist. Hat man mit seelisch kranken Menschen zu tun, so muß man sich einen sehr genauen Einblick in ihr Seelenleben verschaffen. Heilung ist nur möglich, wenn der Therapeut die Gedanken und Gefühle seines Ratsuchenden genauestens innerlich nachvollziehen kann. Indem man sich monatelang mit einem Patienten befaßt, kann man sein Innenleben in allen Aspekten kennenlernen. Die Seelenärzte der ganzen Kulturwelt haben in den letzten Jahrzehnten ein Erfahrungswissen gesammelt, das für das Studium des Menschen wegweisend ist. Heute kann jegliche Bemühung um ein Erfassen menschlicher Probleme an der Tiefenpsychologie nicht mehr vorbeigehen. Was außerhalb der tiefenpsychologischen Forschung ausgetüftelt und geschrieben wird, mutet sehr oft oberflächlich und naiv an. Meist werden uralte Vorurteile über den Menschen in neuer Verpackung serviert. Aber eine wirkliche Bereicherung der Menschenkenntnis kann wohl nur aus dem Studium seelischer Entwicklungen und Fehlentwicklungen abgeleitet werden, ein Anliegen, das von der Tiefenpsychologie

seit Freuds bahnbrechenden Entdeckungen um 1900 aufs
schönste realisiert worden ist.

Das falsche Elternbild

Ein verblüffend häufiger Befund seelenärztlicher Behandlung
ist die Tatsache, daß die meisten Menschen ein ganz falsches
Bild ihrer Eltern haben. Oft hört man von Patienten Be-
schreibungen, die vermuten lassen, daß die Eltern Monstren
an Grausamkeit, Unverständnis, Böswilligkeit usw. waren.
Forscht man genauer nach, so ergibt sich, daß tatsächlich die
Eltern ihr Kind mißverstanden, erzieherische Fehlgriffe taten
und darum Groll und Bitterkeit im Kinde erwecken mußten.
Aber all dies geschah aus Unwissenheit und eigener psychischer Deformation. Böse Absicht ist kaum je bei Eltern im
Spiel, wenn sie ihr Kind nicht gut und günstig behandeln. Hat
man einmal den gefühlsmäßigen Anschluß an sein Kind verloren (was sehr leicht zustande kommt, da das Erziehungswis-
sen allgemein sehr lückenhaft ist und die kindliche Entwicklung so leicht fehlschlagen kann), so reiht sich ein Mißverständnis an das andere, bis sich schließlich die Beteiligten —
Eltern und Kind — überhaupt nicht mehr verstehen. Dies geht
nicht ohne Ärger, unkontrollierte Bemerkungen, Vorwürfe,
wechselseitiges Einander-Unrecht-Tun ab. Die Kluft wird
größer und größer, mitunter glauben Kinder in ihren Eltern
ihre schlimmsten Feinde zu sehen. In Wirklichkeit grämen sich
diese Eltern, daß die Kinder nicht erkennen, »wie sehr man
nur ihr Bestes will«.
In der Rückschau erzählen viele Patienten ihrem Psychotherapeuten, was sie alles in ihrer Kindheit ausstehen mußten. Oft
endet diese Erzählung mit dem Ausruf: Ich hasse meine Mutter, meinen Vater, meine Eltern! Es mag wohl sein, daß hierbei wirkliche Härten und Unzuträglichkeiten vorkamen. Der
Seelenarzt wird jedoch fast immer zeigen können, daß die
Eltern »es nicht besser konnten«. Wer seine Eltern haßt, tut
ihnen im Grunde unrecht. Und wenn man einmal mit dem
Hassen anfängt, kommt man so leicht nicht zu Ende. Der
Elternhasser ist immer auch ein Selbsthasser. Er muß lernen,
seinen Eltern innerlich zu verzeihen, sie zu verstehen. Damit
bahnt er seine Entwicklung zu Reife und Gesundheit an.
Ähnlich steht es allerdings mit dem Bild, das sich Eltern von
ihren Kindern machen. Angenommen, das Kind habe durch
Fehlerziehung bestimmte Verhaltens- und Charakterfehler in
sich aufgenommen (Bettnässen, Trotz, Unordentlichkeit, »Faulheit« usw.). Die verzweifelten Eltern versuchen »alles, was
nur möglich ist«. Da sie es ungeschickt anstellen, kommt
nichts Gescheites dabei heraus. Die Fronten verhärten sich

zusehends. Jede Maßnahme der Eltern wird vom seelisch irritierten Kind als Unfreundlichkeit und Zwang betrachtet. Von »Feinden« nimmt man nichts an, auch wenn sie per Zufall einmal recht haben sollten. Dies verdichtet in den Eltern den Eindruck, sie hätten ein böswilliges und nicht ein krankes Kind. Daraus kommen zusätzliche Konflikte, die sich ins Furchtbare steigern können. Keiner gibt nach, es sei denn, daß tiefenpsychologische Erziehungsberatung den Eltern klarmachen kann, wie sie die Verhaltensstörungen ihres Kindes beurteilen sollen. Der Umgang mit dem Kinde ist eine der größten Künste, die es gibt. Wer nicht begreift, daß er das mühevoll und langwierig durch tiefenpsychologische Unterweisung (via Elternschule) erlernen muß, wird nie auf einen grünen Zweig kommen. Er wird sein Kind seelisch schädigen und sich selbst um die großen Befriedigungen der Elternschaft betrügen.

Das falsche Partnerbild

Ebenso überraschend wie die Täuschungen in bezug auf die Motivationen des elterlichen Verhaltens (oder der kindlichen Fehlhaltungen) sind diejenigen Irrtümer, die sich in der Partnerschaft zweier Menschen bemerkbar machen. In Liebe und Ehe sind Mangel an Selbst- und Menschenkenntnis verheerende Störfaktoren. Viele Ehen zerbrechen keineswegs an der Disparatheit und Unvereinbarkeit der beiden Beteiligten, sondern an den Lücken, die die Betroffenen in bezug auf Selbst- und Menschenkenntnis haben. Hierdurch werden oft harmlose Worte, Einstellungen, Reaktionen des Partners ins Phantastische umkonstruiert. Die Phantasie, die bei seelisch mehr oder minder gestörten Menschen eine unheimlich große Rolle spielt, kann hier erstaunliche Streiche spielen. So entwirft etwa ein Mann oder eine Frau in der psychologischen Beratung dem Seelenarzt ein Bild des Partners, das teuflische Züge tragen kann. Mit Bangen erwartet dann der Arzt die Konsultation dieses »schrecklichsten Menschen, den es überhaupt gibt«. Anstelle des Teufels erscheint dann aber ein harmloser Mensch, der nur durch Projektion, Mißverstehen, Überempfindlichkeit zu seinen abscheulichen »Eigenschaften« kam. Viele Scheidungen könnten vermieden werden, wenn die Ehepartner ein bißchen bessere Menschenkenner wären.

Hierzu ein kleines Beispiel: Gesetzt den Fall, daß ein Mann als einziges Kind bei einer verwöhnenden Mutter, bei verwöhnenden Eltern aufwuchs. Er wurde in seiner Kindheit wie ein Prinz behandelt, erhielt alles, was er nur wünschte und forderte. Seine Herrschaftsstellung im Elternhause war unangefochten. Nun tritt er unbewußt an seine Ehe mit der Forderung heran, daß die Frau ihm Mutter und Geliebte zugleich sein soll. Sie soll sich ganz nach seinen Wünschen richten. Sie soll ihn vergöttern (wie Mammi es tat). Nun ist aber die Ehe keine Wiederholung der Kindheitssituation ehemals verwöhnter Kinder. Ein solcher Mann wird sich innerlich enttäuscht fühlen. Er beginnt an der Liebe seiner Frau zu zweifeln. Der Verdacht *findet Argumente*, selbst wenn sie an den Haaren herbeigezogen sind. Die gemutmaßte Lieblosigkeit der Frau wird mit eigenen (realen) Lieblosigkeiten beantwortet. Wehrt sich der andere, so ist seine *egoistische und unfreundliche Art* »bewiesen«. Nun kann man gegen ihn losziehen und die Ehe zugrunde richten. — In ähnlicher Weise kann eine Frau als Kind bei ihrem Vater ein Prinzessinnenideal aufbauen. Oder sie leitet aus ihrer lieblosen Kindheit den Wunsch ab, grenzenlos geliebt zu werden. Wenn dies der Mann nicht leistet, ist er »böse«. Im Zuge der eigenen Komplexbehaftetheit schafft man sich nun ein Partnerbild, das das Zusammenleben verunmöglicht. Man kämpft gegen die Fiktion (Täuschung), die man sich selber zurechtbastelt. Der Partner steht diesem unbewußten Geschehen, an dem jede Logik und Gesprächsführung abprallt, machtlos gegenüber.

Ein letzter Hinweis ist noch auf eine Fehlerquelle unserer Selbst- und Menschenkenntnis zu geben: Auf Grund mangelhaften Wissens sehen wir die Menschen meist schlechter als sie sind. Die Psychologie jedoch lehrt, daß die Menschen eher unwissend als böse, eher irregeleitet als böswillig sind. Darum wird der Menschenkenner duldsam und gütig, er verurteilt nicht mehr, sondern sucht zu verstehen.

Menschenkenntnis als Charakterkunde

Man kann nun die Frage aufwerfen, mit welcher Haltung man am besten an die Menschen herangeht, um sie vorurteilsfrei zu studieren. Aus den vorangehenden Schilderungen ist wohl klargeworden, daß der Zugang zur Psyche des Mitmenschen nicht eben leicht gefunden werden kann. Da der eigene Charakter beim Sammeln von Erfahrungen bereits als *wahrnehmungsverfälschende Instanz* in Funktion tritt, läuft man Gefahr, immer nur das zu finden, was man ohnehin schon weiß. Bekanntlich muß auch ein langes Leben nicht unbedingt zur Klugheit führen. Die Ereignisse des Lebenslaufes werden viel zuwenig verarbeitet, so daß mitunter auch eine Menge von Kenntnissen nur ein Minimum von *Erkenntnis* abwirft.

Wie mancher Verkäufer, Kellner, Portier, Geschäftsmann usw. hat unendliche Möglichkeiten, Menschen zu beobachten und zu beurteilen! Tatsächlich können solche Berufsleute mit der Zeit ziemlich genau einschätzen, was sie einem Menschen etwa verkaufen können, wieviel Trinkgeld sie mutmaßlich von ihm erhalten werden usw. Hier ist auch eine gewisse »Menschenkenntnis« im Spiel, aber sie beschränkt sich auf einen engen praktischen Zweck. Sie geht im Grunde davon aus, wieviel Nutzen man von einem anderen Menschen erwarten darf. Nun können Menschen sicher auch nützlich sein, aber in erster Linie sind sie Person, Persönlichkeit, und damit Zweck in und an sich selbst. Wer ein wirklicher Menschenkenner werden will, sollte zumindest zeitweise alle materiellen Aspekte hintanhalten können. Er muß sich voraussetzungsfrei in das Gemüt eines anderen zu vertiefen suchen. Er soll hierbei ganz Auge und Ohr sein. Denkt er hierbei an Bereicherung, Machtgewinn, schlaues Manipulieren anderer, so reduziert er sein Gesichtsfeld auf die Schwächen des Mitmenschen, die ihm für seine Pläne nützlich sein sollen. Damit vermindert sich die Einsichtsfähigkeit. Es ist hier wie in der Kunst und in der Wissenschaft überhaupt: wahre Erkenntnis wird nur gewonnen, wenn der Forscher oder Gestalter sich selbst vergessen kann und — wenn auch nur zeitweilig — ganz im »Gegenstand« aufgeht. Man muß von den Haltungen, Einstellungen, Lebensweisen und Deformationen der Menschen zutiefst *beeindruckt* sein, um sie verstehen zu können. Nur Eindrücke, die unser Gemüt wesentlich bewegen, erzeugen Gedanken, Phantasien, Schlußfolgerungen. Der Menschenkenner sollte sich unter den Menschen bewegen wie ein Kunstliebhaber in einer Sammlung bedeutender Gemälde, Plastiken usw. Mit dem Blick eines *gefühlsmäßig Ergriffenen* wird er, nach langer und geduldiger Bemühung, lernen zu *begreifen.*

Unser Hinweis auf die Strukturgesetzlichkeiten der menschlichen Psyche gilt nicht nur für einzelne Charakterzüge und Symptome, sondern für den Charakter als Ganzes. Der Charakter jedes Menschen ist Einheit und Ganzheit. Wie widersprüchlich auch die mannigfaltigen einzelnen Wesenszüge sein mögen, sie schließen sich bei genauerer Betrachtung zu einem Sinngefüge zusammen, wo jeder Teil zu den anderen Teilen und zur Totalität paßt. Diese Feststellung ist die Eingangspforte zur modernen Charakterkunde. Finden sich in einem Charakterbild nicht zu vereinbarende Verhaltensweisen, so darf man getrost mutmaßen, daß man noch zu oberflächlich beobachtet hat oder das Urteil auf zuwenig Fakten stützte. So ist es unzweifelhaft »strukturfalsch«, wenn man von einem Menschen behauptet: Er ist geizig, kleinlich, aber liebevoll; oder: haßerfüllt *und* großherzig; oder: phlegmatisch *und* mutig usw. Unser Strukturwissen muß uns dazu anleiten, beim Diagnostizieren eines Charakterzugs immer gleich dazugehörige Eigenschaften zu ahnen. Solche *Intuition* erwächst uns aus reichhaltigem Umgang mit Menschen, die wir mit wahrhaftigem Interesse studiert haben. So wie erfahrene Ärzte viele Krankheiten via Blick-Diagnose erkennen (der »klinische Blick«), so soll der Menschenkenner immer wieder *Gestalten* sehen, selbst wenn er nur Andeutungen davon wahrnehmen kann.

Nun müssen wir glücklicherweise hinsichtlich der psychologischen Strukturforschung nicht eine »Schöpfung aus dem Nichts« vollziehen. Die kulturelle Tradition der Vergangenheit hat Fundamente bereitgestellt, auf denen wir aufbauen können. Überraschenderweise hat die akademische Psychologie in dieser Beziehung am allerwenigsten zu bieten. Sie befaßte sich jahrhundertelang mit blutleeren Abstraktionen, die auch heute noch keinen Hund vom Ofen locken können. Selbst in der Gegenwart noch beschäftigen sich viele sogenannte Psychologen mit belanglosen Laborbefunden und imposanten Statistiken, die uns nichts über den leibhaftigen Menschen lehren. Dafür gilt derlei Geschreibsel, das mit mathematischen Formeln und Kurven zu beeindrucken versucht, als »wissenschaftlich«. Wer im Leben steht und für das Leben Erkenntnis gewinnen will, geht bei dieser After-Psychologie leer aus.

Menschenkenntnis in unserem Sinne findet man bis um das Jahr 1900 eher bei Dichtern und Philosophen, eventuell auch bei Verfassern von Biographien und Autobiographien als bei den »Psychologen«. Ein Vorläufer dieser Disziplin ist etwa der Franzose La Bruyère, der 1688 seine »Charaktere« veröffentlicht hat. Er gehört der illustren Reihe der französischen Moralisten an (Montaigne, Larochefoucauld, Chamfort, Vauvenargues, Rivarol usw.), die in Sentenzen und Maximen feinsinnige psychologische Beobachtungen beschrieben haben. In Deutschland kann G. Ch. Lichtenberg im 18. Jahrhundert, ein Zeitgenosse Goethes, ebenfalls als tiefgründiger psychologischer Autor genannt werden. In den Autobiographien eines Rousseau, Goethe, C. Ph. Moritz, ja schon eines Augustinus kann man an einem »Lebenswissen« teilhaben, das allen akademischen Traktaten über Denken, Fühlen, Wollen, Empfinden usw. haushoch überlegen ist. Das Studium der Biographien und Memoiren kann jedem psychologisch Interessierten dringend empfohlen werden. Leider haben die Verfasser von Lebensbeschreibungen in der vor-tiefenpsychologischen Ära meist nur ein stilisiertes und recht einseitiges Bild ihrer »Helden« aufgezeichnet. Fast immer werden diese bedeutenden Menschen nur in ihren äußeren Aspekten und Schicksalen charakterisiert: das Innenleben weiß der psychologisch nicht instruierte Verfasser oft nicht zu entwirren. Dieser Mangel gilt auch noch für die Biographik der Gegenwart, die sich törichterweise der Tiefenpsychologie gar nicht oder nur stümperhaft bedient.

So greift man am besten zu den Meisterwerken der Weltliteratur, wenn man Charakterkunde studieren will. In den Werken von Molière, Flaubert, Balzac, Zola, Shakespeare, Dickens, Thackeray, Lessing, Goethe, Schiller, G. Keller, Nestroy, Ibsen, Tolstoi, Dostojewski, Gogol, Puschkin, Gontscharow, Strindberg, Th. Mann u. a. m. breitet sich ein unendlich reicher Schatz von Einsichten über menschliches Verhalten und entsprechende Motivationen aus, der auch nicht annähernd ausgeschöpft worden ist. Die Art, wie die Dichter ihre Personen der Handlung leben, lieben, leiden und sterben lassen, ist oft getragen von einer Kenntnis des Unbewußten, die der große Künstler wohl aus leidvoller Lebenserfahrung erwirbt. Der Schlußteil dieses Buches wird solche Charakterdarstellungen aus der Weltliteratur präsentieren, um die These zu erhärten, daß Dichtung und Menschenkenntnis einander wechselseitig fördern und befruchten können.

Aber die Dichtung allein genügt nicht. Jahrhundertelang haben die Menschen die großen literarischen Schöpfungen der eigenen und vorangegangener Epochen gelesen und bewundert. Sie haben daraus selten oder nie eine Vertiefung ihrer Menschenkennerschaft und der Menschenbehandlung entnehmen können. Dies kommt daher, weil auch bei der Lektüre eines Buches die Charakterstruktur des Lesers weitgehend bestimmt, was aufgefaßt und verstanden werden kann. Das Buch *gibt* nur so viel, wie der Leser *nehmen* kann. Auch ist das intuitive

Wissen der Dichter zuwenig systematisiert, um eingeordnet und überblickt werden zu können. Zu diesem Zwecke muß wissenschaftlich verarbeitetes Erkenntnismaterial aufgenommen werden. Menschenkenntnis als Wissenschaft ist nun das Anliegen der Tiefenpsychologie.

In den tiefenpsychologischen Publikationen hat man unsäglich viele Möglichkeiten, Natur und Reaktionsweise des Menschen unter allen nur denkbaren Bedingungen und Variationen zu assimilieren. Die seelische Pathologie wird hierbei ausgebreitet, aber von der Erkenntnis des Abnormen fällt ein helles Licht auf die Bedingungen des Gesunden. Vor allem in den Werken der Pioniere dieser Forschungsrichtung — so bei S. Freud, A. Adler, H. Schultz-Hencke, K. Horney, E. Fromm, F. Künkel, F. Fromm-Reichmann, H. S. Sullivan, A. Kardiner usw. — liegt ein großartiges Material der Menschenbeobachtung und -beurteilung vor. Was hier an Strukturzusammenhängen des menschlichen Tuns und Treibens erläutert wird, gibt dem Leser nicht nur Hinweise auf seine Selbsterkenntnis, sondern läßt auch sein Verständnis für die Mitmenschen in Dimensionen vordringen, die außerhalb der Tiefenpsychologie noch kaum bekannt sind. Beim Studium der orthodox-psychoanalytischen Autoren werden oft viele profunde Einsichten durch den zwanghaften Sexualjargon der Freud-Schule verdeckt; aber auch da noch ahnt man viel mehr Kontakt mit dem lebendigen Leben, als dies in den übrigen Bereichen der Psychologie zu haben ist.

Unsere vorliegende Darstellung ist von den Ergebnissen der gesamten Tiefenpsychologie inspiriert, versucht jedoch, die schwierigen psychoanalytischen Überlegungen in die Sprache des Alltags und des gesunden Menschenverstandes zu übersetzen. In diesem Sinne sollten die nun folgenden Strukturschilderungen menschlicher Charaktereigenschaften gesehen und gelesen werden. Es folgen nun möglichst lebensnahe Analysen von Charakterstrukturen wie Angst, Neid, Eifersucht, Zorn und Wut, Haß, Dummheit, Rechthaberei usw.: sie alle sollen den Leser dazu anleiten, strukturell beobachten und damit auch psychologisch richtig handeln zu lernen. Denn die Kunst der Menschenkenntnis bewährt sich einzig und allein in der sinnvollen Menschenbehandlung. Die Psychologie soll uns lehren, der Lebensschwierigkeiten Herr zu werden!

Psychologie der Angst I

Eine der größten Schwierigkeiten im menschlichen Zusammenleben entsteht durch die Angst des Menschen. Wir haben in den letzten Jahrzehnten durch die psychologische Forschung wesentliche Aufschlüsse über das Angstgefühl erhalten. Wir können heute erklären, woher es stammt, welche Formen es annehmen und wie man es überwinden kann.

An sich ist die Angst eine natürliche Disposition des Menschen. Er kommt viel hilfloser und auch hilfsbedürftiger als jedes andere Lebewesen zur Welt. Er hat eine sehr lange Kindheit zu durchlaufen, in der er völlig von seinen Betreuern abhängig ist. So erlebt das Menschenkind von Anfang an ein Grundgefühl der Ohnmacht gegenüber dem Leben, was zur Quelle einer späteren Ängstlichkeit werden kann.

Sind die frühkindliche Umgebung und Erziehung liebevoll und verstehen sie die unausgesprochenen Anliegen des Kindes, so bemerken wir bald, daß das Kind eine Art *Urvertrauen* entwickelt, das die Angst in den Hintergrund drängt. Gut betreute Kinder zeichnen sich meist durch spontane Zuwendung zur Umwelt aus. Sie wollen alles und jedes kennenlernen. Engt man diesen gesunden Expansionsdrang nicht ein, so wird das Kind zu einem mutigen Menschen, der Kontakte mit anderen sucht und stets bemüht ist, die Schwierigkeiten des Lebens aktiv zu überwinden.

Wo aber ein Kind in einem zerrütteten Milieu aufwächst oder wo die Mutter selbst seelisch krank, unglücklich oder auch nur sehr ungeschickt ist, wird das Kind seine Abhängigkeit von der menschlichen Umgebung schwer ertragen. Es fühlt sich ihr ausgeliefert und ungesichert. Dementsprechend kann es schon sehr früh Angstsymptome entwickeln, die zu Grundbestandteilen seiner Persönlichkeit werden. Angst bedeutet immer auch seelische Isolierung.

Die soziale Entfaltung der Persönlichkeit erleidet dann einen empfindlichen Schaden. Denn nur durch intensivste Berührung mit den Mitmenschen, durch Auseinandersetzung mit ihnen kann das Kind heranreifen. Die Ängstlichkeit verhindert den Weg zur menschlichen Reife.

Angst als Gefühlsansteckung

Jedermann weiß heute, daß man sich Krankheiten via Ansteckung holen kann. Bakterien, Bazillen, Viren usw. können durch Einatmen etc. in den Organismus gelangen und dort Krankheiten entfachen. Daß dies nicht nur für den körperlichen Bereich gilt, ist jedoch weniger bekannt: Auch seelische Erkrankungen können durch Ansteckung verbreitet werden. Wir wissen heute, daß zum Beispiel jedes Kind durch ein unsichtbares gefühlsmäßiges Band mit seinen Eltern verbunden ist. Die Stimmungen und Gefühle der letzteren werden unmittelbar auf das Kind übergeleitet. So kann etwa in einer

Ehe vor den Kindern »der Schein gewahrt« werden, obwohl die beiden Partner sich ganz auseinandergelebt haben. Das Kind spürt aber die lieblose Atmosphäre und empfindet in ihr seine Daseinsangst besonders schmerzlich. Ängstliche Menschen stammen sehr oft aus »Fassadenehen«, in denen keine richtige Liebe erlebt und wahrgenommen werden konnte.

Auch wenn die Mutter selber eine ängstliche, gehemmte Person ist, kann das Kind kein mutiger Mensch werden. Die Angst der Mutter wird ihm sozusagen dauernd »atmosphärisch« zugespielt. Woher sollte das Kind Abwehrkräfte gegen einen konstanten unbewußten Einfluß nehmen, den es weder versteht noch gedanklich verarbeiten kann? Ängstliche Erzieher kommentieren meistens auch alle Lebensprobleme in spezifisch ängstlicher Weise: Das Kind wächst gleichsam in eine angsterfüllte Lebensanschauung hinein, bevor es noch kritisch denken kann. Später, im Leben, konstatiert dann der Erwachsene, daß er tausend unbegreifliche Furchtsamkeiten in sich verspürt, die ihn daran hindern, seine Lebensprobleme in Angriff zu nehmen. Alle Schwierigkeiten erscheinen ihm als unüberwindlich. Die Mitmenschen werden vom Ängstlichen primär als Gegenspieler gesehen, die Welt erscheint als Feindesland. So geht die Entwicklung meistens von kleinerer zu immer größerer Lebensangst, ein Teufelskreis, dem der Betroffene kaum entrinnen kann.

Formen der Angst

Die Angst tritt uns in vielen Gestalten entgegen. Wie der Proteus der griechischen Mythen kann sie sich in alles und jedes verwandeln. Nur der Seelenkenner errät die Angst, die sich oft hinter Manifestationen, die wie ihr Gegenteil anmuten, verbirgt. Nicht jeder, der sich als tapfer bezeichnet, ist es wirklich. Viele Menschen lernen von Jugend auf, ihre Angst zu maskieren, zu überspielen, zu verdecken. Manche fallen ins andere Extrem, indem sie ihre Ängstlichkeit überkompensieren. Sie legen es darauf an, in ihrer Umgebung Furchtsamkeit zu verbreiten. Unter diesem Gesichtspunkt sollte man jeden Tyrannen — vom politischen Diktator bis zum kleinen Haustyrannen — betrachten. Aus der eigenen Ängstlichkeit heraus haben es solche Menschen nötig, andere einzuschüchtern und zu unterdrücken. Wer die andern kleinhalten will, fühlt sich selber als winzig; mitunter allerdings mag es durch Schauspielerei gelingen, der Umwelt einzureden, daß man groß, mächtig und »ein Herr« sei.

Direkte Ausdrucksformen der Angst liegen vor in der Schüchternheit, der Gehemmtheit, der Vereinsamung, der Depression und der Passivität. Darüber soll in der Folge einiges angedeutet werden.

Schüchternheit: Der Umgang mit schüchternen Menschen gestaltet sich in der Regel mühevoll. Man hat das Gefühl, rasch vor einer Wand zu stehen. Der Schüchterne ist immer bereit, sich in sich selbst zurückzuziehen. Eine offene Auseinandersetzung mutet ihn bereits wie ein Kampf an. Kritische Einwendungen gegen sein Verhalten erscheinen ihm als »totale Ablehnung seiner Person«. Er ist daher oft grundlos bereit, die Brücken zur Umwelt abzubrechen. Er fühlt sich unverstanden, kann aber selber nicht viel dazu beitragen, verstanden zu werden. So landet er früher oder später in der Resignation und im Pessimismus. Nur durch unendliche Geduld und Behutsamkeit kann man den Schüchternen aus seinem Schneckenhaus herauslocken. Ein hohes Maß an Wohlwollen und Ermutigung kann den Bann der Lebensangst durchbrechen, der schon in den Jugendjahren aufgerichtet worden ist.

Gehemmtheit: Der gehemmte Mensch ist auch eine Variante des ängstlichen. Die Hemmung kann sehr verschiedene Lebensbereiche treffen. Sie besteht in einer unbewußten Blockierung körperlicher oder seelischer Funktionen. Bei manchen Menschen besteht die Hemmung darin, daß sie nicht in ihre Umgebung hinein »expandieren« können. Sie sind überall »Trau-mich-nicht«. Andere wieder haben Lern- und Leistungshemmungen. Viele »unintelligente« Kinder sind im Grunde gehemmt, das heißt seelisch gestörte Kinder. Angst macht nämlich dumm! Und wer an seine Arbeit — sei es in Schule oder Beruf — mit dem Angstgefühl des Nichtkönnens herangeht, wird sich kaum zur schöpferischen Tätigkeit ermuntert fühlen. Ein sehr wichtiger Bereich sind auch die Sexualhemmungen, die das Liebes- und Eheleben schwerstens belasten. Sie entstehen durch unbewußte Sexualängste, die nur durch psychotherapeutische Behandlung aufgelöst werden können.

Vereinsamung: Es liegt fast in der Natur der Sache, daß ängstliche Menschen einsam werden. Denn sie verstricken sich in das Labyrinth ihrer ängstlichen Erwägungen und Mutmaßungen, halten die Mitmenschen für unfreundlich, wobei die eigene Annahme zu entsprechenden Reaktionen der anderen führt, was man in der Psychologie die »sich selbst erfüllende Prophezeiung« nennt. (Man bewirkt selber, was man in der negativen Vorwegnahme sich ausgedacht hat.) Einsamkeit ist nun die schlimmste aller Strafen, die man über einen Menschen verhängen kann. Der Mensch braucht den Mitmenschen mehr als Brot und Wasser. Wir leben nur aus unseren menschlichen Kontakten heraus: Das ist die Luft, die wir atmen. Darum führt Vereinsamung zu wachsender Entmutigung, die bis zum Lebensüberdruß gehen kann. Die meisten Selbstmörder begehen ihre unselige Tat in einem menschlichen Vakuum, in einer Isolierung, die total zu werden droht. Wer die Abkapselung eines solchen Menschen durchbricht, schenkt ihm ein Stück Leben. Wir sollten alle lernen, unsere einsamen Mitmenschen an uns heranzuholen, sie an der Welt und am Leben zu interessieren. Indem wir an ihnen vorbeigehen, werden wir an ihnen schuldig.

Depression: Freude stellt sich dann im Menschenleben ein, wenn wir vorankommen, wenn wir den Menschen näherkommen. Glück ist ein Zeichen innerer Freiheit, der Bewältigung von Schwierigkeiten, des Einsseins mit seiner Umwelt. Der Ängstliche hat hierzu wenig Grund und Anlaß: In der Ummauerung seiner Abwehrmechanismen geht es in der Regel freudlos zu, es gibt darin keine Veranlassung zu Heiterkeit und Humor. Daher die depressive Grundstimmung, die wiederum auf Ängstlichkeit zurückgeht. In der Depression wird der ganze Lebenselan gedrosselt (Appetitlosigkeit, Untätigkeit usw.).

Passivität: Auch passive Menschen sind meistens ängstlich. Hinter ihrem Phlegma verbirgt sich das mangelhafte Selbstvertrauen, das vor jeder Anforderung »zum Absacken« führt; man wird schläfrig und müde, man verschiebt auf morgen, man macht nicht mehr mit. In Partnerschaften kann Passivität des einen Partners dem andern empfindliche Bürden auferlegen.

Psychologie der Angst II

Nachdem wir im letzten Kapitel bereits einige Erscheinungsweisen der Angst besprochen haben (Schüchternheit, Gehemmtheit, Vereinsamung, Depression und Passivität), wird es nun unsere Aufgabe sein, den ängstlichen Menschen in seinem konkreten Verhalten zu studieren. Nur aus einem tiefgründigen Verständnis heraus können wir diesen arg behinderten Menschen zu Hilfe kommen und ihnen den Weg zu uns, auch den Weg zu sich selbst, erleichtern. Darum seien in der Folge einige spezielle Angstsituationen dargestellt.

Die Angst vor der Autorität

Wenn man sich »klein und häßlich« fühlt, dann ist man unwillkürlich zutiefst beeindruckt von jedermann, der irgendwie Macht, Rang oder Einfluß besitzt. Das ist nicht nur bei seelisch irritierten Menschen so; wir leben in einer Kultur, wo Titel und Stellung fast mit dem menschlichen Wert des sie Innehabenden verwechselt werden. Darum sind viele Menschen geneigt, vor Autoritätspersonen irrationalen Respekt zu empfinden, der weit über das hinausgeht, was man etwa einer gewissen Leistung oder Kapazität zu zollen bereit ist. Wer als Kind mit Zwang und Gewalt erzogen wurde, ist schnell bereit, im späteren Leben angesichts von dominierenden Persönlichkeiten (sei die »Wichtigkeit« nun echt oder nur gespielt) »die Waffen zu strecken«. Vor lauter Angst wagt man sich gar nicht an solche Menschen heran, oder wenn man Kontakt aufnimmt, ist man so befangen, daß man sein Anliegen nicht vorbringen kann.

Bei einer Umfrage der deutschen Zeitschrift »Der Spiegel« antworteten mehr als 60 Prozent der befragten Mütter, die wertvollste Tugend eines Kindes sei der Gehorsam. Daß man mit diesem zwanghaften Gehorsam zugleich auch Untertanenmentalität heranbildet, ist diesen Müttern nicht klar. Auch werden allzu eingeschüchterte Kinder im Leben ihre Rechte nicht vertreten können, ständig nach »Führern« Ausschau halten, anstatt selber ihre Angelegenheiten ins reine zu bringen.

Der Vater als Schicksal

Der Lehrer kann sehr viel zum Abbau der Autoritätsangst beitragen. Wenn er nicht als »Klassengewaltiger« vor seine Schüler tritt, nicht als Schultyrann im Kommandoton eine kleine Gruppe von Zukunftsrekruten drillt, sondern als gütiger und freundschaftlicher Förderer mit den ihm anvertrauten Kindern Umgang hält, kann er sie für ein Leben lang gegen diese spezielle Angstsituation immunisieren. Wer antiautoritäre, verstehende und einfühlende Lehrer gehabt hat, wird unter Umständen ein freieres und unbefangeneres Verhältnis zur Autorität im späteren Leben entfalten, seien dies nun Vorgesetzte im Beruf oder Repräsentanten des politischen Bereichs. Anders jedoch der, der in seiner Jugend mit Autoritätsfurcht geimpft worden ist, so daß die ersten Respektspersonen seiner frühen Erlebniswelt ihm als bedrohlich, unfreundlich und herabwürdigend erschienen.

Dies zeigt z. B. ein Fall aus der psychotherapeutischen Beratungspraxis:

Ein 30jähriger Angestellter aus der Modebranche konsultierte den Psychotherapeuten wegen »Angst vor dem Chef«. Er arbeitet seit zwei Jahren in einer Firma, wo er den Versand von Musterkollektionen unter sich hat. In diesen zwei Jahren hat er durchwegs mustergültige Arbeit geleistet: Niemals wurde ein Termin für die Kollektionsverschickung versäumt. Der betreffende Chef, den er ängstlich meidet, wird als gütig und wohlwollend geschildert. Er anerkennt die Leistungen seiner Mitarbeiter, ruft sie mitunter in sein Büro, um sie zu loben und ihnen seinen Dank auszusprechen. Autoritäres Getue ist ihm fremd. Dennoch empfindet der Angestellte immer Angst, wenn ihn der Chef zu sich kommen läßt. Ihm ist jedesmal, als ob er eine Katastrophe ahnen würde. Blickt der Chef zu ihm ins Büro, so bekommt er Schweißausbrüche, Herzklopfen, wird unsicher: Er hat dann Mühe, korrekte Antworten auf Fragen zu geben.

Dieses Krankheitsbild einer allgemeinen Autoritätsangst — zu der der Chef keinen besonderen Anlaß gibt — muß seinen Ursprung in der Kindheit haben. Der Angestellte hatte einen sehr tyrannischen Vater. »Wir Kinder versteckten uns, wenn er nach Hause kam, damit wir nicht geschlagen wurden.« So wurde die Ängstlichkeit jahrelang »eingeübt«. Da der Vater das innerseelische Vorbild für alle späteren Autoritätspersonen darstellt, überträgt man sehr oft Gefühle von ihm auf allfällige Vorgesetzte usw. Man sieht diese Menschen dann im Lichte der Gefühle, die der Vater in uns erzeugt hat. Dabei kann es zu krassen Täuschungen kommen, die aber psychisch durchaus ihre Wirkungen entfalten, selbst wenn sie völlig realitätsfremd sind; denn vom seelischen Standpunkt aus ist es egal, ob ich einen Menschen nur irrtümlicherweise für hart, abweisend und bedrückend halte oder ob er es wirklich ist — meine Empfindungen und mein Verhalten hängen von meinen Meinungen ab, nicht von der Realität. Indem der Angestellte seine Vaterprojektionen erkennen lernte, wurde es ihm möglich, zu seinem Chef ein ruhiges und vertrauliches Verhältnis aufzubauen. Er wuchs über die kindliche Unsicherheit hinaus, die ein brutaler Vater in ihm verankert hatte.

Die Angst vor der Liebe

Eine andere Spielart der Angst ist die Angst vor der Liebe. Jeder psychologische Laie wird zunächst staunen, daß es so etwas gibt. In der Regel nimmt man doch an, daß sich alle Welt nach Liebe sehnt und jedermann »alles« daransetzt, soviel Liebe wie möglich in seinem Leben zu gewinnen. Jedenfalls lehren uns viele Romane, Filme und Theaterstücke nichts anderes — da dreht sich doch meistens die ganze Affäre darum, wer wen bekommt, und das Ende ist doch häufig, daß der Held die Heldin umarmt und ihr — je nach den geltenden moralischen Vorschriften — einen Kuß auf die Stirne oder den Mund drückt. Wenn also die kollektiven Wunschträume so sehr auf Liebe und Zärtlichkeit gerichtet sind (und alle Massenmedien bemühen sich, die kollektiven Wunschträume Gestalt annehmen zu lassen, weil dies einträglich ist), so ist nicht recht einzusehen, wie man Angst vor der Liebe haben kann.

Und doch ist es nicht anders. Es gibt unzählige Menschen, die sich wohl nach Liebe sehnen, aber im Grunde unfähig sind, sie zu nehmen, wenn man sie ihnen gibt. Der tiefere Grund dieser Liebesunfähigkeit ist die Angst. Wovor kann man sich denn beim Lieben ängstigen? Vergessen wir nicht, daß Liebe uns innerlich vom Partner abhängig macht. Er wird uns so wichtig wie wir selbst, sollte es uns jedenfalls werden. Damit verlieren wir ein Stück unserer Autonomie und Souveränität, was uns allerdings die Liebe mit Zins und Zinseszinsen zurückerstatten kann. Aber ängstliche Menschen empfinden das Sich-hingeben-Müssen bereits als ob sie etwas hergeben müßten: Sie haben auch hier Angst, zu verspielen. Von da kommt ein Zug von Selbstbewahrung in ihr Verhalten hinein, der oberflächlich als Egoismus ausgelegt wird; in Wahrheit lauert dahinter die Angst, sich nicht im Gefühlsaustausch behaupten zu können, vom Partner »seelisch verschluckt« zu werden usw. Als Abwehrmanöver werden dann Schranken zwischen dem Ich und dem Du errichtet. Viele Streitigkeiten werden wegen Bagatellen angezettelt, man läßt die »eheliche Front« verhärten, weil man sich — so paradox das tönt — im allgemeinen Ehedebakel sicherer fühlt als im zärtlichen Miteinandersein. Untersucht man Ehestreitigkeiten auf ihren realen Gehalt, so ist man oft verblüfft, wie sehr sich die Beteiligten »um des Kaisers Bart« streiten: Oft schon hat psychotherapeutische Intervention aus streitenden Ehepaaren humorvolle Mitspieler machen können, die anstatt zu streiten diskutieren, anstatt zu schimpfen miteinander lachen, anstatt zu hassen lieben lernten.

Die Furcht vor der Freiheit

Eine dritte Form von Angst hat der bekannte amerikanische Psychologe Erich Fromm unter dem Stichwort »Die Furcht vor der Freiheit« beschrieben. *Fromm* ist der Meinung, daß der Mensch der Gegenwart trotz großer technisch-wissenschaftlicher Erfolge Gefahr läuft, seine »menschliche Substanz« total zu verlieren. Auf Grund erzieherischer Beeinflussung und späterer Manipulation durch Schule, Massenmedien usw. erzeugen wir einen ichschwachen Menschen, der am liebsten seine Urteilsfähigkeit beiseite schiebt und sich masochistisch irgendwelchen Herrschaftsstrukturen und Massenbewegungen unterwirft. Daraus erklärt *Fromm* unter anderem den Erfolg der zahlreichen Diktaturen in unserem Jahrhundert und den allgemeinen Konformismus der Menschen in der Konsumgesellschaft, die keine humanistischen Ziele mehr ins Auge zu fassen imstande ist. Durch bessere Erziehung und durch politische Reformen sollten wir aber selbständige Menschen heranbilden, die den Mut haben, gegen den Strom der Zeit zu schwimmen, und wir sollten die Heraufkunft einer freien, friedlichen und solidarischen Menschheit fördern.

Der Neid

Nachdem wir uns den hemmenden Einfluß der Angst auf das Zusammenleben der Menschen deutlich gemacht haben, soll hier von einer Gefühlsregung die Rede sein, die ebenfalls krankhaft genannt werden kann: nämlich vom Neid. Es muß wohl kaum betont werden, wieviel Schwierigkeiten aus dieser Gefühlseinstellung erwachsen können. Neid entsteht aus dem Sich-Vergleichen der Menschen, sei es in bezug auf persönliche Qualitäten oder auf Besitz. Es ist durchaus natürlich, daß die Menschen den Stand ihrer eigenen Dinge mit demjenigen anderer zu messen versuchen – dies muß aber nicht zu neidischer Verstimmung führen. Wenn man zum Beispiel einen Künstler oder Wissenschaftler für seine Leistungen bewundert (wobei Konkurrenz von vornherein ausgeschlossen ist), so freut man sich geradezu am Können des anderen. Auch wenn man liebt, faßt man Vorzüge des Partners ins Auge, ohne sich zum Wettbewerb mit ihm aufgerufen zu fühlen. Liebe und Bewunderung schließen Neid aus.
Im Neid sehen wir andere im Besitz von Eigenschaften oder Dingen, von denen wir glauben, daß wir sie haben müßten, aber keinen Weg sehen, sie uns anzueignen. Nur aus diesem »ohnmächtigen Vergleich« erwachsen die Neidgefühle. Sie sind ein kämpferisches Gegenstück zur Resignation, wo man gleichsam den Vorrang des anderen erkennt, aber sich nicht mehr dagegen aufbäumt. Im Neid jedoch mißgönnt man aktiv dem anderen, was er hat und ist – gewöhnlich übertreibt man auch sehr in der Einschätzung des Fremdgutes und der Fremdpersönlichkeit, weil man die Pluspunkte der anderen an den eigenen Minderwertigkeitsgefühlen mißt. Neid ist der Ausdruck von eigener Schwäche und Unzulänglichkeit.

Formen des Neides

Auch der Neid kann, wie die Angst, in vielen Gestalten erscheinen. Nicht jede davon ist ein echter Neid; so möchte man von Anfang an den sogenannten »Neid der Besitzlosen« ausschalten, mit dem man vor Jahrzehnten (und bis heute) alle Bemühungen der Arbeitnehmer um wirtschaftliche Sicherung und Besserstellung moralisch abzuurteilen versuchte. Da dieser Kampf der Arbeiterschaft ganz realen Notwendigkeiten entsprach und durchaus nicht von neidischen Gefühlen inspiriert war, muß man ihn wohl eher dem Gerechtigkeitsgefühl zuordnen als dem Neid. Unternehmer, die dies heute noch nicht verstanden haben, sind weit hinter unserer Zeit zurück.

Der Neid in der Kinderstube ist jedem Elternpaar bekannt. Er bricht vor allem dann aus, wenn sich ein Kind durch ein anderes bedrängt und eingeengt fühlt. Bekannt ist die negative Haltung von Erstgeborenen, die durch ein weiteres Kind »entthront« werden und sich nun allenthalben zu kurz gekommen fühlen: Das kleinere Kind fesselt die Mutter öfter an sich, die Handreichungen für den Kleinen müssen zärtlicher und liebevoller sein; daran können Neid und Eifersucht anknüpfen, die sich zu Tragödien der Kindheit auswachsen. Psychologisch instruierte Eltern sind durch geschicktes Vorgehen in der Lage, den Kinderneid durch Solidaritätsgefühle zu beschwichtigen. Gesunde Kinder sehen in ihren Geschwistern keine Rivalen, sondern zukünftige Freunde.

Ein psychologisch wichtiges Neidgefühl ist das *zwischen den beiden Geschlechtern*. Die Psychoanalyse hat aufgedeckt, daß viele Frauen lieber ein Mann sein möchten. Oft ist dieser Wunsch nur unbewußt vorhanden. Fragt man aber in Schulklassen die Mädchen, ob sie gerne Knaben wären, so ist das Resultat sehr typisch. Viele Mädchen wollen lieber Buben, kaum ein Knabe will ein Mädchen sein!

Woher kommt das? Wir leben in einer Kultur, in der die Männer mehr gelten als die Frauen. Das spürt das kleine Mädchen schon sehr bald. Wo nun spezielle häusliche Verhältnisse die (angebliche) Minderwertigkeit der Frau eindrücklich ins Licht rücken — zum Beispiel tyrannischer Vater, patriarchalische Einstellungen —, wird das heranwachsende Mädchen zu einem Geschlechtsneid verleitet, der im Grunde steril und unfruchtbar ist. Aber aus diesem Neid kann sexuelle Frigidität entstehen, allenfalls auch eine Neurose oder sonstige Anpassungsschwierigkeiten im Leben. Eine solche Frau wird etwa das Hausfrauenschicksal in der Ehe als besonders »niederdrückend« erleben und dagegen aufbegehren, weil sie nicht vom Mann »unterjocht« werden will.

In Betrieben schließlich machen sich Neid und Rivalitätssucht als Hemmfaktor der produktiven Arbeit bemerkbar. Der Neider will nicht einfach bloß vorankommen: Er will auch weiter sein, mehr gelten als der andere. Dies kann zu kleinlicher Gesinnung, Mißgunst, Zuträgerei usw. führen, die das Betriebsklima sehr ungünstig beeinflussen. Auch hier hat man es mit persönlichen Charakterzügen zu tun, die auf dem Boden bestimmter Kulturschäden zustande kommen. Der vielgerühmte Wettbewerbsgeist unserer Gesellschaft gibt eben stets zu Ausartungen Anlaß, wonach jeder in jedem einen Konkurrenten sieht, den man nach Möglichkeit überrunden oder gar aus der Bahn werfen soll. Dieses Wettkampfprinzip wird schon in den Schulklassen eingeübt, wo jeder lernt, nach »guten Noten zu jagen«. Später im Wirtschaftsleben wird dieses übersteigerte Geltungsstreben zum zwanghaften Persönlichkeitsfaktor; man erträgt es nicht, wenn andere etwas gut können, befördert werden, auch klug oder tüchtig sind. Man frißt sich vor Neid auf, wenn der andere Erfolg hat: Manche Krankheiten entstehen buchstäblich durch fortgesetzte Neidempfindungen!

Neid und Minderwertigkeitsgefühl

Wie es im Seelenleben des Neidischen aussieht, kann man oft schon mimisch und physiognomisch erkennen. Mit der ihr eigenen Feinheit spricht die Sprache von blassem und gelbem Neid — tatsächlich kann man sich einen neidischen Menschen nicht gut mit »strahlendem Angesicht« denken. Im Gegenteil, durch den Neid werden offenbar die Blutgefäße in der Haut kontrahiert, woraus die Gesichtsblässe solcher Charaktere hervorzugehen scheint, eventuell auch das »spitze Aussehen«, das schon oft beobachtet wurde. Hier zeigt der Körper die seelische Fehlfunktion an; wer sich innerlich dauernd im Defensivzustand befindet, immer vom eigenen Mangel her den Besitz der anderen mißgünstig beurteilt, schädigt das Funktionieren seines Organismus. Man hat schon die Vermutung ausgesprochen, daß hoher Blutdruck (sofern keine körperlichen Ursachen hierfür bestehen) mit unbewußten Neid- oder Wutgefühlen zusammenhängen kann.

Der wichtigste psychologische Befund an neidischen Menschen ist ihr vertieftes Minderwertigkeitsgefühl. Wer seelisch ausgeglichen und gesund ist, wird für sich im Leben alles zu erstreben versuchen, was ihm nur möglich und wünschbar erscheint; was für ihn unerreichbar ist, wird ihn nicht im Sinne eines Ressentiments innerlich zerstören, sondern er wird bewußt darauf verzichten können. Auch sieht der seelisch Gesunde sein eigenes Zu-kurz-gekommen-Sein — ohne das kaum ein Leben abläuft — im Lichte allgemeingesellschaftlicher und persönlicher Konstellationen, deren Sinn er zu verstehen versucht. In der Regel will er nicht nur sein eigenes Los verbessern, sondern das Los der Menschen, die ihm nahestehen. Dies bewahrt ihn vor krankhaften Neidgefühlen, auch vor Ohnmacht und Resignation. Der Neidische jedoch denkt nur an sein Nicht-Haben, der Rest der Menschheit geht ihn nicht viel an. Dies entspringt einer grundlegenden psychischen Mangelsituation.

Neidische Menschen haben nicht gelernt, sich im sozialen Zusammenhang zu sehen. Sie sind im Grunde ihres Herzens mutlos. Daher schreibt der bedeutende Tiefenpsychologe Alfred Adler in seinem Buche »Menschenkenntnis«:

»Ein zeitlebens von Neid erfüllter Mensch ist für ein Zusammenleben unfruchtbar. Er wird immer den Wunsch zeigen, dem anderen etwas wegzunehmen, ihn irgendwie zu verkürzen, zu stören, und wird die Neigung haben, für das, was er nicht erreicht hat, Ausreden geltend zu machen und andere zu beschuldigen. Er wird das Bild eines egoistischen Kämpfers abgeben, eines Spielverderbers, eines Menschen, der für gute Beziehungen zu anderen nicht viel übrig hat, der keine Vorbereitungen trifft, sich für ein Zusammenleben mit ihnen tauglich zu machen.«

Überwindung des Neides

Aus den oben zitierten Sätzen ergibt sich ohne weiteres, wie eine Heilung des Neides (denn es handelt sich um eine Krankheit) gedacht werden kann. Diese liegt unzweifelhaft in der besseren Einsicht in die Hintergründe des eigenen Lebens und Erlebens, aber auch in einer größeren Solidarität mit den Menschen dieser Erde, die doch allesamt Grund genug hätten, mit ihren Schicksalen zu hadern. Sieht man die eigene Person im Schnittpunkt der sozialen Beziehungen, so wird man angesichts von Elend, Krankheit und Not den Wunsch nach eigenem Wohlsein mit dem Kampf für eine Besserstellung aller Menschen verbinden. Ein solches Kämpfen steht unter dem Ethos der Menschlichkeit und Gerechtigkeit und hat nichts mit Neid zu tun. Es ist Ausdruck der Liebesfähigkeit und der schöpferischen Kraft eines Menschen, die im selben Maße wachsen, wie Neid und Minderwertigkeitsgefühle in uns abnehmen.

Die Eifersucht

Die Eifersucht ist eine der qualvollsten und (die Umgebung) quälendsten Gemütsregungen des Menschen. Sie kann eine Liebe oder eine Ehe zur Hölle machen. Der Eifersüchtige selbst hat keine Macht über seine Empfindungen. Auch wenn er sich selbst sagen muß, daß er mit seinen Anwürfen und Verdächtigungen den Partner gerade zu dem treibt, was er so sehr fürchtet, kann er doch nicht dem Teufelskreis seiner Eifersüchteleien entrinnen. So werden seine Liebesbeziehungen zu Stätten des Kampfes, wo feindselige Attacken von halben Versöhnungen abgelöst werden, die jedoch immer aufs neue in »Kampfhandlungen« übergehen. Auch Eifersucht ist eine Gemütskrankheit, die nur tiefenpsychologisch verstanden werden kann.

Allerdings muß hier eine Differenzierung in Betracht gezogen werden. In jeder echten Liebe kann eine Spur von Eifersucht mitschwingen. Wer seinen Partner liebt, hat irgendwo am Rande seines Bewußtseins auch Angst davor, ihn zu verlieren. Nirgends sind wir so empfindlich und verletzbar wie in der Liebe: daher die Angst vor dem Liebesverlust, die allerdings bei seelisch gesunden Menschen unter Kontrolle gehalten werden kann. Wenn der Gesunde um die Zuwendung seines Partners besorgt ist, vermehrt er seine liebevollen Bemühungen, ihn für sich zu gewinnen. Er wird aber nicht zu den Gefühlsexzessen der pathologischen Eifersucht greifen. Diese sind auch keineswegs Ausdruck von Liebe (wie man sich selber vortäuschen mag), sondern viel eher Ausfluß eines Bemächtigungsdranges, eines herrschsüchtigen Sichanklammerns, das den Partner seiner Freiheit berauben will. Auch diese Herrschsucht entspringt innerer Schwäche.

Beobachtungen in der Praxis

Das Wesen der Eifersucht besteht darin, daß man dem Partner direkt diktieren möchte, was er tun oder lassen soll. Er soll seine Handlungsfreiheit einengen, über jede Zeitperiode Rechenschaft ablegen oder doch ablegen können, sein erotisches Interesse ganz auf Null herabschrauben, sofern es nicht den eifersüchtigen Partner selbst betrifft. In der Sprechstunde des Seelenarztes beobachtet man solche Fälle, die neben ihrem tragischen doch auch einen leicht komischen Aspekt haben: Da ist etwa die Ehegattin, die ihrem Manne ständig nachspioniert. Im Restaurant hält sie ihm vor, daß er der Serviertochter heimlich Blicke zuwerfe. Er mache auch schönen Frauen in Gegenwart seiner angetrauten Gattin verstohlene Zeichen. Beim Spazierengehen schaue er besonders nachdrücklich fremde Frauen an, die seine lüsternen Blicke erwiderten. In einem Falle unserer Erfahrung wagte es ein Ehemann nicht mehr, ans Fenster seiner Wohnung zu treten: seine Frau behauptete, er schaue immer nach den gegenüberliegenden Wohnblöcken, wo er andere Frauen zu sehen bekomme.

In anderen Fällen ist es das angebliche Frauenhaar auf dem Autokissen, das als Beweis für die Untreue gilt. Erschreckend für den betroffenen Partner ist oft die Hemmungslosigkeit, mit der der Eifersuchtsanfall (auch in der Öffentlichkeit) erfolgt. Es kommt zu Wutausbrüchen, Verdächtigungen, stellenweise zu Handgreiflichkeiten. Der Starrsinn, mit dem der

Eifersüchtige an seiner Einstellung festhält, ist erschütternd. Man scheint vor einem völligen Versagen von Urteil und Vernunft zu stehen. Tatsächlich gibt es auch den sogenannten »Eifersuchtswahn«, der allerdings seltener vorkommt.

Seelische Hintergründe der Eifersucht

Ein psychisches Krankheitssymptom wird nur verständlich, wenn man seine Verwurzelung im Gefühlsleben aufdeckt. Symptome wie zum Beispiel die Eifersucht gleichen jenem Teil des Eisberges, der die Wasseroberfläche überragt: Darunter jedoch erstrecken sich noch neun Zehntel der »Substanz«, die ein Zehntel in Gestalt des Berges über das Wasser hebt. Darum ist es so unfruchtbar, solche Symptome direkt bekämpfen, beziehungsweise jemandem »ausreden« zu wollen. Wer hat nicht schon versucht, einen Eifersüchtigen zur Räson zu bringen, und wie lange hat sein scheinbarer Erfolg angehalten! Da es sich hier um Reaktionen handelt, die tief in der seelischen Ökonomie des Eifersuchtskranken verankert sind, muß es immer wieder zu diesen peinlichen Anfällen kommen, an denen schon manche Liebe zugrunde gegangen ist.

Die genauere Beobachtung lehrt, daß eifersüchtige Menschen innerlich sehr unsicher sind. Sie sind von ihrem Eigenwert in keiner Weise überzeugt. Sie halten sich auch nicht für liebenswürdig. Sie glauben nicht, daß man ihnen uneingeschränkt und dauerhaft zugetan sein kann. Dieser Unglaube bezüglich des Geliebtwerdens hängt mit mangelhaft entwickelter Selbstliebe zusammen. Eifersüchtige haben keinen Begriff ihrer menschlichen Qualifikationen. Sie gehen immer von der Minderwertigkeitsposition aus, wonach andere schöner, besser, attraktiver, »sexuell lohnender« seien als sie. Von diesem belastenden Minderwertigkeitsgefühl her wird der Anspruch erhoben, vom Partner absolute Sicherstellung zu erhalten. Er soll sich für nichts und niemand mehr interessieren. Er soll sich sein Leben einteilen, überwachen und diktieren lassen. Er soll absolute Liebe beziehungsweise Gehorsam an den Tag legen.

Jede psychologische Analyse zeigt, daß eifersüchtige Menschen in der Kindheit nicht lieben lernten, weil sie keine guten Beziehungen zur Entfaltung vorfanden. Im kalten, liebesleeren Milieu übt man das Lieben nicht ein. Hat man noch Geschwister, die besser davonkommen, so wird man auf sie neidisch. Diesen Neid, der im Seelenleben erhalten bleibt, projiziert man später auf alle wirklichen oder auch nur vermeintlichen Nebenbuhler, denen man sich keinesfalls im offenen Wettbewerb gewachsen glaubt.

Die geringe Selbstachtung zieht sich wie ein roter Faden durch das Leben des Eifersüchtigen. Infolge dieses mangelhaften Selbstwertgefühls ist der Eifersüchtige auch nicht sehr zu Kontakten fähig und bereit. Er verschließt sich in sich selbst, wobei er auch nicht sein verkrüppeltes Gefühlsleben korrigieren kann. Dadurch wird er mit der Zeit in Gefühlsbelastungen unbeholfen und schwerfällig. Daher seine plumpen Machtansprüche im Bereich der Liebesempfindungen, wo man durch Werbung und Zärtlichkeit alles, durch Anspruchshaltung nichts erlangen kann.

Die innere Leere des Eifersüchtigen bekundet sich des weiteren in seinem sterilen Privatleben. Oft geht sein ganzes Sinnen und Trachten darauf aus, herauszufinden, was nun eben der Partner unternimmt und wie man dem drohenden Liebesverlust entgehen kann. Mit einem Wort: Eifersüchtige Menschen sind seelisch in eine Sackgasse geraten, aus der sie keinen Ausweg sehen. Ihre Eifersuchtskrankheit ist nur *ein* Symptom im Rahmen einer gescheiterten Persönlichkeitsentwicklung. Wer nämlich ein reiches und erfülltes Leben lebt, wird nicht in diesen traurigen Kleinkrieg mit dem Partner eintreten können. Selbst wenn der Verdacht von Seitensprüngen auftaucht, wird dieses Problem mit Delikatesse und Würde behandelt werden, wozu der Eifersüchtige nicht fähig ist.

Heilung der Eifersucht

Da es sich hier nicht einfach um einen »Denkfehler« handelt, sondern um ein tiefliegendes Persönlichkeitssymptom, kann man Eifersucht nicht mit »gutgemeinten Ratschlägen« aus der Welt schaffen. Wir kennen heute keine andere Therapie als die psychologische: Sie baut auf den Erkenntnissen der Tiefenpsychologie auf und beruht auf Gesprächen, die mit dem Eifersüchtigen geführt werden. Hierbei lernt dieser den Gesamtablauf seines Lebens von der Kindheit bis zur Gegenwart verstehend zu deuten; er begreift sein jetziges Verhalten als die Nachwirkung von seelischen Verletzungen, die er im Verlaufe seines Werdeganges von einer unwissenden und vielleicht auch lieblosen Umwelt erfahren hat. Die bloß rationale Erkenntnis heilt jedoch noch keine Gefühlsschäden. Soll der Eifersüchtige über seine innere Verkrampfung, seine Anklammerungstendenzen an den Partner und seine ihm unbewußte Herrschsucht hinauswachsen, so muß er innerlich gefestigt und menschlich gefördert werden. In der Beziehung zwischen Psychotherapeut und Patient wird demnach immer auch ein Stück Kindheit nachgeholt. Man schließt sich dem Seelenarzt mit ähnlichen Gefühlen an wie ein Kind dies seinen Betreuern gegenüber tut; man entwickelt aber auch ihm gegenüber alle die Fehlhaltungen, die einem sonst im Leben zu schaffen machen.

In der neutralen psychotherapeutischen Behandlungssituation kann man nun seine Verhaltensfehler objektiv studieren und abändern. Der Seelenarzt ermutigt hierzu nicht nur durch Worte, sondern durch die Persönlichkeit, die er ist, und die Haltung, die er vorlebt. So können Aussprachen, die aus »Worten, nichts als Worten« bestehen, eine ganze Gefühlswelt revolutionieren. Aus verklemmten, zwanghaften, einsichtslosen, affektiv reagierenden Menschen werden Persönlichkeiten, die autonom und souverän sind und darum auch fähig werden, zu lieben und sich lieben zu lassen.

Wut und Zorn als Charakterzug

Warum werden Menschen wütend und zornig? Jedermann kennt den Fall, daß gelegentlich Meinungsverschiedenheiten oder Uneinigkeiten in einer menschlichen Beziehung auftauchen; man möchte sich verständigen, aber der Zornausbruch des anderen verhindert jedes sachliche Gespräch. Wie oft enden eheliche Dispute im Wutanfall des einen Partners, indes der andere fassungslos abwarten muß, bis »sich das Gewitter verzieht«. Denn im Zustand des hochgradigen Affekts kann man mit dem erregten Gegenüber nicht mehr sprechen. Die Gefühlsverbindung reißt sozusagen ab, wenn auf der Gegenseite getobt, geschrien, gewettert usw. wird. Ein wütender Mensch macht den Anschein schwerster Unbesonnenheit. Man weiß kaum, was er im nächsten Moment sich oder anderen antun wird. In der Regel führen Wut und Zorn zu Aggressionen, und seien es auch nur verbale: man kann sich auch mit Schimpfworten Luft verschaffen. Je nach dem Heftigkeitsgrad der Erregung werden dann die Beschimpfungen abgestuft, oder man setzt gar zu Angriffshandlungen an. Oft wird von wütenden Menschen »stellvertretend« ein Objekt zerbrochen oder zerstört, weil man die Attacke nicht direkt gegen den Mitmenschen richten will oder kann.

„den Anschein!!! Immer gegen Gleiche oder Schwächere"

Ursachen von Wut und Zorn

Es ist nicht schwer einzusehen, daß die obengenannten Gemütsregungen nicht sehr imponierend sind, da sie ein Zeichen von Unbeherrschtheit, Ungeduld und mangelhafter zwischenmenschlicher Toleranz sind. Wer daher von ihnen öfter befallen wird, sucht zumeist nach Entschuldigungsgründen, um diese aggressiven Lebensäußerungen zu erklären, allenfalls zu bemänteln. Am häufigsten ist die Motivation durch das »cholerische Temperament«. Hiermit will der jähzornige Mensch sagen, daß er eben von Natur ein Hitzkopf sei, ein besonders »leidenschaftlicher Mensch«, dem man seine Affektausbrüche nicht nachtragen dürfe. Natürlich hilft diese Erklärung den Opfern der Wutanfälle wenig. Sie ist übrigens auch absolut unrichtig und stellt ein Selbsttäuschungsmanöver dar, das man oft bei seelisch irritierten und unausgeglichenen Menschen findet.

Der Jähzorn ist, wie die neuere psychologische Forschung lehrt, keine Anlage, keine konstitutionelle Beschaffenheit. Er ist im wesentlichen das Resultat einer falschen Erziehung, die dem heranwachsenden Kinde schwere seelische Schäden zufügt. Je mehr ein Menschenkind von seinen Erziehern unterdrückt, mißverstanden und erniedrigt wird, um so empfindlicher wird es in bezug auf wirkliche und vermeintliche Angriffe auf sein Selbstwertgefühl. Alle jähzornigen Menschen haben in ihrer Jugend unter schweren Minderwertigkeitsgefühlen gelitten. Dadurch erwarben sie ein relativ feindseliges Bild von der Welt und den Menschen. Durch diese unbewußte Grundeinstellung konnten sie auch nicht recht an andere Menschen herankommen. In der gefühlsmäßigen Einsamkeit bauen sie dann Defensivhaltungen auf, deren Substanz eine unbewußte Lebensangst und ein angespanntes Geltungs- und Machtstreben ist. Man kann leicht beobachten, wie überempfindlich jähzornige Menschen sind. Ein kleiner Widerspruch gegen ihre Meinung, ein Entgegenhandeln gegen ihre Anweisungen, eine Kritik an ihrem Tun: und schon fühlt sich ein solcher durch unselige Kindheitseindrücke (Krankheit, Verwöhnung, Härte und Strenge der Eltern usw.) allergisch gewordener Menschentyp überfordert, so daß er glaubt, er müsse sich mit Schreien und Toben zur Wehr setzen. Man versteht die allzeit bereitliegende »Explosionstendenz« solcher Miniaturtyrannen nur, wenn man um die Demütigungen und Verzweiflungen innerhalb ihrer seelischen Entwicklung Bescheid weiß. So reagiert mancher Zornmütige an seiner harmlosen Frau, an seinen unschuldigen Kindern, an seinen ahnungslosen Untergebenen das ganze Unglück seines trostlosen Heranwachsens und Werdens ab. Er meint, ein »hitziges Temperament« zu besitzen, rächt sich jedoch nur an Schuldlosen für das, was man ihm in seinen Kinderjahren angetan hat.

Zorn und Wut sind Reaktionen auf Angst

In seinem tiefsten Innern legt sich jeder jähzornige Mensch die Sache so zurecht, daß er sein Verhalten vor sich selbst rechtfertigen kann. Irgendwie meint er auch halb-bewußt, daß seine Wutausbrüche eine Art von »männlichem Gebaren« seien. Er zeigt eben der Umwelt, daß er sich dies und das nicht bieten läßt. Daß er dabei oft seine Manieren vergißt, anderen unrecht tut, die eigenen Selbstzweifel mit Geschrei und Drohgebärden übertönt, wird geflissentlich übersehen. Man kann sich fragen, woher diese fehlerhafte Selbstbeurteilung kommt, welche psychische Disposition sie zum Ausdruck bringt.

Oft haben zornmütige Menschen einen Elternteil, der auch »cholerisch« ist. Dies hat die These in Umlauf gebracht, Zorn- und Wutverhalten seien vererbt. In Wirklichkeit guckt das Kind diese Tendenzen bei seinen Erziehern ab. Es merkt nämlich bald, daß Papas Wutanfall die ganze Familie in Schrecken versetzt. Dies beeindruckt heranwachsende Kinder sehr. Und da das meiste, was wir später im Seelenleben unserer Kinder vorfinden, via Identifikation und Lernprozesse zustande kommt, so ist auch der Wutausbruch eine unbewußte Imitation des Vaters oder der Mutter, die derlei den Kindern vormachen. So kommt sich offenbar auch der spätere Choleriker ein Stückweit imposant vor, weil er jene Erziehungsfiguren nachahmt, die ihm in seiner Kindheit als großartig und mächtig erschienen.

Dazu kommt aber auch noch die *Angstkompensation*. Die genauere Analyse des seelischen Ablaufs von heftigen Aggressionen in Worten oder in Taten lehrt, daß jeder aggressive Mensch im Grunde sehr ängstlich ist. Das Wut- und Zorngebaren soll diese Angst bemänteln und verdecken. Denn wahrhaft mutige Menschen lassen sich nicht leicht aus der Fassung bringen. Auch in schwierigen Situationen behalten sie den Kopf oben, sind konziliant und kompromißbereit, tendieren darauf, ein Problem in ruhiger Besprechung zu klären. Der wütende Mensch jedoch hat Angst vor einer klaren Beurteilung der Situation, in der er auch unrecht haben könnte. Taucht ein Hindernis oder ein Widerstand auf, so wird das Panoptikum der Angriffsdemonstrationen losgelassen, die die eigene Unsicherheit übertönen und den Gegenspieler unsicher machen sollen. Oft wird dieses Ziel tatsächlich erreicht. Mit sozusagen unsachlichen Mitteln setzt sich dann der Zornmütige durch. Er bringt die anderen zum Schweigen, weil er sie nicht überzeugen kann. Irgendwie spürt er auch selbst, wie schwach seine Position ist.

Daß Wut und Zorn Reaktionen auf Angst sind, kann man an ihrem Erscheinungsbild ablesen. Man betrachte einmal den Aspekt des Wütenden, wie er sich so oft in Ehe und Beruf darbietet:

Es kommt zu starken, zum Teil planlosen Bewegungen, Ballen der Fäuste, Aufeinanderbeißen der Zähne, Schreien, Schimpfen, heftigem Erröten mit nachfolgendem Erblassen. Oft hat man den Eindruck eines Menschen, dem die Luft abgeschnürt wird, der am Ersticken ist: so ringt der Zornmütige um Luft wie um Bewegungsfreiheit, woran man seine innere Unfreiheit (Angst) deutlich erkennen kann. Die Handlungen, die in diesem Zusammenhang begangen werden, sind eigentümlich ziellos und unkoordiniert. Ein solcher Mensch ist eben »außer sich«, fühlt seine Ohnmacht angesichts bestimmter Schwierigkeiten und meint, er müsse aggressiv durchbrechen, um sich Freiheit zu verschaffen.

Man kann sich Wut und Zorn abgewöhnen

Die Neigung zu solchen Affektausbrüchen ist — wie die Tiefenpsychologie lehrt — bereits ein Symptom für tieferliegende Seelenstörungen. Zornmütige Menschen haben schwachen emotionalen Kontakt mit ihrer menschlichen Umwelt. Darum fühlen sie sich so schnell bedroht und hintergangen. Eine Mißtrauenshaltung ist oft mit dieser Labilität verknüpft. Diese schädigt vor allem die Liebesbeziehungen, die unter Aggressionen besonders leiden. Aber auch im allgemeinmenschlichen Verkehr ist es schwierig, mit affektlabilen Menschen auszuhalten, es sei denn: sie lernen um! Der Umlernprozeß ist allerdings nicht ganz einfach. Die Tendenz, Probleme mit Affektaufwallung zu lösen, ist von solchen Menschentypen von früher Kindheit an eingeübt worden. Darum bedarf es eines langen Trainings, bis man sich so eine Fehlhaltung abgewöhnt. Einige klärende Aussprachen mit einem erfahrenen Seelenarzt können diesen Prozeß beschleunigen. Die Psychotherapie kann ohne weiteres auch Affektgewöhnungen abbauen, die das Zusammenleben ungemein erschweren.

Der Haß

Vor zweieinhalbtausend Jahren betrachtete der griechische Philosoph Empedokles das Weltall und das Menschenleben und erklärte, Haß und Liebe seien das Urprinzip aller Dinge. Sofern er den Blick auf die leblose, anorganische Natur gerichtet hatte, meinte er wohl damit Anziehung und Abstoßung, die fast alle Naturvorgänge regieren; in den zwischenmenschlichen Beziehungen jedoch äußert sich Angezogenwerden als ein Gefühl der Sympathie, indes Antipathie immer ein Stückweit Negation und Abgestoßensein bedeutet. Sicherlich haßt man nur dort, wo man keine Möglichkeit mehr sieht, zum anderen hinzukommen, vom anderen geschätzt und angenommen zu werden. Nur wo man sich selbst aufs äußerste verneint fühlt, kann in uns das Gefühl des Hasses entstehen.

Verwandt mit dem Haß sind Feindseligkeit, Wut, Zorn, Entrüstung, Ressentiment, Ärger und Verzweiflung. Alle diese Gemütsregungen können im Haß mitschwingen, sind in wechselnden Anteilen in ihm enthalten. Ihnen allen gemeinsam ist das Anstoßnehmen an einem Menschen (oder an Menschengruppen), ein Betroffen- und Getroffensein, das immer in ein Sich-bedroht-Fühlen übergeht. Man haßt nicht ohne Beimengung von intensivster Furcht. Nur was das eigene Leben oder die Selbstachtung grundlegend in Frage stellt, kann zum Haß bewegen. Haß — so werden wir noch sehen — ist eine Pervertierung des Selbsterhaltungstriebes in großer innerer und äußerer Not, ein Verteidigungsaffekt, den man nur dann mobilisiert, wenn alle übrigen Selbstbehauptungsmanöver gegenüber einem Menschen versagen.

Dynamik des Hasses

Unter welchen zwischenmenschlichen Bedingungen tritt der Haßeffekt in Erscheinung? Man nehme das Beispiel, daß sich zwei Menschen in einer Situation — zum Beispiel in einer Ehe — befinden, die nicht ohne weiteres aufgelöst werden kann. Der eine fühlt sich durch den anderen (oder beide wechselseitig) bedroht, kann aber aus irgendwelchen Gründen nicht einfach die Flucht ergreifen. Er muß in der Situation bleiben, fühlt sich aber durch die Anwesenheit und durch die Lebensäußerungen des Gegenübers restlos verneint, mißachtet und unterdrückt. Er kann durch Abwehr keinen Erfolg in seinem Bemühen um Sicherheit und Selbstbestätigung erlangen. In diesem Dauerzwiespalt zwischen Angst und erfolgloser Abwehr taucht der Haß auf; er ist ein angstgetöntes Bekämpfen dessen, von dem man Erniedrigung (in allen möglichen Formen) erwartet.

In vielen Ehen stellen sich im Verlauf der Jahre des Zusammenlebens solche unglücklichen Gefühlskonstellationen ein. Wohl hat man zumeist mit Freude und Zuversicht die eheliche Liebe begonnen. Man ist in den Partner verliebt und baut sich ein bestimmtes Bild von ihm auf. Aber dieses Bild ist nur teilweise real — stellenweise ist es durchsetzt von unbewußten Wünschen, Forderungen und Erwartungen, die von eigenen seelischen Unzulänglichkeiten gespeist werden. Nun kann kein Ehepartner alle unbewußten Bedürfnisse des anderen erfüllen; oft bleiben diese völlig unartikuliert, äußern sich nur als ein dumpfes Gefühl von Nichtverstandenwerden, das man dem Gatten oder der Gattin zur Last legt. So wird etwa ein Mann, der von seiner Mutter als Kind maßlos verwöhnt wurde, von seiner Ehefrau ebenfalls eine Verwöhnung erwarten, die sie ihm nicht geben kann. Er fühlt sich dann um sein Eheglück betrogen und sieht selten ein, daß er Unmögliches verlangt oder selbst nicht eine Haltung an den Tag legt, die ein Geliebt-werden ermöglicht. Es kommt dann zu wechselseitiger Unzu-friedenheit, wobei die beiden Partner einander unbewußt pro-vozieren. Die Provokation steigert sich zumeist mit der Zeit. Schließlich wird der Streit zur Prestigeangelegenheit, in wel-cher keiner nachgeben will. Auf Zärtlichkeiten und auf vieles andere, was zueinander führen würde, wird um des unnach-giebigen Kampfes willen verzichtet. Die Beziehung entartet zuletzt ins Feindselige, so daß jeder dem anderen wehtun will. Aus einer Gemeinschaft der Liebe wird eine Gemeinschaft mit Haß. Ohne seelenärztliche Hilfe kann kaum je ein Ausweg aus diesem Labyrinth gefunden werden.

Warum Kinder ihre Eltern hassen

In ähnlicher Weise kommt auch das Haßgefühl der Kinder gegenüber ihren Eltern zustande, das man gar nicht so selten antrifft. Es ist ein trauriges Phänomen, wenn Eltern und Kind, die doch durch die intensivsten Gemütsbindungen zusammen-gehalten werden, sich einander entfremden. Kinder klagen über ihre Eltern, daß sie von ihnen nicht verstanden werden; Eltern geben zu, daß sie ihre Kinder nicht verstehen. Mitunter schlägt dieses Aneinander-Vorbeileben in Haß um. Diesen moralisierend zu beurteilen, hat keinen Sinn (»Ehre Vater und Mutter ...«) — wir müssen begreifen, aus welcher Seelen-not derlei hervorbricht.

Gewöhnlich sind diese Kinder, die sich mit ihren Eltern total überworfen haben, mit Freude und Seligkeit empfangen wor-den, als sie geboren wurden. Sie waren zunächst niedlich, ein Stolz und eine Hoffnung für die Eltern, die ihnen herzlich zugetan waren. Was ging dann schief? Für den Psychologen ist es immer wieder erschütternd, wie erzieherische Unkennt-nis und Unwissenheit stets die Beziehungen zwischen Eltern und Kind stören, oft sogar zerstören. Da kommen etwa die bekannten Entwicklungsprobleme des Kindes: es soll reinlich werden, es soll selbständig sein, es soll Ordnung halten, Pflichten übernehmen usw. Der unverständige Erzieher aufer-legt all das dem Kinde mit Zwang, mit Ungeduld, mit Ner-vosität. Gerade diese unsachgemäße Haltung erzeugt Wider-stand im kleinen Menschen, der da heranwächst. Er greift zum Trotz, um sich gegen die wenig einfühlsamen Eltern be-haupten zu können. Dies wird wiederum falsch interpretiert, nämlich als kindliche Bösartigkeit, die man eindämmen, als »schlechten Willen«, den man zerbrechen muß. So kommt es zum Machtkampf zwischen Erzieher und Zögling, der für beide Teile zu trostlosen Verstrickungen führt. Weil niemand den anderen versteht, verhärten sich die Fronten zusehends. Keiner will nachgeben. Da die Eltern die stärkeren Machtmittel in der Hand haben, meinen sie, jeder Opposition beikommen zu können. Oft haben sie oberflächlichen Erfolg. Aber in der Seele des Heranwachsenden wächst auch ein Groll, der zunimmt, sofern weitere Lebensschwierigkeiten sich einstellen, die indirekt mit der mißlichen familiären Situation zusammenhängen. Schließlich sieht das Kind in seinen Eltern nur noch Tyrannen, Widersacher, verbietende und gebietende Instanzen, die man hintergehen muß. Der Haß besiegelt solche Entwicklungen, die bis zum Selbstmord, zu schweren Gemütskrankheiten, beruflichem und menschlichem Scheitern gehen können.

Jeder Hasser ist unglücklich

Soll man Menschen, die andere hassen, verurteilen? Die psychologische Erkenntnis lehrt, daß man solchen Menschen damit unrecht täte. Nur aus tiefstem Unglück, aus dem Ungenügen an sich selbst, gelangt der Mensch zu derart extremen Gefühlslagen, die doch eigentlich krankhaft sind. *Denn jeder Hasser ist auch ein Selbsthasser;* so wie nur derjenige, der zur Selbstliebe (im vernünftigen Sinne des Wortes) fähig ist, auch andere Menschen lieben kann, so sind auch Selbst- und Fremdhaß im Grunde identisch. Der Hasser kann weder sich selbst noch die Welt akzeptieren. Er hat, in der schwierigen Periode seiner unverstandenen Kinderjahre, nicht lieben und nicht tolerieren gelernt. So ist er zu einem reizbaren, überempfindlichen, ungeduldigen und verstimmten Menschen geworden. Überraschend ist oft, wie sehr er in seinen Stimmungen und Verstimmungen jenen ähnlich wird, gegen die er sich haßerfüllt wendet. Wie mancher klagt seinen Ehegatten, seine Eltern, seinen Chef für Haltungen an, an denen er selber kränkelt. Je mehr man mit sich selbst nicht im reinen ist, um so weniger kann man verzeihen, um so härter ist man im Urteil über andere.

Die Heilung des Hasses, die sicher wünschbar ist, kann nur über eine Reifung der Gesamtpersönlichkeit erfolgen. Nächstenliebe zu predigen, ohne die Wunden zu heilen, die das Lieben verunmöglichen, ist nur ein Wortschwall, dementsprechend auch wirkungslos. Nur seelisch gesunde Menschen sind imstande, die Gegensätze zu Partnern in der Liebe und im Leben zu überbrücken. Wer innerlich krank ist, überläßt sich nur zu gern feindseligen Gefühlen, die seiner Rechthaberei und seinem Geltungsstreben passen. Oft ist die Überwindung des Hasses ein Problem der seelenärztlichen Behandlung: denn die Haßbereitschaft hat unbewußte Quellen, die man freilegen muß, um sie zum Versiegen zu bringen.

Psychologie der Dummheit

In einem Theaterstück Bertolt Brechts kommt der eindrückliche Satz vor: »Denn gegen die Dummheit kämpfen selbst die Götter vergeblich!« Diese bittere Einsicht mag sich manchem aufdrängen, der Leben und Treiben der Zeitgenossen beobachtet. Dennoch sollte man vor der Dummheit die Waffen nicht strecken. Sie ist so gefährlich — für die Dummen wie für die Klugen —, daß man ein Heilmittel gegen sie finden muß.

Was ist Dummheit und was ist Klugheit? Für viele Menschen ist dieses Problem leicht zu lösen. Dumm sind immer die *anderen*. Wer nicht so denkt und fühlt wie wir, wer eine andere politische Überzeugung, einen anderen Glauben, andere Lebenseinstellung hat, ist doch offensichtlich nicht ganz gescheit. So ist die unausgesprochene Überzeugung mancher, die sich schämen würden, derlei unverblümt einzugestehen.

Die Wissenschaft kann sich auf solche subjektiven Einschätzungen nicht einlassen. Sie sucht nach objektiven Kriterien, um den Intelligenzgrad von Menschen oder Tieren festzustellen. Zu diesem Zweck wurden Versuchsanordnungen entwickelt, die als Intelligenztests bekannt sind. Sie bestehen aus einer Reihe von Aufgaben, die dem Probanden vorgelegt werden. Bei den üblichen Intelligenzmessungen handelt es sich um »geeichte« Problemstellungen, das heißt Aufgaben, die sehr sorgfältig ausgewählt worden sind. Eine Frage wird zum Beispiel erst dann in einem Intelligenztest für Kinder zugelassen, wenn erwiesen ist, daß 75 % aller normalen Kinder dieser Altersstufe sie lösen können. Nun formulierte man ganze Frageserien, die dieser Bedingung genügen. Kann ein Kind alle Fragen seiner Altersstufe beantworten, so hat es zumindest den sogenannten Intelligenzquotienten 100, ist also »durchschnittlich intelligent«. Wer auch Fragen für ein, zwei oder drei Jahre ältere Kinder richtig erfaßt, mag den Intelligenzquotienten auf 125 oder gar auf 150 erhöhen: im ersteren Falle gilt er als »hochbegabt«, im letzteren fast als »genial«. Solche Intelligenzmessungen gehören heute zum Rüstzeug psychologischer Beratungsdienste. Oft kommen sie bei sogenannten »Schwachbegabten« zur Anwendung. Wenn ein Kind etwa in der Schule versagt, verlangt der Lehrer eine Intelligenzprüfung. Kann das Kind nur Aufgaben für ein, zwei oder drei Jahre jüngere Kinder lösen, so wird man es »unterdurchschnittlich intelligent« nennen. Ein Intelligenzquotient von nur 75 gilt bereits als Schwachsinn, wobei hier die Steigerungsstufen von Debilität (75), Imbezillität (65) und Idiotie (völlige Reaktionsunfähigkeit) bestehen.

Kritik der Intelligenztests

Von der tiefenpsychologischen Forschung ist die angebliche Objektivität der Intelligenzprüfungen sehr bezweifelt worden. Die Tiefenpsychologen hoben hervor, daß die üblichen Intelligenzmessungen im Grunde für den Prototyp des Kindes aus bürgerlicher, emotional nicht allzusehr gestörter Familie ausgearbeitet worden sind. Schon die Arbeiterkinder werden durch den Intelligenztest meist zu niedrig eingestuft; die zumeist angewendeten Intelligenzfragen setzen eine *sprachliche Differenziertheit* voraus, die erfahrungsgemäß im Arbeitermilieu weniger zustande kommt als im Bürgertum. So erscheint das Arbeiterkind als dümmer, als es in Wirklichkeit ist, weil es frühzeitig mehr auf manuelle Betätigungen hingelenkt wird.

Noch schlimmer ist das Versagen des Intelligenztests beim emotional gestörten Kind. Kinder mit seelischen Unangepaßtheiten sind in ihrer Zuwendung zur Welt und zum Mitmenschen sehr behindert. Sie haben vor allen Dingen Angst. Die in der Kindheit erworbene Unsicherheit wirkt sich als Konzentrations-, Lern- und Arbeitshemmung aus. Wer wenig Selbstvertrauen hat — und alle psychologisch falsch erzogenen Kinder sind in erster Linie in ihrem Selbstwertgefühl gestört —, kann nicht ruhig und geduldig Schwierigkeiten überwinden. Aus Angst vor dem Versagen versagt er zumeist tatsächlich. Der Ängstliche erscheint immer dümmer als er ist.

Dies verfälscht viele Intelligenzmessungen, wenn diese nicht sorgfältig die Beziehung des Kindes zu seinen Eltern, zur Umwelt überhaupt, in Betracht ziehen. Das rein mathematische Testergebnis täuscht dann eine Dummheit vor, die im wesentlichen nur eine Gehemmtheit ist. Man tut einem solchen Kinde sehr unrecht, wenn man — mit Hinweis auf seinen schlechten Testbefund — es als unbegabt abstempelt, es in eine Hilfsschule verweist, indes eine Korrektur der seelischen Verfassung eine Intelligenzerhöhung mit sich bringen würde. Sozusagen alle »Schulversager« sollten nicht in erster Linie getestet werden; die Eltern sollten es zunächst mit einer tiefenpsychologischen *Erziehungsberatung* versuchen. Diese klärt nicht nur die Intelligenz, sondern auch den Gesamtzustand des Kindes, eine Aufgabe, die bei den offiziellen Intelligenzmessungen nicht selten vernachlässigt wird.

Sieht man vom organisch bedingten Schwachsinn (Mongolismus, angeborene Hirnschäden, schwere Stoffwechselkrankheiten usw.) ab, so sind fast alle Dummheiten der Menschen auf psychische Faktoren zurückzuführen. Nicht die Unfähigkeit des Hirns, zu denken, macht die Erfassung der Realität so schwer — es sind immer seelische Engen und Einseitigkeiten, die zur Borniertheit und zum Unverstand führen.

Es gibt regelrecht eine »Erziehung zur Dummheit«. Diese wird bewerkstelligt, indem man das Kind autoritär auf gewisse Verhaltensmuster festlegt, die nur bei strengster Strafe übertreten werden können. Solche starr und schematisch erzogenen Kinder mögen in unserer lebensfremden Lernschule mitunter recht gut funktionieren (denn Gedächtnis und Sitzleder reichen bei den gegebenen Verhältnissen aus, um gute Noten zu erzielen!); sollen sie aber »Lebensklugheit« entwickeln, so stoßen sie stets auf die Grenzen ihrer Autoritätsgläubigkeit und Lebensangst, die alle Flexibilität einschränken. Anstelle von Anpassungsfähigkeit treten dann Schematismus und Pedanterie; anstelle von Realitätseinsicht Vorurteil; anstelle von Denken das Wiederkauen gelernter Formeln und Regeln; anstelle von Vernunft der Dogmatismus; anstelle von Verständigungsbereitschaft die Rechthaberei.

Immer, wo wir scheinbar »Dummheit« bei Lebenspartnern oder bei Mitarbeitern im Beruf antreffen, sollten wir uns fragen, ob es sich nicht um gefühlsbedingte Hemmungen handelt, die aus Unsicherheit erwachsen. Mit derart gehemmten Menschen kann man zunächst nicht rational argumentieren. Man muß sie zuerst in ihrer Selbstachtung bestärken, sie beruhigen, ihnen Vertrauen einflößen. Nicht immer kann man hierbei die »Dummheitsbarriere« hinwegschaffen. Je deformierter, je ängstlicher, je neurotischer ein Mensch ist, um so mehr wehrt er sich gegen die Stimme der Wahrheit und der Logik. Der Wahnsinnige zeigt das äußerste Maß an gefühlsbedingter Intelligenzgestörtheit. Aus seiner verkrüppelten Gemütsbeschaffenheit heraus muß er sich selbst und die Mitmenschen so sehr verkennen, daß er oft nicht mehr weiß, wer und was er ist. Wenn wir allen Hochmut gegenüber den Gemütskranken ablegen, müssen wir uns eingestehen, daß wir alle ein wenig jenen Irrsinnigen gleichen, an denen so mancher gute Zuspruch abprallt, sofern es um ihren »geliebten Wahn« geht.

Die Dummheit in der Politik

Die krassesten und gefährlichsten Dummheiten ereignen sich offensichtlich im politischen Bereich. Wer hätte je gedacht, daß

z. B. das deutsche Volk — dem man doch einen gewissen Bildungsstand nachsagte — einer derart primitiven und wahnhaften Lehre wie dem Nationalsozialismus zum Opfer fallen könnte? Denkt man hinzu, daß auch die übrige Welt dem Faschismus ihren Tribut entrichtet hat und auch heute noch entrichtet, so sieht man, daß hier kein deutsches Nationalübel vorliegt. Auch im 20. Jahrhundert haben die Diktaturen ihre Chance; sie können immer noch den Menschen knechten und ihn — mehr oder minder willig — zur Schlachtbank führen.

Der Krieg 1914-1918 forderte ca. 10 Millionen Todesopfer und Unsummen von Geld und Gut. Schon zwanzig Jahre später war man zum nächsten Waffengang bereit, der 50 Millionen Tote und noch größere Kosten verursachte. Derzeit werden von den Generalstäben der ganzen »Kulturwelt« Atomkriege vorbereitet, deren »Voranschläge« in »Megatoten« (1 Million Tote) berechnet werden.

So kann man hinsichtlich der angeblichen Klugheit des Menschen nur traurig jene Worte wiederholen, die Goethe den Mephisto im »Faust« in bezug auf die menschliche Ratio sagen läßt: Er nennt's Vernunft und braucht's allein, nur tierischer als jedes Tier zu sein.

Rechthaberische Menschen

Eine der schlimmsten Belastungen im Umgang der Menschen untereinander ist die Rechthaberei. Jedes Zusammenleben und -arbeiten erfordert Verständigung. Man muß auf den anderen hören und ihn respektieren. Da Meinungsverschiedenheiten unausweichlich sind, ist es nötig, daß beide Konfliktpartner zu Kompromissen bereit sind. Die Wahrheit liegt — wie ein alter Ausspruch sagt — »irgendwo in der Mitte«. Kein Mensch kann für sich beanspruchen, immer recht zu haben. Und doch gibt es solche Leute allenthalben, die bei jedem Disput völlig unnachgiebig sind, auch wenn sie nur fadenscheinige Argumente vorzubringen haben. Meist wird dann durch Lautstärke und Affektaufwand der schwache Standpunkt maskiert. Je lauter einer schreit und je unsachlicher er im Gespräch wird, um so mehr kann er sich einbilden, die richtige Position zu vertreten. Aber für andere Menschen wird es dann mühsam, mit ihm zu verkehren oder gar in einer Partnerschaft zusammenzuleben. Der Rechthaber-Typus kann zum Beispiel in Liebe und Ehe wie auch im Beruf ein leidiger Partner sein, den man allenfalls fürchtet, jedoch kaum liebt. Die sozialen Beziehungen des Uneinsichtigen, Halsstarrigen und Herrschsüchtigen lassen sehr zu wünschen übrig.

Jeder menschliche Charakterzug ist niemals isoliert in einer Persönlichkeit anzutreffen. Der Gesamtcharakter eines Menschen ist wie ein Kunstwerk: da passen alle Teile zum Ganzen. Wo also ein egoistischer oder unsozialer Verhaltensaspekt an einem Menschen auffällt, findet man immer auch eine ganze Fülle von ähnlich gerichteten Strebungen, die sich wechselseitig stützen und bekräftigen. Man kann dann, bei sorgfältiger Beobachtung, eine ganze Charakterstruktur ans Licht heben, wo alle Teile sinnvoll zu einer Totalität angeordnet sind.

So ist etwa Rechthaberei nur ein Detail eines Menschentypus, der im sozialen Zusammenspiel sich selbst und anderen Schwierigkeiten macht. Auffallend ist bei solchen Menschen, daß sie in alle mitmenschlichen Beziehungen den Ungeist der Herrschsucht hineintragen. Der Rechthaber will immer das letzte Wort behalten. Alle Dispute sollen mit seinem Sieg und mit der Niederlage des anderen enden. Hierbei zeigt sich auch eine gewisse Gespanntheit solcher Typen: immer sind sie »unter Dampf«, nie sieht man sie lässig und gelassen. Sieht man näher zu, so steckt hinter jeder Rechthaberei auch Angst. Der unnachgiebige Mensch meint, daß er sich eine Blöße gibt, wenn er nicht hart und störrisch seinen Standpunkt verteidigt. Sobald nur der Anschein auftaucht, daß man den kürzeren ziehen könnte, wird dies als schwere Blamage empfunden. Wo käme man hin, wenn man dem anderen recht gäbe? Da wäre man doch niemand mehr. Nun ist aber der Rechthaber enorm auf Geltungsstreben ausgerichtet. Er will, oft unbewußt, größer und mächtiger sein als die anderen. Diese sollen vor ihm »auf dem Bauch liegen«, sein Genie und seine Klugheit schrankenlos anerkennen. Rechthaber träumen sich oft in eine »Gottähnlichkeitsrolle« hinein; auch wenn sie kleine Berufsleute sind, wollen sie im engen Kreis ihrer Untergebenen oder Familienangehörigen Herrscher und Despot sein. Eine diktatorische Neigung ist unverkennbar. Rechthaberei ist demnach Ausdruck eines übersteigerten Machtwillens, der letztlich selbst in fundamentaler Ängstlichkeit verankert ist. Daraus erwachsen nun weitere Kennzeichen solcher Menschen: sie sind mißtrauisch, oft unkooperativ, übellaunig, aggressiv, ungerecht, bösartig: in pathologischen Fällen kann eine Komponente von Zwanghaftigkeit und eventuell sogar Verfolgungswahn hinzukommen. Das höchste Maß von Rechthaberei findet man in der Tat beim Verfolgungswahnsinnigen, beim Wahnkranken überhaupt: da wird nun überhaupt nicht mehr auf fremde Gedanken, Worte und Einwände hingehört, sondern stur eine wahnhafte Meinung verfochten, die man nicht abzuändern gewillt ist. Mancher Typ von Rechthabern mutet seine nächste Umgebung nicht selten als »verrückt«, »verschroben«, »seltsam« an.

Entstehung der Rechthaberei

Wie alle Charakterzüge des Menschen hat auch die Rechthaberei ihre Ursprünge in den Erlebnissen während der frühen Kinderjahre, in der frühkindlichen Erziehung. Welches Milieu haben solche Menschentypen in ihrer Frühkindheit gehabt? Oft erlebten sie schon an der Ehe der Eltern, daß Sich-Verständigen, Nachgeben und Auf-den-anderen-eingehen-Können etwas Seltenes und Unwahrscheinliches ist. Wächst ein Kind in einer von Streit und Hader zerrissenen Ehe auf, so lernt es streiten, bevor es noch richtig sprechen gelernt hat. Da viele Charakterzüge durch Imitation einer bedeutsamen Erziehungsperson (Vater, Mutter usw.) entstehen, werden gewisse Haltungen und Strebungen unbewußt übernommen und in das seelische Gesamtgefüge des Heranwachsenden eingegliedert.

Auch verwöhnte Kinder lernen Rechthaberei. Indem man ihnen alle Wünsche erfüllt, dressiert man sie in Richtung auf Forderungstendenz, die nie zur Ruhe kommt. Einstmals verzärtelte Kinder wollen im späteren Leben immer in der Mittelpunkts- oder Überlegenheitsrolle sein. Sie wollen weiterhin ohne Mühe und Anstrengung obenauf kommen. Daher empfinden sie das Leben übertreibend als hart und schwer, weil sie das tropische Klima ihrer Kindheit dauernd vermissen. Darum auch Verbitterung und asoziale Tendenzen, die in jedem Disput zum Vorschein kommen können. Desgleichen wird das streng und autoritär erzogene Kind auf Unnachgiebigkeit gedrillt. Es sieht ja am Beispiel seiner Eltern, daß man nicht konziliant, gütig und freundlich sein soll. Durch Identifikation mit den machtvollen Erziehern wird die eigene Machtgier aufgebaut. Sind auch noch autoritäre Strafen mit im Spiel, so fühlt sich das Kind gedemütigt und träumt davon, später selber Furcht einzuflößen, Strafen auszuteilen und andere zu erniedrigen. Wenn zum Beispiel Verfehlungen oder kindliche Torheiten mit scharfen Worten und eventuell auch »Handgreiflichkeiten« gesühnt werden, entsteht im Kinde der Eindruck, daß man Unrechthaben unter allen Bedingungen vermeiden muß. Manche Menschen haben geradezu eine unbewußte panische Angst vor der »Verliererrolle«: da setzt dann ihre Rechthaberei ein und soll durch Unlogik und Affektgetue retten, was mit sachlichen Erwägungen nicht zu retten wäre. Kaum ein erwachsener Rechthaber, der nicht als Kind in einer spezifischen »Minderwertigkeitssituation« aufgewachsen ist.

Da gibt es etwa diejenigen, die gegenüber ihren Geschwistern benachteiligt wurden (oder sich auch nur benachteiligt *fühlten*) und demnach Eifersucht, Neid und zwanghafte Rivalitätstendenz ausgebrütet haben. Andere wieder waren viel krank, körperlich unbeholfen, Einzelkinder im verwöhnenden Milieu, gehemmte, ängstliche, isolierte Einzelgänger usw. Durch erschwerten Kontakt zu den Gleichaltrigen werden dann in den entscheidenden Jahren der Entwicklung viele soziale Bereitschaften nicht genügend eingeübt. Der unglückliche und einsame Jugendliche baut sich ein Traumleben auf, wo Größenwünsche und Machtträume unbehindert walten können. Wird dann später, durch die Notwendigkeiten des Lebens, dennoch Kontakt in Liebe und Beruf aufgenommen, so zeigen sich Unbeholfenheit und Ungelenkigkeit, die Angst im Seelenleben aufstöbern. Daraus folgt dann die Verhärtung des Charakters, die alle menschlichen Beziehungen ins Düster-Unfreundliche abwandelt. Der Rechthaber lebt in einer gespannten, lichtlosen und freudearmen Welt, in der jeder Mensch der potentielle Feind der anderen ist. Vor Feinden soll man sich vor allem nicht schwach zeigen. Und in unserer Kultur wird es von vielen schon als schwächlich empfunden, wenn sie den Worten anderer Gehör schenken, Vernunft walten lassen und Nachgiebigkeit bekunden.

Pathologische Ausartungen der Rechthaberei

Es ist kein Wunder, daß viele Menschen unserer Kultur so wenig Kooperations- und Verständigungsbereitschaft zeigen. Wir leben in einer Welt, die den Kult der Macht und Gewalt bis zur Selbstvernichtung treibt. Die Staaten vertreten eine »Politik der Stärke«; in der Wirtschaft verschlingt der Mächtige den Hilflosen; in der Erziehung darf der an Alter und Kraft Überlegene seine Launen und Stimmungen an den ihm ausgelieferten Zöglingen »abreagieren«. Wie sollte da ein Menschenkind nicht vom Bazillus der Machtgier infiziert werden? Das Zueinanderkommen der Menschen scheitert dann in allen Lebensbereichen letztlich daran, daß jeder glaubt, er dürfe nicht klein beigeben, weil er hernach »entwertet« wäre.
In der Politik ist die sichtbarste Erscheinungsweise der Rechthaberei der Diktator, der allen anderen Menschen seinen Willen aufzwingen will. Man denke etwa an Hitler, der ein Phänomen von Unnachgiebigkeit und verbohrter Rechthaberei war. Er schrieb sich geradezu Unfehlbarkeit in allen seinen Gedanken und Entscheidungen zu. Wer anderer Meinung war als er, hatte damit sein Todesurteil gesprochen. Rechthaber sind oft Diktatoren in Miniaturformat, die nur zufällig nicht an die Schalthebel der Macht geraten: kämen sie dorthin, so

würde uns blühen, was wir in den letzten Jahrzehnten schon schaudernd über uns ergehen lassen mußten.

Auf die Beziehungen von Rechthaberei, Zwangscharakter und Wahn wurde bereits hingewiesen. Wir definieren psychische Normalität unter anderem auch durch die »Gesprächsfähigkeit«, das heißt durch die Fähigkeit und Bereitschaft, sich mit anderen zu einigen, sie zu verstehen, mit ihnen übereinkommen zu können. In diesem Sinne ist jeder Rechthaber ein Stückweit psychisch krank. Oft wirkt er borniert, stellenweise sogar »dumm«, wiewohl hochintelligente Menschen in diese Kategorie fallen können. Der Fehler liegt dann zumeist nicht in der rationalen, sondern in der emotionalen Intelligenz. Wenn diese geschädigt ist, werden Mitmenschlichkeit, Liebes- und Gesprächsfähigkeit prekär. Rechthaberei ist wie eine Karikatur von Charakterfestigkeit und Überzeugungstreue. Wer die letzten beiden Eigenschaften hat, ruht so in sich selbst, daß er auf andere zugehen kann und sich bei Konzilianz und Kompromiß nichts vergibt. Fast alle Rechthaber behaupten, sie seien eben willensstark und autonom: dies ist eine »Lebenslüge«, denn die genaue Beobachtung zeigt, daß Selbstunsicherheit, Feigheit und Überheblichkeit der Halsstarrigkeit zugrunde liegen. Hier erkennt man, daß Rechthaberei nur durch einen umfassenden Prozeß der Selbsterkenntnis »geheilt« werden kann, oft regelrecht ein Anliegen einer *seelenärztlichen Behandlung* ist.

Überempfindlichkeit

Das Ideal eines »guten Mitmenschen« ist rasch rekapituliert: Wir erwarten von einem Menschen dieser Art, daß er Besonnenheit und Geduld aufweist, daß man mit ihm reden kann, daß er freundlich, hilfsbereit und verständnisvoll ist. Auch soll er fähig sein, auf andere Leute einzugehen, lebhafte und beständige soziale Interessen haben. Er soll ein »Mitspieler« im großen Spiel des Lebens sein. Zu diesem Zwecke muß er sich auch sozial einordnen können, von den Engen und Einseitigkeiten seines Ichs loskommen, damit er richtig auf andere hören kann. Der Schwerpunkt seiner Gefühle soll im Du und im Wir, nicht im »Ego« liegen. Er soll in bezug auf andere Menschen ein Förderer und Freudebringer sein. In seiner Gegenwart wird es anderen leichter ums Herz, das Leben scheint ihnen erträglicher und lebenswerter. Studiert man die Charaktere solcher sozial effizienter Menschentypen, so erkennt man, daß sie von Kindheit an Gelegenheit hatten, Kooperation und Mitmenschlichkeit zu üben. Sie sind daher in ihrer bewußten und unbewußten Einstellung viel unbefangener und freier als jene, die in ihrem eigenen Ich eingekapselt sind. Kein Zweifel, daß auch mehr Glück und innere Befriedigung aus tragfähigen sozialen Beziehungen erwächst. Der gute Mitmensch ist stabiler, charakterstärker, produktiver in seinem Leben. Weil er mit anderen ausreichend verbunden ist, kann er mehr aus sich und den situationsmäßigen Gegebenheiten machen.

Die Lockerung des sozialen Kontaktes führt zu allerlei seelischen Ausfallserscheinungen. Eine davon ist die Überempfindlichkeit, die jeglichen engeren Kontakt äußerst erschweren kann. Mit überempfindlichen Menschen ist nicht gut auszukommen. Vor allem in Partnerschaften lebt man mit ihnen wie auf einem Vulkan. Man kann es ihnen nie recht machen. Sie strahlen Unsicherheit aus und machen andere unsicher. Zuletzt weiß man gar nicht mehr, was man bei ihnen tun oder sagen darf. Immer läuft man Gefahr, überschießende Reaktionen auf Bagatellen auszulösen.

Sensibilität und Irritabilität

Es besteht ein großer Unterschied zwischen überempfindlichen und sensiblen Menschen. Sensibilität heißt zunächst nichts anderes als Feingefühl. Wir können uns gut einen feinfühlenden Menschen vorstellen, der sehr zart und behutsam auf andere einzugehen weiß, ohne daß er persönlich überempfindlich ist. Letzteren Zustand würden wir eben »Irritabilität« nennen. Der irritierbare Menschentyp ist im Gegensatz zum sensiblen in der Regel gar nicht mit einem besonderen »Fingerspitzengefühl« ausgestattet. Für ihn gilt die Formel: hellhörig in bezug auf sich selbst, taub in bezug auf andere; heftig ansprechend in persönlichen Belangen, stumpf und gleichgültig in anderen Bereichen. Die Differenz liegt also im Verhältnis zur Umwelt. Der große französische Menschenkenner Larochefoucauld wunderte sich bereits im 17. Jahrhundert darüber, wie leicht es uns falle, die Schmerzen *anderer* zu ertragen. Dies gilt vor allem für jeden egozentrisch-irritierbaren Menschen, der anläßlich seiner eigenen Probleme Zeter und Mordio schreit, aber von allem, was sich sonst in der Welt tut, wenig betroffen ist.

Wie kommt es zu dieser erhöhten Irritierbarkeit und dem Mangel an Sensibilität? Beide Befunde ergänzen einander. Sie lassen darauf schließen, daß solche Menschen wenig Zutrauen zu sich selbst und zu anderen haben. Überempfindlichkeit hat immer nur der, der wenig Selbstachtung besitzt. Er fühlt sich daher sehr leicht ge- und betroffen und meint, schnell auf die Barrikaden steigen zu müssen. Oder er neigt zur Rückzugstendenz: kaum trifft er auf einen merklichen Widerstand, läuft er davon, um sich im Schmollwinkel über sein Mißgeschick und die verständnislosen Menschen zu ärgern. Man hat solche Leute mit der Mimose verglichen, die auf eine Berührung hin bereits ihre Blätter zusammenklappt. Solche »Mimosen« gibt es allenthalben. Sie stellen und rekrutieren das Heer der Nervösen, Depressiven, Unruhigen, Mutlosen, Ängstlichen, Arbeitsgestörten usw., die sich selbst und anderen das Leben schwermachen.

Der Entwicklungsgang des Überempfindlichen

Man behauptet (und nicht mit Unrecht), daß es schon überempfindliche Säuglinge geben könne. Indes das eine Kind in der Wiege ruhig und behaglich seine Tage zubringt, ist das andere reizbar und ängstlich: jeder »Windhauch« kann es aus der Fassung bringen. Die moderne Forschung bezweifelt allerdings sehr, daß diese frühkindliche Irritierbarkeit konstitutionell verankert sei. Sie glaubt eher an frühe Milieueinflüsse, die vor allem aus der Mutter-Kind-Beziehung stammen. Wir wissen heute recht viel über das seelische Zusammenspiel zwischen der Mutter (oder ihrer Ersatzperson) und dem Kind im ersten Lebensjahre. Offenbar besteht hier eine intensive Gefühls-»Ansteckung« zwischen diesen beiden ungleichen Partnern. Die Mutter beeinflußt jedes Gefühl ihres Kindes und umgekehrt. Ist sie zum Beispiel sehr ängstlich und unbeholfen, so wird das Kind bald Züge der Schreckhaftigkeit und Angst zeigen. So kann ein Kind schon nach mehreren Wochen schlechter Betreuung »überempfindlich« auf die Umwelt reagieren, ein Wesenszug, den es dann über Kindheit und Jugend hinweg beibehält.

Noch wichtiger ist die darauffolgende Erziehung des Kleinkindes. Überempfindliche Menschen hatten als Kind zumeist »frustrierende Lebensbedingungen«. Frustration heißt auf deutsch: Entbehrung, Enttäuschung, Nicht-erreichen-Können wesentlicher Strebensziele. Beim Kind denkt man vor allem an sein Bedürfnis nach Liebe, Wärme, Geborgenheit, Selbstbestätigung, Förderung seiner Aktivität, ruhige Anleitung und Entfaltungshilfe. Wo diese Faktoren fehlen — was bei der verwöhnenden und der harten, lieblosen Erziehung der Fall ist —, verliert das Kind seinen Lebensmut und sein Urvertrauen in seine Umgebung. Es fühlt sich bald im Feindesland und entwickelt Charakterzüge der Vorsicht, des Selbstschutzes, der Defensive. In diesem Zusammenhang taucht dann auch Überempfindlichkeit auf. Sie ist ein Zeichen dafür, daß die Entwicklung des Kindes in Richtung auf Wachstum und soziale Verbundenheit in eine Sackgasse geraten ist.

Das überempfindliche Kind ist kontaktscheu, weint leicht und viel, hat Tages- oder Nacht-Ängste und geht nicht recht an Menschen und Dinge heran. Die unvermeidlichen Auseinandersetzungen mit Spiel- und Schulkameraden werden eher mit Wehgeschrei als mit redlicher Selbstbehauptung quittiert. Interessant ist, daß überempfindliche Kinder sehr oft überempfindliche und ängstliche Eltern haben. Da wird vieles direkt »eintrainiert« und »abgeguckt«. Oft werden solche Kinder öfter krank, weil sie sich im Kranksein geschützt fühlen. Die psychische Irritierbarkeit zieht eine physische Erkrankungsbereitschaft nach sich.

Vor allem in den Entwicklungsjahren äußert sich Überempfindlichkeit sehr massiv. Solche Menschenkinder werden durch die Belastungen der Pubertät mehr oder minder »umgeworfen«. Sie scheuen auch davor zurück, erwachsen zu werden. Denn das Leben draußen in der Welt ist keine Kinderstube: was dem Überempfindlichen furchtbar zu schaffen macht. Er möchte alles schön, ruhig und harmonisch haben. Da es das nicht gibt, ist er der Umwelt gram. Er fängt nun aktiv oder passiv einen Kampf gegen die Bedingungen des Lebens an. Entweder er schimpft und schreit bei allen wirklichen oder auch nur vermeintlichen Beeinträchtigungen, die ihm der Alltag zumutet, oder er geht den Weg in die Einsamkeit, wo ihm niemand etwas anhaben kann. Versöhnung mit Welt und Leben ist eher selten. So finden wir denn unter unseren Mitmenschen zahllose, die zimperlich, leidend oder angriffslustig umhergehen und sich nie im Einklang mit ihrer Umgebung wissen. Sie sind immer auf Selbstschutz bedacht und stoßen sich überall wund, weil sie überall Attacken, Kränkungen und Beleidigungen wittern. Ein Schatten von Unfreundlichkeit und Benachteiligung genügt, um alle ihre Lebensgefühle zu hemmen.

Korrektur der Überempfindlichkeit

Jeder überempfindliche Mensch, der nicht ganz uneinsichtig ist und alle Schuld für seine Leiden auf andere abwälzt, wird sich mutiger die Frage stellen, wie er von seiner Mimosenhaftigkeit und Irritierbarkeit loskommen könne. Ein Rezept hierfür kann natürlich nicht gegeben werden. Psychisches ist immer sehr kompliziert: es kann nicht mit einfachen Formeln erfaßt werden. Die Abänderung einer überempfindlichen Charakterstruktur ist an einen tiefgreifenden Wandlungsprozeß gebunden, der unser gesamtes Denken und Fühlen miterfassen muß.

Es wäre viel damit gewonnen, wenn der Überempfindliche aus seinen maßlosen Reaktionen lernen würde, daß er die Mitmenschen in ihrem Verhalten und in ihren Motivationen zumeist falsch beurteilt. Er neigt dazu, den anderen feindselige und negative Motive zuzuschreiben, dies mit einer automatischen unbewußten Logik, deren Walten ihm in der Regel entgeht. Ein Rückblick auf den seelischen Werdegang — sofern hierzu ein psychologischer Fachmann hilfreich einspringen kann — vermag viel Aufschlußreiches an den Tag zu bringen. Wir sehen unsere Mitmenschen häufig so, wie wir Vater, Mutter, Geschwister usw. zu sehen gewohnt waren. Dabei kommt es zu zahlreichen »Wahrnehmungsverzerrungen«. Wer etwa unter einem tyrannischen Vater zu leiden hatte, wird bei Lehrern, Chefs oder anderen Autoritätspersonen viel öfter »Tyrannei« vermuten, als dies wirklich der Fall ist. Wer von einer lieblosen oder egozentrischen Mutter schlecht betreut oder verstanden wurde, wird auf Lieblosigkeit jeglicher Art »allergisch« sein und schon kleinste Andeutungen von Liebesentzug (die in jeder Partnerschaft vorkommen müssen) als totalen »Liebesverlust« werten.

So kommt Überempfindlichkeit aus Selbst- und Fremdtäuschungen zustande. Da wir kein richtiges Bild von uns selbst und den anderen haben, wird mitmenschliche Beziehung oft zu einem »Schattenboxen«: wir reden, kämpfen, leiden, mühen uns ab nicht anläßlich unserer realen Beziehungspersonen, sondern immer in bezug auf das, als was wir sie erleben. Unsere Meinung über die anderen bestimmt, wie wir deren Reaktionen deuten und interpretieren. Der überempfindliche Mensch muß — eventuell mit der Hilfe eines Seelenarztes — lernen, diese Fehldeutungen zu erkennen und zu korrigieren. Dies geht nicht ab ohne einen langen Prozeß der Selbstprüfung und Selbstbeobachtung, wobei immer wieder die aus der Kindheit anerzogenen Schablonen des Wahrnehmens, Urteilens und Empfindens unter die Lupe genommen werden müssen. Abbau der persönlichen Irritierbarkeit ist dann jeweils mit einer Entwicklung der Sensibilität für andere verbunden.

Bequemlichkeit und Riesenerwartungen

Das genauere Studium schwieriger Menschen gibt ungemein tiefgründigen Aufschluß über die menschliche Natur überhaupt. Gerade an komplizierten Charakteren kann man die Feinstruktur des Seelenlebens sorgfältig erkunden. Im Bereich der Krankheit zeigen sich viele Gesetzmäßigkeiten des Psychischen deutlicher als beim Gesunden. Und da seelisch kranke Menschen durchaus nicht anders sind als die sogenannten »Normalen« (sie weisen lediglich alles, was innerhalb der »Normalität« anzutreffen ist, in etwas übersteigerten Proportionen auf), kann man von ihnen aus Schlüsse auf gesamtmenschliche Probleme, Haltungen und Komplikationen ziehen.

Ein Wesenszug, der Seelenkennern an gehemmten oder unausgeglichenen Charakteren aufgefallen ist, ist die Doppeleigenschaft der Bequemlichkeit und der Riesenerwartungen (siehe hierzu H. Schultz-Hencke: Der gehemmte Mensch). Man hat es da mit Menschen zu tun, die dem Leben mit einer gewissen Antriebshemmung gegenüberstehen. Oft betrifft diese nur einen speziellen Aspekt: die Hemmung kann im Sexuellen, im Besitzstreben, im Geltungsstreben usw. liegen. Wo immer ein Mensch gehemmt ist, sind alle seine seelischen Funktionen irgendwie mittangiert. Aber die ausdrückliche Störung hat ihren Schwerpunkt. Wer etwa sexuell sehr blockiert ist, kann in seiner beruflichen Leistungsfähigkeit völlig ungebrochen anmuten. Nur die feinere Beobachtung wird eventuell kompensatorische Züge aufdecken: mancher stürzt sich mit aller Energie in seine Arbeit, um besser Liebe und Sexus aus seinem Leben ausklammern zu können. Oder: Wer sich im Beruf als Versager empfindet, kann als Miniatur-Don Juan sein erotisches Leben überstrapazieren, um so zu vergessen, daß er beruflich eine Niete ist. Hemmungen gibt es also überall: aber nur der geschulte Blick kann sie in ihrer wahren Bedeutung auch hinter scheinbaren »Ungehemmtheiten« diagnostizieren. Wo immer jemand gehemmt ist, wagt er sich nur zögernd an den blockierten Lebensbereich heran; er macht dort den Eindruck von Trägheit und Bequemlichkeit, eventuell sogar von Faulheit; in Wirklichkeit jedoch ist es eine bewußte oder unbewußte Angst, die diese Art von »Bequemsein« hervorruft.

Als Beispiele mögen gelten:

Da gibt es den arbeitsunfähigen Menschen, der seine Verpflichtungen immer aufschiebt und liegenläßt. An seine beruflichen Aufgaben wagt er sich nicht heran. Als Schüler etwa hat er Mühe zu lernen. Der Student zum Beispiel, der zu Hause herumliegt, anstatt in seine Vorlesungen und Übungen zu gehen, scheint ein »bequemer Mensch« zu sein. Faulpelze aller Art können in Erinnerung gerufen werden, um sich diesen Menschentypus zu vergegenwärtigen.

Im Liebesleben besteht die Bequemlichkeit darin, daß manche sich nicht der Mühe unterziehen, die die Suche nach einem Partner und die Werbung um ihn bedeutet. Solche Leute träumen immer von der großen Liebe, tun aber nichts hinzu, um diese zu verwirklichen. Wenn sie dennoch von ihren Trieben geplagt sind, dient die käufliche Liebe als Ventil. Oft wird auch in Träumen und Phantasien das Liebesbedürfnis abreagiert. Kommt es dennoch zu einer Liebesbeziehung oder Ehe, so ist der bequeme Typ geneigt, vom Partner alles und jedes zu erwarten. Er selbst setzt sich kaum je in Bewegung, um der Liebe Farbe und Lebendigkeit zu geben. Er ist eben »gehemmt«.

Hemmungen gibt es auch in bezug auf Kontakte mit Mitmenschen, auf sinnvolle Freizeitgestaltung, auf geistige Interessen usw. Man gewinnt den Eindruck, daß viele Menschen aus ihrem Leben nichts machen wollen respektive können. Sie stehen oder liegen abwartend da. Das Bequemsein ist demnach oft an der Haltung, an der Stimme, am Gang, am Verhaltenstypus, an der psychischen Aktivität (das heißt: deren Mangel) abzulesen. Für die Umgebung wird derlei bald zur Last. Man treibt solche Menschen aufmunternd an. Man will sie aus ihrer Lethargie herausführen. Dabei erkennt man, daß dies schwerfällt. Bequemlichkeit ist nicht einfach »wegzudisputieren«.

Die Riesenansprüche gehemmter Menschen

Wie bereits angedeutet, ist das Bequemsein vieler Menschen nur ein Teilaspekt ihrer seelischen Deformation; die Rückseite der Medaille ist bei diesem Befund immer auch eine Einstellung zum Leben, die durch Riesenansprüche und Riesenerwartungen gekennzeichnet ist. Solche Menschen können sich deshalb nicht entfalten und ins Leben hinein expandieren, weil sie ganz unsachgemäße Vorstellungen über das haben, was sie wollen und was sie ihnen zusteht. Phantastische Erwartungshaltungen müssen immer wieder zur Entmutigung führen. Damit wird aber das ursprüngliche Gehemmt- und Gedrosseltsein bestärkt. Man kann nicht lernen und sich entwickeln, wenn man einen falschen Begriff vom Lernprozeß und den hierzu erforderlichen Schritten hat.

Da gibt es etwa das Kind, das seine Schulaufgaben vernachlässigt und bei Eltern und Lehrern als »faul« verschrien ist. Fühlt man sich in so ein Kind ein, so merkt man, daß es »das Lernen nicht gelernt hat«. Es meint, man müsse sofort und mühelos alles können. Durch eine Fehlerziehung hat es den Standpunkt angenommen, wer nicht rasch und fehlerlos alles begreife, blamiere sich. Nun will es sich nicht blamieren und fängt darum gar nicht erst mit der Arbeit an. Oft haben elterliche Ungeduld und schroffe Erziehungsmaßnahmen, aber auch Verzärtelung, eine solche Mutlosigkeit hervorgerufen. Aus Angst vor dem Fehlermachen tun solche Kinder nichts. Sie träumen desto intensiver von Größe, Klugheit, schrankenloser Intelligenz, unternehmen aber nichts, was zur Ausbildung derartiger Fertigkeiten führen könnte. Die Riesenerwartung »zementiert« damit die Faulheit, ist mit eine ihrer Ursachen.

Im Zusammenleben von Ehe- und Liebespaaren kommt der

Riesenanspruch samt der damit verbundenen »Unbeweglich-keit« ebenfalls zum Vorschein. So träumen etwa als Kinder maßlos verzärtelte Menschen (ob Mann oder Frau ist gleich-gültig) von grenzenlosem Liebesglück. Mit diesen Vorstellun-gen treten sie unter Umständen auch in die Ehe ein. Sie selber sind wenig geschult, Zärtlichkeiten zu geben und damit auch beim Partner zu stimulieren. Aber die Forderung an den Part-ner ist groß und mächtig, bleibt zwar gelegentlich im psychi-schen Halbdunkel, gestaltet jedoch immer den Verlauf der Beziehungen. Gemessen an den unbewußt-maßlosen Liebes-forderungen ist dann der reale Partner fast immer »enttäu-schend«. Er kann sich noch so sehr Mühe geben: nie wird er den Liebesdurst des Gehemmten stillen können. Nicht immer können die Menschen aussprechen, was sie alles von ihrem Partner erwarten. Bekommt man dies gelegentlich doch zu hören, so staunt man, wie kindlich die Wunschwelt auch er-wachsener Menschen sein kann. Oft wird etwa von einer Gattin erwartet, daß sie so lieb und grenzenlos gütig sein soll wie es die Mutter war oder wie man sie gewünscht hätte. Ein Gatte andererseits soll so heroisch, allwissend und grandios sein, wie man als kleines Mädchen den Vater zu sehen be-liebte. Menschen mit Riesenansprüchen haben offensichtlich ihre Kindheit noch nicht verlassen und wollen ihr Erwachsenen-leben als Kinder weiterführen.

Ehrgeiz, Eitelkeit und Resignation

Würden die Menschen ihre Ehrgeizziele offen aussprechen, so wäre man ebenfalls verblüfft, wie sehr hierbei Bequemlich-keit und Riesenerwartungen mit im Spiele sind. Da sind etwa innerlich unsichere, ängstliche und gehemmte Menschen: fragt man sie nach ihren Tagträumen, so erzählen sie, wie gerne sie über alle ihre Mitmenschen intellektuell oder macht-mäßig triumphieren würden. Ein mäßiger Berufsmann etwa träumt davon, eine hohe, verantwortungsvolle Chefstelle ein-zunehmen. Einer, der von Zeit zu Zeit Papier oder Leinwand bepinselt, sieht sich als großen Künstler. Und wer gelegentlich mal ein paar Einfälle niederschreibt, staunt darüber, daß man ihm noch nicht den Nobelpreis für irgendeine Wissenschaft angeboten hat. In bescheidenerer Ausstattung kommt dieser Ehrgeiz in kleinen Eitelkeiten vor, wobei Menschen sich Ei-genschaften, Verdienste und Leistungen zuschreiben, für die sie keinen Finger gerührt haben. Daß Genie, wie Schiller sagte, Fleiß ist, kommt solchen Leuten nicht in den Sinn. Sie wollen groß sein, ohne sich angestrengt zu haben.
Viele Laien in der Kunst der Menschenkenntnis wird es als uneinsichtig erscheinen, bequemen Leuten ein hohes Maß von

Ehrgeiz und Eitelkeit zuzuschreiben. In diesen beiden Eigenschaften liegt ja normalerweise ein Hinweis auf Aktivität. Der Ehrgeizige setzt sich doch für seine Ziele ein. Der eitle Mensch tut ja etwas hinzu, um seine angeblichen Vorzüge ins Licht zu rücken. Sollte auch hinter der Bequemlichkeit Ehrgeiz und Eitelkeit stecken?

Man darf nicht vergessen, daß es auch resignierten Ehrgeiz und mutlose Eitelkeit gibt. Wer etwa in seinem Streben, über die anderen Menschen hinauszuwachsen (ihnen immer und überall überlegen zu sein), gescheitert ist, fällt in die Bequemlichkeit zurück, ohne deshalb seine phantastischen Riesenerwartungen aufzugeben. Er lebt diese nunmehr nur noch in der Phantasie aus, aber sie sind gleichwohl für ihn dauernd aktuell. Sie hindern ihn auch daran, sich wirklich in Aktivität einzulassen. Lieber döst man vor sich hin, erfindet tausend Entschuldigungen, die erklären, warum alles mißlingt, und erwartet durch äußere Ereignisse und Kräfte, daß die Lebensprobleme gelöst werden. So verrinnt die wertvolle Zeit; je weniger man seine Energie einsetzt, um so größer werden die Wunschträume, um so massiver wird die Resignation, die entschlossenes Tätigsein verhindert.

Der Weg ins aktive Leben

Wer wahrhaft tätige Menschen beobachten konnte, weiß sehr wohl, wie wenig sie durch »Bequemlichkeit und Riesenerwartungen« angekränkelt sind. Der produktive, schöpferische Mensch hat keine Angst vor dem Fehlermachen. Er tritt nicht mit großen Prätentionen an seine Aufgabe heran; er versucht, seine Sache so gut wie möglich zu machen. Er erwartet nicht viel von großen und kühnen Einfällen: er übt sein »Handwerk«, bis er es mit einer gewissen Zuverlässigkeit beherrscht. Er macht nicht viele Vorsätze; er weiß, daß er Gewohnheiten in sich entwickeln muß, nämlich Fleiß, Geschicklichkeit und Können. Für niemand in dieser Welt ist eine »Extrawurst gebraten«: wer dies zutiefst erfährt, kann sein Leben in seine Hand nehmen und sinnvoll gestalten.

Stimmungsschwankungen und Launen

Der Umgang mit den Mitmenschen wird oft erschwert durch die eigenen Stimmungen und Verstimmungen wie auch durch die entsprechenden seelischen Reaktionen anderer. Darum mag es von Nutzen sein, eine Darstellung der inneren Dynamik solcher Gemütsbewegungen zu geben.

Als Stimmung bezeichnen wir ein diffuses Gefühl, in dem Ich und Welt zu einer Einheit zusammengefaßt sind. Stimmungen haben immer einen leib-seelischen Aspekt: sie sind einesteils Körperzustände, aber auch eine Art »Innewerden der Welt und des Körpers«. Ein durchaus positives Gestimmtsein ist etwa die Heiterkeit. In ihr fühlt sich der Mensch gehoben, die Welt erscheint ihm offen und zugänglich, der Körper leicht und schwerelos. Der Heitere empfindet die Umwelt als hell und transparent. Seine Gefühle klingen »konsonant« mit der Umgebung zusammen. Die Menschen erscheinen ihm freundlich und zugewandt. Er selbst fühlt sich innerlich gelöst und beweglich: er kann, was er will, und er will, was er kann. Heitere Menschen sind produktiv und liebesfähig. Sie sind sich selbst und der Welt gut Freund. In ihrer Nähe sind Wohlwollen und Konzilianz. Die heitere Stimmung ist Ausdruck seelischer und körperlicher Gesundheit.

Als Gegensatz hierzu sei sogleich die Stimmung der Trauer und Melancholie genannt. Man würde hier besser von einer »Verstimmung« sprechen: traurige Menschen sehen alles schwarz. Ein düsterer Grundzug begleitet alle ihre Gedanken und Gefühle. Der Tenor ist: die Welt ist häßlich, das Leben kompliziert, der Körper schwerfällig, das Seelenleben trostlos. Alles wird dem Traurigen zur Last. Er will und kann nicht mehr. Überall breiten sich Pessimismus und Resignation aus. Die Menschen erscheinen als feindselig oder doch gleichgültig. Der Traurige denkt nur an sich und sein Unglück. Denkt er über andere nach, so sieht er nur deren Trostlosigkeiten, die er wiederum auf sich selbst bezieht: alles ist eitel! Bis in die Körperhaltung hinein wird Traurigsein manifest. Dem Traurigen ist die Stimmung total verdorben. Welt und Mensch sind hier auf Dissonanz gestimmt: schmerzlich werden Ungeborgensein und Heimatlosigkeit empfunden.

Seit langem ist bekannt, daß alle Stimmungen zwischen den beiden Polen Lust und Unlust schwanken. Es ist klar, daß Heiterkeit am Lustpol, Traurigkeit am Unlustpol zu lokalisieren sind. Ebenfalls können die Gegensätze des »Lustigseins« und des Verärgertseins nach diesen beiden Kriterien eingeteilt werden. Im Lustigsein wird mehr der sinnliche Aspekt des »Glücks« hervorgehoben, indes Heiterkeit einen eher geistigen Charakter hat. Auch ein dummer Kerl kann lustig sein und seine banalen Scherze machen; zur Heiterkeit gehört eine gewisse Stellungnahme zum Lebensganzen, eine »Sicht der Dinge und Menschen«, die man sich erarbeitet haben muß. Auch Traurigsein und Verärgertsein unterscheiden sich auf diese Weise: eine gewisse Melancholie kann hochgeistig sein (zum Beispiel himmelhoch jauchzend, zu Tode betrübt), indes die Verstimmung des Ärgerlichen oft nur daraus erwächst, daß er nicht seinen Kopf durchsetzen kann oder seine egozentrischen Ziele zu erreichen vermag.

Der Urheber unserer Stimmungen

Für viele Menschen erscheint es so, als ob ihre Stimmungen ganz ohne ihr Hinzutun entstünden. Stimmungen »kommen einfach über uns«, man weiß nicht woher und wozu. Man erwacht des Morgens heiter und unbeschwert, im Verlaufe des Tages kann man traurig oder ärgerlich werden, jedenfalls hat man keine Gewalt über diese Gemütsveränderungen. Die Menschen stehen hier allgemein vor einem Rätsel. In früheren Jahrhunderten glaubte man, daß die Götter einem die Launen zuschicken, je nach ihrer Gunst oder Ungunst. Im vergangenen Jahrhundert suchte man den Ursprung aller Gefühle in Körpervorgängen, seien dies Stoffwechselmechanismen oder Hormonkonzentrationen. Bis in unsere Tage ist die Medizin einseitig somatisch, das ist körperlich orientiert. Immer noch werden Stimmungen als Körperfunktionen gedeutet, entsprechend wird auch die Abhilfe gegen Verstimmungen in Medikamenten gesucht. Die Vielzahl der von der pharmazeutischen Industrie auf den Markt geworfenen künstlichen »Stimmungsmacher« (zum Beispiel Tranquilizer, Stimulanzien usw.) sind Ausdruck der vorherrschenden Tendenz, »vom Körper her« die Stimmungsschwankungen in den Griff zu bekommen. Aber die moderne Psychologie erhebt massive Einwände gegen dieses Credo unseres naturwissenschaftsgläubigen Jahrhunderts. Sind Stimmungen nicht primär etwas Seelisches? Jedermann hat schon die Erfahrung gemacht, daß etwa ein gutes Gespräch, eine freundliche Atmosphäre in unserer mitmenschlichen Umwelt eine Stimmung total verändern können. Oder etwa ein Erfolgserlebnis: man war ärgerlich und verstimmt, und dann gelingt einem irgend etwas; mit einem Mal sieht das Leben heller und freundlicher aus. Stimmungen sind also nicht Körperereignisse, sondern sie haben mit unserer Selbsteinschätzung und Lebensführung zu tun. Man kann die Stimmungsschwankungen und Launen eines Menschen nur verstehen, wenn man seinen Charakter (das ist seine Persönlichkeit) und seine Lebenssituation kennt. Dann wird man nämlich begreifen, daß alle guten Stimmungen aus dem Gefühl oder Vorgefühl von Erfolgreichsein stammen, indes alle Verstimmungen und Verzweiflungen aus dem »Nichtkönnen jeglicher Art« abgeleitet werden, nämlich aus einer Selbstbeurteilung, die von negativen Voraussetzungen ausgeht und zu negativen Schlußfolgerungen gelangt.

In diesem Sinne ist jeder Mensch der Urheber seiner Stimmungen und Launen. Natürlich hat keiner die Umweltbedingungen unter vollständiger Kontrolle: diese müssen häufig als objektive Gegebenheiten aufgefaßt und angenommen werden. Was unserer Souveränität unterliegt, ist die eigene Stellungnahme zum objektiv Vorhandenen. Daraus erwachsen nun unsere Stimmungen hauptsächlich. Wer — wie etwa ein Seelenarzt — Werden und Vergehen von Stimmungen bei vielen verschiedenartigen Menschen beobachten kann, wird bald ermitteln, wie der persönliche Charakter bei allen möglichen Gemütsschwankungen aktiv mitbeteiligt ist. Wie der römische Philosoph Seneca im 1. Jahrhundert nach Christus sagte: »An unserer Meinung leiden wir mehr als an den Ereignissen. Jeder ist so glücklich oder unglücklich, wie er sich sieht.« Verändert man die Einstellung zu sich selbst und zu den Mitmenschen, so wird man überraschenderweise andere Stimmungen bei sich entdecken.

Funktion der Stimmungen und Launen

Die Tiefenpsychologie ist der Auffassung, daß jedermann unbewußt seine Stimmungen *macht* (das heißt erzeugt), wobei er hiermit seine mitmenschliche Umgebung beeinflussen will. Wie soll man sich diesen Mechanismus vorstellen? Denken wir zum Beispiel an den traurigen Menschen. Er wird diese oder jene Vorfälle aufzählen, die ihn dazu berechtigen, traurig zu sein. In den meisten Fällen wird ein objektiver Betrachter hierzu feststellen, daß dem Traurigen tatsächlich einiges schiefgegangen ist, aber daß man deswegen den Kopf nicht hängenlassen muß. Der Traurig-Verstimmte macht oft aus einem Floh einen Elefanten: »Tant de bruit pour une omelette!« Was will er nun unbewußt damit? Dies kann erkannt werden, wenn man sich daran erinnert, daß wir unsere Verhaltensweisen in der Kindheit erlernen und einüben: wenn ein Kind weint oder traurig ist, wird es von seinen Eltern milder und freundlicher behandelt, es kann sie mittels der Trauer geradezu zu Liebesbeweisen zwingen. So kann eine depressive Grundstimmung ein unbewußter Appell an die Umgebung sein: Mit mir müßt Ihr zart und gütig umgehen! Auch die ärgerliche Stimmung hat einen sozialen Sinn. Sie ist die Vorstufe von Zorn, Wut, Aggression. Mit dem Ärger will man der Umwelt anzeigen, daß man jetzt dann bald genug habe: Jetzt reicht's mir dann! Unwillkürlich werden die Mitmenschen von der Stimmung des Verärgerten beeinflußt, so daß zumindest ein Teil seiner Widersacher klein beigeben, stillhalten oder sonst ihm entgegenkommen wird. Ärger wird also als Promotor des Durchsetzungsvermögens eingesetzt. Man erzeugt ihn unwillentlich, aber doch zielsicher; irgendwie kommt es zu einer blitzschnellen Einschätzung, wie und mit welchen Methoden

man am besten auf die Umgebung einwirken kann, und hernach »entsteht« die geeignete Stimmung, die dem Seelenleben
die Richtung des Vormarschierens, das Ziel der Selbstbehauptung durch »Affektsteigerung« weist.

Die Stimmung soll nicht nur die anderen Leute um uns herum
beeinflussen: wir betreiben durch sie auch Selbstbeeinflussung.
So kann man erkennen, daß traurig-gestimmte Menschen sich
in ihre Trauer regelrecht »hineinreden«; sie suchen zwanghaft Material, »um traurig sein zu können«. Ähnlich geht
es mit dem Ärgerlich-Verstimmten: ist er einmal im Schwung,
so fällt ihm noch allerlei ein, was ihn in seiner Stimmung
bestärken kann. Daraus kann man entnehmen, daß viele Menschen eine ihnen gewohnte Grundstimmung haben, in die sie
immer wieder verfallen: von Kindheit an haben sie darauf
trainiert, die Umwelt durch Trauer, Ärger, Mißmutig-Sein,
Resigniert-Dreinschauen, oder aber auch durch Heiterkeit und
Humor zu beeinflussen. Es liegt dem fast ein »Wiederholungs-
zwang« zugrunde, indem jeder Mensch unwillkürlich die
Stimmung aus seiner Umwelt bezieht, die ihm selbst eigentümlich ist.

Dies wirft auch ein helles Licht auf die Launen, die oft so
schwer verständlich scheinen. Da gibt es Menschen, die innerlich stabil sind: man kann auf sie zählen, sie sind beständig
und verläßlich. Andere wieder erinnern an Wetterfahnen; so
verschiedenartig ist das Stimmungsbild, das sie darbieten.
Woher kommt derlei Wankelmütigkeit? Meist handelt es sich
um Charaktertypen, die sehr stark auf Beeindruckenwollen
ihrer Mitmenschen eingestellt sind. Sie zeigen nur dann eine
freundlich-kooperative Stimmung, wenn sie eindeutig obenauf sind, in ihrer Sicherheit sich nicht bedroht fühlen. Kommt
irgendeine Schwierigkeit im sozialen Verkehr zustande, so
reagieren sie mit Launen, sozusagen um sich auf »unsachliche
Weise« durchzusetzen. Oft werden Launen ganz einfach auch
aus Phantasie heraufbeschworen, als ein Memento an die Umgebung: Wenn Ihr mit mir zu tun habt, müßt Ihr vorsichtig
sein! Ich beanspruche eine Sonderstellung! Je reifer und ver-
antwortungsbewußter ein Mensch ist, um so weniger ist er
Opfer von Launen und läßt auch andere nicht durch seine
Stimmungsschwankungen leiden. Man darf ruhig sagen:
Launenhaftigkeit ist ein Infantilismus; ein Stück Kindlichkeit,
das erhalten blieb, veranlaßt uns, mit Affekten und Verstimmungen zu reagieren, wo Vernunft und Maßvollsein am Platze
wären. Stimmungen und Launen unter Kontrolle zu bringen
ist eine große Aufgabe der Selbsterziehung, die nicht selten
durch tiefenpsychologische Schulung und Menschenkenntnis
unterstützt werden muß, wenn sie erfolgreich sein soll.

Ichhaftigkeit (Egoismus)

Eine der häufigsten Klagen, die man über Menschen hört, betrifft den Egoismus vieler Leute. Warum denkt mein Liebespartner immer nur an sich, seufzen Frauen, und bei Männern tönt es nicht viel anders. Auch in Arbeitsverhältnissen wird allgemein kritisiert, wie viele Chefs nur ihre eigenen Ziele im Auge haben und an das Wohl ihrer Untergebenen selten sich erinnern. Auch unter Gleichgestellten grassiert der sogenannte Egoismus. Mitunter holt der eine oder andere Betrachter noch weiter aus und klagt das ganze Menschengeschlecht an: jedermann sei immer nur sich selbst der Nächste, und der Mitmensch müsse lange darauf warten, bis er auch Beachtung finde. Der pessimistische Philosoph Schopenhauer gab wohl zu, daß irgendein Gefühl die Menschen zueinandertreibe: er verglich es jedoch mit dem Zustand von Stachelschweinen, die in der Kälte »Hautkontakt« suchen, jeweils aber durch die Stacheln voneinander ferngehalten würden. Ist diese Sicht richtig? Ist der Mensch von Natur ein Egoist? Und woher kommt bei manchen Menschen die ausgeprägte ichhafte Haltung, die ans Krankhafte grenzt?

Die menschliche Natur

Das bisherige Christentum hat, wie die anderen Religionen auch, im wesentlichen den Menschen als »böse« und »egoistisch« beschrieben. Man nahm an, der Mensch sei von der Erbsünde her verderbt und könne nur durch Gewalt zurechtgebracht werden. Diese Tradition bestimmt das Denken des Abendlandes, welches durch ein tiefes Mißtrauen gegen die natürlichen Antriebe des Menschen gekennzeichnet ist. Auch im 18. und 19. Jahrhundert, in der Zeit der aufblühenden Naturwissenschaften, wurde dieser Gesichtspunkt häufig vertreten. Rousseau ist hier eine Ausnahme: er verkündete mit leidenschaftlichen Worten, daß der Mensch von Natur gut sei und erst durch die Kultur verdorben werde. Sein diesbezüglicher Einfluß war jedoch nicht groß, wiewohl seine Werke viel gelesen wurden. Bis in die Gegenwart hinein gehen die meisten Schriften über den Menschen davon aus, daß der Mensch ein primär egoistisch-egozentrisches Wesen sei, das nur mühsam zur sozialen Einstellung erzogen werden könne. Auch Sigmund Freud teilte diese triste Auffassung: in seinem Konzept beginnt das Menschenkind seinen Lebenslauf mit sexuellen und aggressiven Triebimpulsen, wobei Rücksichtnahme auf andere nicht eingeplant sei. Das Seelenleben des Kleinkindes erinnert in Freuds Darstellung an Räuberromane: hätte das Kind die Kräfte eines Erwachsenen, so würde es Untat über Untat begehen. Freud kam von der überlieferten Anschauung nicht los, daß der Egoismus in der menschlichen Natur unausrottbar verankert sei.

Neuere Untersuchungen jedoch stellen diese Behauptung sehr in Frage. Vor allem amerikanische Wissenschaftler gelangten auf Grund weitreichender Beobachtungen zur Schlußfolgerung, daß der Mensch tatsächlich sozial und gut von Natur sei. Er hat, an seinem Lebensanfang, keine bösen Tendenzen. Beobachtet man Kleinkinder, so sieht man hauptsächlich starke soziale Triebkräfte, die auf engen Kontakt mit der menschlichen Umgebung zielen. Wird das Kind nicht durch frühzeitige ungünstige Erfahrungen abgeschreckt, so wächst es gerne und freudig in die Menschenwelt hinein. Er erwirbt in zunehmendem Maße Einfühlung, Verständnis, Mitgefühl und Vernunft. Es läßt den anderen (zum Beispiel Geschwister) ebenso leben, wie es selbst leben will. Fehlt dieser Geist des Gemeinsinns und der Kooperation, so hat sich bereits eine krankhafte Entwicklungstendenz durchgesetzt. Definiert man Egoismus oder Ichhaftigkeit als zwanghafte Beachtung eigener Interessen auf Kosten der Interessen anderer, so muß man dies als seelische Krankheit werten. Nur verwöhnte oder verwahrloste Kinder denken stets an sich. Für Erwachsene gilt dasselbe: ein Mangel an »Mutualismus« (Geben *und* Nehmen, Helfen *und* Sichhelfen-Lassen) ist ein ernstes Krankheitssymptom.

Erscheinungsbild des Egoisten

Sind die sozialen Gefühle des Heranwachsenden durch ungeschickte Erziehung in eine Sackgasse geraten, so erkennt man bald am kindlichen Verhalten der fehlende Mitmenschlichkeit. Solche Kinder sind neidisch, eifersüchtig, kleinlich, streitsüchtig, scheu, schüchtern, weinerlich, raffgierig, spielverderbend usw.: in ihrem ganzen Gebaren wollen sie immer nur sich selbst zur Geltung bringen oder zeigen durch ihre Ängstlichkeit, wie wenig Zutrauen sie zu den Mitmenschen haben. In der Schule kennen wir den jungen »Egoisten« als Streber und Musterschüler, aber auch als Faulpelz, Störenfried, Klassen-Clown etc.; er hat wenig oder gar keine Freunde, weil er im Rahmen der Familie nicht gelernt hat, sich an andere anzuschließen. Mitunter gelingt es ihm, eine tonangebende Rolle zu spielen. Kann er sich aber nicht in der Führungsposition halten, so verliert er das Interesse an jeglicher Mitbeteiligung und zieht sich auf sich selbst zurück.

Besonders die Pubertät zeigt dann die Ichhaftigkeit in bedrohlicher Ausprägung. In diesem Lebensalter soll ja vermehrter Kontakt mit der Umwelt aufgenommen werden. Auch die erwachende Sexualität drängt zur Fühlungnahme mit dem anderen Geschlecht. Schule und Beruf stellen höhere Anforderungen. Da kommt man nur durch, wenn man gelernt hat, auf andere einzugehen, hinzuhören, sich ihnen zuzuwenden. Das kann nun weder der Ängstliche noch der Aggressive: wer sich in seinem Ich verfangen hat, weiß keine Wege zu den Mitmenschen. Wird die Isolierung allzu groß, so tut sich die Zuflucht in seelische oder körperliche Erkrankung, aber auch in den Selbstmord auf. Überwindet man diese Lebenskrisen, so geht aus dieser allgemeinen Ich-Abkapselung ein innerlich enger, gefühlsarmer, asozialer Mensch hervor, der nicht unbedingt zu kriminellen Handlungen schreiten muß, aber in seinem Gefühlsleben nicht an andere herankommt.

Werden späterhin partnerschaftliche Beziehungen aufgenommen, so bemerken die entsprechenden Beziehungspersonen, daß sie an einen »Nehmer-Typus« geraten sind. Der ichhafte Mensch möchte noch so gerne lieben und geliebt werden: er hat große Mühe darin. Irgendwie kennt er die Mitmenschen gar nicht genug, um sie richtig zu lieben. Er ist in sich selbst eingeschlossen. Die unselige Wirkung trostloser Kinderjahre besteht unter anderem auch darin, daß man nicht mehr an gute und produktive menschliche Beziehungen glaubt. Daher dann die Tendenz, immer nur sich selber zu schützen und zu behaupten. Der eine »Egoist« macht dies durch Raffgier, Geiz, Eifersucht, Eitelkeit, Machthunger; der andere zieht sich auf sich selbst zurück und beschränkt seine mitmenschlichen Kontakte auf das Nötigste. In beiden Fällen bestehen nur wenige Brücken zu den Mitmenschen. Diese zu erweitern und zu vervielfachen wird unbewußt als gefährlich empfunden. Ichhafte Charaktertypen haben regelrecht Angst vor intensiverer Beziehung. Sie leben wie in einer Burg und gucken aus deren Schießscharten. Immer wirkt in ihnen ein latentes Kampfgefühl. Sie meinen sich stets wehren zu müssen. So gleichen sie jenen Rittern des Mittelalters, die so schwer gepanzert waren, daß niemand an sie herankam. Kein Zweifel, daß hinter dieser »Charakterpanzerung« viel Unglück steckt. Der egoistische Mensch ist immer auch ein armer, unglücklicher Mensch, auch wenn er mit materiellen Gütern gesegnet ist. Die Dimension der Liebe ist ihm fast immer verschlossen.

Der Irrtum der Ichhaftigkeit

Wir leben in einer Kultur, die uns mit großem Nachdruck auf »Egoismus« hin dressiert. In unserem politischen Denken wird oft genug der Machttyp verherrlicht, der sich auf Kosten anderer (und seien es Millionen Menschen, die seinetwegen starben) durchgesetzt hat. In der Wirtschaft wird der »Kampf aller gegen alle« als einzig-mögliche Doktrin vertreten: wer

viel Geld an sich raffen kann, genießt Ruhm und An[...]
nung. Tüchtigkeit und menschliche Größe heißt bei v[...]
Zeitgenossen: viel Geld verdienen können. Auch die physische
Überlegenheit wird durch den Massenbetrieb im Sport auf
kindische Weise großgezüchtet. Der Militarismus schließlich
glorifiziert Macht und Gewalt und spielt hierbei — nicht nur
gedanklich — mit dem Untergang der Menschheit. Wie soll
man sich in einer solchen Kultur vom ichhaften Fühlen und
Verhalten frei machen?

Schon das Kleinkind lernt, daß es nichts von seinem Besitz
hergeben darf. Mein und Dein wird strikte auseinanderge-
halten. Später werden Konkurrenzgeist und Wettbewerbsstre-
ben in der Schule stimuliert. Die Erfolge der Mitschüler werden
beneidet. Das Glück der einen wird damit zum Unglück der
anderen. Lob für die Musterschüler wird zur Degradierung
ihrer schwächeren Kollegen. So lernt man eine radikale Abgrenzung des Ich vom Du und vom Wir. Natürlich werden
einem auch moralische Sprüche bezüglich Nächstenliebe usw.
eingebleut. Aber das alltägliche Leben im großen wie im kleinen spricht eine andere Sprache. So werden die hübschen
Worte, die man gelegentlich in Sonntagspredigten anhört, un-
glaubwürdig. Die gnadenlose Konkurrenzgesellschaft hört es
gerne, wenn wenigstens am Sonntag von Liebe gesprochen
wird. Am Montag hat man diese Sprüche längst vergessen.

Auch im Verhältnis von Mann und Frau muß Ichhaftigkeit
aufkommen, weil in unserer Kultur keine echte Gleichberechtigung besteht. Vor allem der Mann lebt im Gefühl einer ein-
gebildeten Überlegenheit über die Frau. Diese konnte wissenschaftlich in keiner Weise bestätigt werden; dennoch hält sich
das uralte Vorurteil am Leben und trennt die Geschlechter
durch einen Abgrund von Wertdifferenz, die zu wechselseiti-
gem Mißverstehen und zu Antagonismen Anlaß gibt. Man
findet nicht zueinander, wenn man sich nicht als gleichwertig
und gleichberechtigt sieht. Dies gilt auch für das Verhältnis
von Völkern, Rassen, Religionen und Volksgruppen. Überall
zeigt sich Ichhaftigkeit in einem krampfhaften Betonen des
eigenen Wertes, wobei »der andere« als Schattenbild zur
Bestätigung der eigenen Überlegenheit dienen muß.

Ichhaftigkeit, an der so viele einzelne wie auch die gesamte
Kultur und Gesellschaft kranken, kann nur aus der Welt geschafft werden durch Einsicht und gefühlsmäßige Wandlung.
Der Kult des Ich in allen seinen Formen ist aus Angst ent-
standen und verewigt die Ichschwäche, der er entspringt. Man
wächst nur in innerer Verbindung mit anderen: Sprengen der
Ichgrenzen erweitert die Persönlichkeit. Im persönlichen Umgang erfordert dies eine neue Sicht in bezug auf sich selbst und
die Mitmenschen: nicht gegen andere, sondern für andere wird

man groß. Je weniger man das Ich aufspreizt und verteidigt, um so kräftiger wird es, indes: »Wer sein Leben gewinnen will, der wird es verlieren!«

Ungeduld und Nicht-zuhören-Können

Die meisten Ziele, die sich der Mensch setzt, sind nicht leicht und schnell zu erreichen. So wie die Welt beschaffen ist, muß fast alles Wertvolle und Bedeutsame erkämpft und errungen werden. Vieles wächst und reift erst mit der Zeit heran: der Mensch kann gewisse Ereignisse oder Vorgänge nicht beschleunigen. So muß er warten lernen, je nach den Bedingungen, unter denen sein Streben und Handeln stattfindet. Wohl vermag der Mensch zu wollen und zu planen: da er aber immer wieder an die Schranken von Raum, Zeit und Naturgesetz stößt, kann er manches nicht erzwingen. Auch in sich selbst findet er solche Barrieren; auch sein Körper und seine Seele sind an Gesetze des Wachsens und Werdens gebunden. Wer Häuser baut, muß Stein auf Stein schichten; wer eine Sprache lernt, muß Wort für Wort erlernen; wer ein Werk irgendwelcher Art zustande bringen möchte, muß die Techniken auf sich nehmen: alles Können des Menschen braucht geduldige Bemühung. Selbst die Liebe wird niemandem geschenkt: sieht man von der schenkenden Liebe der Eltern gegenüber dem Kleinkind ab, wird im späteren Leben die Liebe nur erobert durch eigenen Gefühlsaufwand; nur wer selber liebt, empfängt wahrhaftige Liebe. Auch dies ist ein Prozeß, der in der Zeit abläuft; das »Kam, sah und siegte« mag auf dem Schlachtfeld gelegentlich seine Gültigkeit haben, in der Liebe hält nur stand, was aufgebaut und erdauert wurde. So kann man durchaus die Auffassung vertreten, daß alles Schöne und Großartige im Menschenleben durch Geduld zustande kommt. Viele Künstler und Wissenschaftler wissen davon ein Lied zu singen. Oft muß der Künstler oder der Forscher Jahre und Jahrzehnte an seinem Ziel festhalten, bis er erfolgreich ist. Vielleicht ist Genie geradezu nichts anderes als eine fast übermenschliche Geduld, mit der jemand eine Aufgabe ins Auge faßt und dauernd im Auge behält: so kann seine Leistung ins Überdurchschnittliche wachsen. Geduld ist ein Zeichen von psychischer Gesundheit, Reife, Vernunft und innerer Stärke.

Ungeduldige Menschen

Geduld hat nichts mit Phlegma oder Trägheit und Unbeweglichkeit zu tun: im Gegenteil, es gehört innere Lebendigkeit dazu, um wirklich bei einer Sache über längere Zeit hinweg verweilen zu können. Beobachtet man wahrhaft geduldige Menschen, so stellt man an ihnen eine Vielzahl von Eigenschaften fest, die sinngemäß zum Geduldig-Sein gehören: darunter fallen etwa Selbstsicherheit, echtes Interesse, Liebe zur Sache (was immer das sei), Angstfreiheit, Selbständigkeit im Denken und Handeln. Auch Selbsterkenntnis und Menschenkenntnis findet man im Charakterbild des Geduldigen, dazu auch eine gewisse Selbstbescheidung, die den Schwierigkeiten des Lebens nicht aus dem Wege geht. Es braucht eine persönliche Festigkeit, um unbekümmert sich einsetzen zu können, ohne sich allzusehr um Erfolg oder Mißerfolg zu kümmern.

Im Gegensatz hierzu sind ungeduldige Menschen auch ängstlich, prestigeorientiert, ich- und nicht sachbezogen. Sie können sich nicht an eine Aufgabe binden, weil sie ganz in sich selbst verstrickt sind. Kaum haben sie etwas begonnen, wollen sie auch schon Resultate sehen. Dies gilt für die Arbeit wie für die Liebe: manche Typen lassen eine Liebeswerbung fallen, wenn sie nicht »sogleich ankommen«. Der ungeduldige Mensch ist immer gespannt, unruhig, »nervös«: er kann nicht abwarten oder stetig vorangehen. Er will immer schon am Ziele sein, oft schon bevor er den Weg unter die Beine genommen hat. Natürlich bringt er so nicht viel zustande. Oft gewinnt man den Eindruck, daß solche Leute gar nicht wissen, was man von der Welt, vom Leben, von den Mitmenschen erwarten kann. Sie haben falsche Erwartungen und gehen darum zumeist in die Irre. Dann sind sie enttäuscht, daß ihnen nichts gelingt.

Ungeduld ist auch eine Form von Mutlosigkeit. Wer mutig ist, will nicht nur das Ziel, sondern auch den Weg dazu. Er will an den Strapazen nicht vorbeikommen. Er kann etwas »erdauern«. Man nehme als Gegenbeispiel hierzu etwa das verzogene Kind, das seine Aufgaben nur »schludrig« absolviert. Gerät es an schwierige Lernprozesse, so schaltet es innerlich ab. So wird es zum schlechtesten Schüler, weil es nicht arbeiten, das heißt sich anstrengen gelernt hat.

Dasselbe gilt für erwachsene Berufsleute. Fast jeder Nicht-Könner ist ein Ungeduldiger, der nicht Widerstände zu überwinden geübt hat. Die ehemals verwöhnten Kinder, denen man alle Mühe abnahm, sind später im Leben besonders ungeduldig. Sie haben keinen »großen Spannungsbogen«. Auch die übertrieben Ehrgeizigen, die Ängstlichen und die Kontaktarmen wissen oft nicht, was sie können und wollen dürfen. Im Liebesleben zeigt sich Ungeduld darin, daß man besser erobern als behalten kann. Don Juan ist so ein Ungeduldiger, der die potentielle Partnerin mehr überrennt als gewinnt: er verschmäht denn auch die Freuden des Geliebtwerdens, da er nur triumphieren will. Viele eheliche Auseinandersetzungen würden fruchtbarer verlaufen, wenn die beiden Beteiligten wüßten, daß man mit dem anderen Menschen Geduld haben muß. Aber das haben wir als Kinder bei unseren Eltern nicht gelernt. Wir haben gelernt zu verurteilen, zu schimpfen, uns zu überheben, aggressiv zu werden: da wir den anderen zuwenig verstehen, können wir gar nicht auf ihn eingehen und ihm genügend inneres Gesammeltsein entgegenbringen.

Vom Zuhören, Sprechen und Schweigen

Ein Spezialfall der schädlichen Auswirkung menschlicher Ungeduld ist das Mißlingen vieler Gespräche. Wer mit einem anderen (egal in welchem Lebensbereich) richtig reden will, muß in erster Linie gut zuhören können. Er muß die Worte und Gedanken des Partners tief in sich aufnehmen. Zu diesem Zweck muß er »zu Ende hören können«, das heißt nicht voreilig den Gedankengang seines Gegenübers fehlinterpretieren, unterbrechen, durch eigene Einwürfe abbiegen. Es ist verwunderlich, wie wenig die Menschen die Kunst des Gespräches beherrschen. Meist glaubt derjenige, der viel »quasseln« kann, er sei gesprächsfähig. Gesprächsfähigkeit wird aber nicht durch Wortschwall und Geschwätz bewiesen. Oft ist ein wortkarger Mensch der bessere Gesprächspartner als der Redselige. Ein gutes Gespräch ist eine Art Zusammenarbeit. Da müssen sich zwei Menschen zu einem gemeinsamen Ziel vereinigen, ihre Privatinteressen (Geltung, Eitelkeit usw.) hintanstellen, damit das Gesamtinteresse zum Tragen kommt.

Wer genügend Beobachtungsmöglichkeiten hat (und diese bestehen für jedermann), schaue ein wenig um sich: man wird erschrecken, wie sehr die Menschen aneinander vorbeireden, selbst wenn es sich um Gatte und Gattin, Eltern und Kind, Chef und Mitarbeiter usw. handelt. Warum sind wir so unbeholfen in der Gesprächstechnik? Einen Großteil seines Lebens verbringt ja der Mensch, indem er spricht. Nicht umsonst haben die alten Griechen den Menschen »das sprechende Tier« genannt. Aber dieses Sprechen ist vorderhand noch allzuhäufig ein »Schwatzen«: es dient mehr der Selbstdarstellung, der Rechthaberei, dem Nicht-Verstehen-Wollen. Würden wir besser miteinander sprechen können, so verstünden wir einander besser; würden wir uns besser verstehen, so kämen wir näher aneinander heran: daraus würde sich ergeben, daß wir uns besser lieben und fördern könnten.

Die meisten Gespräche werden zerstört durch schlechtes Zuhören. Man wartet regelrecht ungeduldig darauf, selber zu Worte zu kommen, um seine Weisheit zum besten zu geben. Der auf diese Weise mißbrauchte Zuhörer wehrt sich dann damit, daß er auch nicht gut zuhört. So redet jeder in den leeren Raum hinein, mit dem schwachen Trost, sich selber zuhören zu können. Für viele Menschen ist das Redenkönnen eine Art Beweis, daß sie existieren. Wenn sie nicht reden, meinen sie, nichts und niemand zu sein. So wird dann meist unqualifiziert drauflosgeschwatzt, ohne daß bei diesem Sprechen Wesentliches herausschauen kann.

Auch hier wieder bemerkt der Seelenkenner eine umfassendere Symptomatik. Im Sprechen äußert sich der ganze Mensch: sein Wesen tritt in Erscheinung. Sind wir durch unseren verunglückten seelischen Werdegang innerlich gewichts- und gehaltlos, so können wir nicht zum wahrhaftigen Gespräch fähig sein. Wir können nur geben, was wir haben. Jeder Sprechende kann nur das vermitteln, was er weiß oder sich erarbeitet hat. Darum gibt es keine Regeln und Kniffe für tiefgründiges oder gehaltvolles Sprechen. Man muß jemand *sein*, um persönlich *wirken* zu können. Daher erlernt sich gutes Zuhören, Sprechen und auch Schweigen nicht »nebenbei«: all dies erwächst nur aus unserm tiefen Verständnis unser selbst und des Mitmenschen.

Die Kunst des Dialogs

Man darf sarkastisch feststellen, daß der Mensch inzwischen die Distanz bis zum Mond überwunden hat, aber immer noch daran scheitert, zu seinen Mitmenschen zu gelangen. In einer technisch perfektionierten Welt sind die Menschen immer noch einsam und fühlen sich unverstanden. Was ihnen aus ihrer Not heraushelfen könnte, wäre das echte Gespräch, die Verständigung mit dem Du. Aber gerade das wird in unserer Kultur sehr schlecht gelernt. Jedes Menschenkind erlebt in seinem Heranwachsen unendlich viel Aneinander-Vorbeireden, affektgeladenes Schreien, Schimpfen, Toben oder das autoritäre Dozieren von Eltern, Lehrern und anderen Respektspersonen, dem man masochistisch zuhören und sich unterwerfen muß. Da entsteht dann im Unterbewußten jedes einzelnen der Wunsch, sich via Sprechen und Sprache durchsetzen zu dürfen, andere zu überrollen, durch Einschüchterung zu »überzeugen«. Bei wem die psychische Gehemmtheit im Vordergrund steht, kommt es zur Wortkargheit, zum Alles-in-sich-hinein-Schlukken, so daß auch auf diese Weise der Gesprächskontakt zu einem Minimum herabsinkt.

Der echte Dialog wird nur von Menschen geführt werden können, bei denen wirkliches Interesse für den Mitmenschen besteht. Nur derjenige, der dem Geist der Macht und Gewalt abgesagt hat, ist zum Hören und Antworten befähigt. Vergessen wir nicht, daß das Wort »Vernunft« von »Vernehmen« kommt. Vernünftig sind nur Menschen, die gelernt haben, die Gedanken anderer in sich aufzunehmen, ohne gleich in Angst oder Verteidigungsstimmung abzugleiten. Durch Entfaltung unserer Sensibilität für andere, durch Entwicklung unserer Gefühle für sie wachsen uns gleichsam neue Organe, mittels deren wir wahrnehmen und begreifen können. Daraus entsteht dann auch die große Geduld, die immer nur derjenige besitzt, der sich selbst vergessen und ganz aus »seinem Ich heraustreten kann«. Aus dieser Sprengung der Ichgrenzen ergibt sich das Staunen, welches nach Plato der Ursprung alles Philosophierens, das heißt Denkens ist. Ergriffen über uns selbst und das Rätsel unserer Mitmenschen können wir, durch lange und unermüdliche Bemühung, wissend, gelegentlich sogar weise werden.

Der Zwangscharakter

Eine seelische Erkrankung, die man »Zwangsneurose« nennt, ist hauptsächlich durch die Symptome des Zwangsdenkens und -handelns gekennzeichnet. Die entsprechenden Patienten werden oft von sinnlosen Gedankenbruchstücken buchstäblich verfolgt. Immer wieder drängen sich ihnen absurde Ideen auf, deren Unlogik und Irrealität ihnen bewußt ist. Als Zwangshandlungen sind etwa der Waschzwang, Tics, »Zeremonielle« aller Art bekannt: der Zwangskranke wäscht sich hundertmal am Tag die Hände, prüft oft, wenn er das Haus verläßt, ob er die Türe verschlossen, das Licht gelöscht, den Gashahn zugedreht hat. Nie verläßt ihn das Gefühl der Unsicherheit und des Zweifels. Er kämpft einen mühevollen Kampf gegen die Unkontrollierbarkeit des Lebens. Der Sinn seiner Zwangsgedanken und -handlungen ist offenbar das Sicherheitsverlangen. Aus einer immensen Lebensangst heraus werden diese pathologischen Verhaltensweisen produziert, die auch eine Art »Ablenkungsmanöver« darstellen: der Zwangskranke, der sich so angestrengt mit seinen Handlungsritualen abgeben muß, hat natürlich keine Zeit für die wahrhaft dringenden Aufgaben des Lebens, nämlich für Arbeit und Liebe. Dort fürchtet er das Versagen, und so wendet er sich lieber seinen »Tics« zu, die zwar nutzlos, aber für ihn ungefährlich sind. Zwangsneurotiker sind zumeist arbeits- und liebesunfähig. Sie haben als Kinder nicht gelernt, spontan und mutig auf die Lebensschwierigkeiten zuzugehen.

Es hat sich der psychologischen Forschung bald gezeigt, daß es auch bei den sogenannten Normalen Vorformen der Zwangskrankheit gibt. Man nennt dies den »Zwangscharakter« und versteht darunter einen Menschen, der nicht unbedingt Zwangsgedanken und -handlungen aufweist, aber im Prinzip zu diesem Reaktionstypus gezählt werden muß. Die Eigenschaften, die man bei diesen Menschen findet, sind Umständlichkeit, Eigensinn, Pedanterie, Rechthaberei, Gefühlsarmut, Unspontaneität. Das Zärtlichkeitsstreben solcher Leute ist fast immer verdrängt und verkrüppelt: Erotik ist entweder fehlend oder auf das Sexuelle reduziert. Trockenheit, Nüchternheit und Kälte strömen von diesen Charakteren aus. Das Zusammenleben mit ihnen fällt im allgemeinen sehr schwer.

Erscheinungsbild des Zwangscharakters

Der Zwangstyp wirkt gegen außen hin sehr korrekt und geradlinig. Man gewinnt häufig den Eindruck eines wohlerzogenen, allenfalls sogar über-erzogenen Menschen, der auf Manieren, Umgangsformen sehr viel hält. Seine Ausdrucksweise kann sparsam und exakt, aber auch weitschweifig-umständlich sein. Solche Menschen können »vernünfteln«, wobei sie an den Tatsachen des Gefühls vorbeireden. Wenn es keine Gefühle gäbe, hätten sie mit ihren Argumenten recht. Mit ihnen zu disputieren ist meistens unergiebig.
Im beruflichen Bereich kann der Zwangscharakter durch seinen Formalismus eventuell ganz gut ankommen. Er hält sich an Regeln und Vorschriften. Er setzt »das Tüpfelchen auf das i«. Neue Situationen, die flexibles Reagieren erfordern, verwirren ihn mitunter. Er möchte alles in Schematismen unterbringen. Wo das nicht geht, fühlt er sich rasch verloren. Schöpferisch und produktiv ist er nicht. Als Beamter irgendwelcher Art ist er gelegentlich sattelfest. Der Juristenberuf mit seiner Paragraphengläubigkeit kann solche Typen anziehen. Als Pfarrer sind sie dogmengläubig und legen die Bibel wortwörtlich aus. Im Militär, wo ebenfalls genaue Rituale und Zeremonien an der Tagesordnung sind, feiert der Zwangscharakter seine Triumphe. Als Unteroffizier ist er der Schreck der Mannschaft, als Offizier fordert er peinlichste Beachtung der Dienstvorschriften. Als Lehrer zwingt er die Schüler frühzeitig zum kalligraphischen Schreiben, ereifert sich über Fehler und Disziplinlosigkeiten, die er scharf ahnden zu müssen meint. Zwangstypen sind innerlich nicht sehr lebendig. Sie ersetzen das Manko an Lebenselan durch Formalismen aller Art. Gerne lehnen sie sich an überlieferte Ordnungen und Verhaltensweisen an. Sie sind vortreffliche Konformisten, oft konservativ bis in die Knochen. Der Zwangstyp liebt soziale Neuerungen nicht, da diese neue Verhältnisse schaffen, an die man sich wieder mühsam anpassen müßte. Darum ist er Verfechter der Autorität jeglicher Spielart. Man kann ihn selbst einen »au-

toritären Charakter« nennen. Gerne läßt er sich beherrschen, wenn man ihm in der gesellschaftlichen Hierarchie auch ein Kommandopöstchen einräumt. Auch der kleinste »Bürogummi« kann ja schließlich noch Frau und Kinder durch Befehle unterjochen.

Gerade im persönlichen Bereich sind Zwangstypen sehr irritierend. Man kommt emotional nicht gut an sie heran. Sie haben eine Mauer um sich herum errichtet. Fast wird man an den Ausdruck »Gefühlsscheu« erinnert. Aus Angst vor der Unübersichtlichkeit der Gefühle, in die es uns immer auch irgendwie »hineinnimmt«, möchten solche Leute stets den Kopf oben behalten. Sie wollen nicht weich und gefühls-»duselig« werden. Ihr Partner wird dann häufig mit moralischen und rechthaberischen »Vorträgen« abgespeist, wenn er sich nach Liebe und Verständnis sehnt. Der Zwangscharakter kann nicht richtig lieben. Er wirkt — auch in Intimsituationen — zumeist distanziert. Er schaltet einen Abstand zwischen sich und die anderen, wodurch er sich sicherer fühlt. Oft ist der Abstand durch die »Respekts-Position« gegeben: diese wird dann auch in Liebe und Ehe gefordert, was sicher nicht zum Glück des Partners beiträgt. Aus dem Gefühlsmangel heraus wird nicht selten das Erotische »kalendarisch« abgetan: es ist eine bittere »Pflicht«, kein Genuß. Von Lebens- und Liebeskunst spürt man bei solchen Typen wenig. Sie erinnern ein wenig an Roboter, lebendig gewordene Maschinen. In ihrer Nähe kann man sich nicht recht behaglich fühlen. Ihre eventuelle berufliche Tüchtigkeit besagt diesbezüglich ja nichts. Menschsein und Mitmenschsein kann nie am Leistungsniveau abgelesen werden. Auch ein großer und tüchtiger »Könner« kann menschlich eine Niete sein. Das weiß seine nähere Umgebung am besten, die zum Beispiel den Herrn Direktor oder den Herrn Doktor respektive den Herrn Betriebsleiter im alltäglichen Umgang erleben muß.

Gefühlsmäßige Enge und Lebensangst

Kennt man die Lebensgeschichte solcher Menschen, so wundert man sich nicht, daß sie so wenig spontan werden, gefühlsarm sind und ihr Leben allzu schematisch gestalten. Solche Menschen haben ganz einfach eine umfassende Lebensangst, die sie mühsam durch ihr regelhaftes Verhalten zudecken. Im tiefsten Grunde fürchten sie vor allem jegliche Hingabe, als ob sie »Hergabe« wäre: sie meinen, sich im anderen Menschen zu verlieren, sobald sie sich allzusehr auf ihn einlassen würden. Selbstbehauptung scheint ihnen in der als totalfeindlich empfundenen Welt die beste Methode, um durchzukommen. Sie übertreiben daher ständig in ihrer Abgrenzung gegen andere, fühlen sich kaum je eins und einig. Gelegentlich kommt ihnen diese gefühlsmäßige Isoliertheit schmerzlich zu Bewußtsein, aber sie verdrängen dieses Gefühl. Ihre Lebensangst äußert sich auch als Mißtrauen. Sie wissen die Gefühle anderer Menschen nicht recht zu deuten. Letztlich vermuten sie viel öfter Feindseligkeit, als sich dies aus äußeren Gegebenheiten ableiten ließe. Daher eine dauernde Verteidigungsstellung. Manche Zwangstypen wirken wie Menschen mit einem Panzer, die sich gut gegen die Gefahren der Umwelt abschirmen, aber zugleich auch an Beweglichkeit und Lebendigkeit eingeschränkt werden. Defensivhaltung läßt das Leben sehr verarmen. Wer immer nur daran denkt, sich zu schützen und abzuschirmen, hat keinen Blick mehr für die Schönheiten des Lebens und der Liebe. Er lebt in einer »schmutzigen Welt«, die ihn immer zu besudeln droht. Zwangscharaktere gebrauchen gerne die Kotsprache, um ihr prekäres Verhältnis zu Welt und Leben zu schildern. Alles um sie herum ist »Dreck«, sie selbst sind reinlich und edel. Zumindest bilden sie sich das recht häufig ein.

Die Kindheit solcher Menschen hat deren Charaktereigentümlichkeit ausgebildet. Meist wuchsen sie bei Eltern auf, die keine rechte Liebe, dafür aber zahllose Verhaltensvorschriften bieten konnten. Moralismus durchzieht solche Lebensläufe: schon Kinder lernen bei entsprechenden Eltern, daß es wichtig ist, immer konform zu sein, nicht aufzufallen, nicht originell zu sein. Eine zwanghafte Erziehung löscht die innere Lebendigkeit bald aus. Es verbleibt eine Schein-Korrektheit, die einem Firnis gleicht, der eine fundamentale »Unerzogenheit« beschönigen soll.

Die Notwendigkeit, immer und überall Fassade bewahren zu müssen, entfremdet solche Menschenkinder ihren natürlichen Impulsen und Regungen. Vor allem der Eros leidet innerhalb der Zwangserziehung Schiffbruch: ein scharfer Gegensatz zwischen Erotik und Moral, Liebe und Tugendhaftigkeit tut sich da auf, sozusagen ein unüberbrückbarer Abgrund, der die Welt der Gefühle von den moralischen Normen trennt. Um immer »korrekt« zu sein, muß man das Lebendige in sich reglementieren, einzwängen, abwürgen. Wer gegen seine eigenen inneren Antriebe als Vergewaltiger auftritt, ist auch anderen gegenüber nicht sehr duldsam. Darum eignen sich Zwangstypen sehr gut als Tugendbolde, Sittenwächter, Obszönitätenschnüffler, selbstgerechte Spießer und Kleinbürger, die in ihrer vorgeblichen Moralität recht neidisch sein können auf die angebliche lasterhafte Freizügigkeit der anderen.

Zwangscharaktere sind Opfer einer prüden, lebensfeindlichen Kultur und Erziehung, die mit allem am Menschen, was »natürlich« ist, auf Kriegsfuß steht. Triebe, Gefühle, Lebenslust, Nonkonformismus, Originalität, Antikonservatismus, schöpferisches Denken und Handeln sind unserer Kulturwelt, die den Menschen gerne völlig gleichschalten und unter die totale Botmäßigkeit bringen will, zutiefst suspekt. Wer die Menschen beherrschen will, muß sie wenn möglich »vorausberechenbar« machen. Der Zwangstyp ist diesbezüglich »ein idealer Fall«. Ihn kann man gut regieren, er ist auch ein gutes Werkzeug für die jeweils herrschenden Instanzen. Sein steriles Privatleben bedeutet nur die Unkostenseite eines auf rigide Moral und Untertanenmentalität ausgerichteten Daseins.

Im Gegensatz hierzu weiß der seelisch gesündere Mensch, daß er sich selbst ständig neu schaffen und gestalten muß. Er geht offenen Horizonten entgegen, sein Leben ist immer unterwegs. Im Gefühlsaustausch mit den Mitmenschen hat er seinen eigentlichen Schwerpunkt; normgerechtes Funktionieren ist ihm unwesentlich. Solche innerlich freie und für die soziale Befreiung wertvolle Menschen müssen allerdings erst erzogen werden. Bis wir so weit kommen, müssen via Selbsterziehung und seelenärztliche Behandlung innere und äußere Zwänge aus der Welt geschafft werden.

Der hysterische Charakter

Die Hysterie ist eine Krankheit, die seit langem das Interesse der Wissenschaft auf sich zieht. Eines ihrer Hauptkennzeichen besteht darin, daß die Patienten körperliche Krankheitssymptome aufweisen, wiewohl ihnen körperlich nichts fehlt. So hat etwa eine hysterische Frau eine Lähmung der Beine, obgleich alle ihre Nerven und Muskeln intakt sind. Es kommt auch hysterische Blindheit bei an sich gutem Zustand von Augen und Nervenbahnen vor, des weiteren Schlucklähmungen, Erbrechen, Ohnmachtsanfälle, fassungsloses Weinen, hysterische Anfälle, die dramatisch eine schwere Krankheit vortäuschen, die gar nicht real ist. — Die alten Griechen (Hippokrates) sahen bereits, daß die Hysterie hauptsächlich eine Frauenerkrankung ist. Man führte diese auf die Gebärmutter zurück: bei manchen Frauen wandere dieses Organ im Körper umher und erzeuge die verschiedenartigen Symptome. Im 19. Jahrhundert nahm man an, daß die Hysterie eine Hirnanomalie als Grundlage habe. Nur so konnte man sich das affektive

Gebaren dieser Patientinnen, ihre eindrücklichen Schwächedemonstrationen, ihre Hypnotisierbarkeit usw. erklären. Aber die anatomischen Befunde sprachen eine andere Sprache: nirgends konnte man im Hirn von Hysterikerinnen Auffälliges feststellen. Bis dann die Wiener Ärzte Sigmund Freud und Josef Breuer das erlösende Wort im Jahre 1895 sprachen: Hysterie sei eine seelische Erkrankung; die Kranke erzeuge unbewußt alle ihre Symptome mit der geheimen Absicht, dadurch schwierigen Lebensaufgaben (Arbeit, Liebe) auszuweichen. Dabei verwende sie Erinnerungen an frühkindliche seelische Verletzungen: Hysterie entstehe im Kindesalter durch ungünstiges Verhalten der Erziehungspersonen, wobei Freud in erster Linie sexuelle Faktoren namhaft machte. Inzwischen hat jedoch die Tiefenpsychologie herausgefunden, daß für die Entstehung von Neurosen (und eine solche ist die Hysterie) nicht speziell sexuelle Deformationen, sondern ganz allgemein Fehlbeeinflussungen in der Kindheit relevant sind.

Schon Freud sah, daß auch Männer hysterisch sein können, nur ist dies viel seltener der Fall. Die Hysterie muß offenbar eine gewisse Beziehung zum weiblichen Geschlechtscharakter in unserer Kultur haben. Interessant ist auch, daß diese Erkrankung in den letzten Jahrzehnten viel weniger in den Vordergrund tritt. Wahrscheinlich haben Frauen, die im Beruf stehen und beinahe dieselbe sexuelle Freiheit genießen wie der Mann (und auch entsprechendes Selbstbewußtsein haben), die Hysterie nicht mehr nötig. Die Frauen um die Jahrhundertwende waren bekanntlich sehr unterdrückt. Mit Hilfe hysterischer Verhaltensmuster konnten sie sich in den Mittelpunkt rücken, auffallen, Mitleid erwecken. Da sich die kulturellen Verhältnisse änderten, verlor diese Krankheit an Bedeutung. Die Frauen von heute erkranken selten an Hysterie, aber hysterisches Gebaren kommt bei ihnen wie bei den Männern ziemlich häufig vor.

Hysterische Charakterreaktionen

Eine Vorform der hysterischen Erkrankung ist der sogenannte hysterische Charakter. Darunter verstehen wir einen Menschentyp, der wichtige Kennzeichen des Hysterikers aufweist, ohne direkt »krank« zu sein. Solche hysterische Menschen stellen eine empfindliche Belastung ihrer Umgebung dar. Ihre Merkmale können in wenigen Andeutungen skizziert werden: Hysterische Frauen zum Beispiel sind sehr eitel, geltungssüchtig; sie wollen immer und überall Beachtung finden; ein theatralisches, stark demonstratives Gebaren ist ihnen eigentümlich; sehr oft zeigen sie sich in Leidensdemonstrationen, wobei der relativ harmloseste Fall der Tränenausbruch, eventuell sogar die Ohnmacht (früher modern!) ist; die Sexualität solcher Frauen ist infantil, unterentwickelt, wiewohl sie lebhaftes Interesse am erotischen »Spiel« haben, das heißt tüchtig im Kokettieren und Sex-Demonstrieren sind; das Phantasieleben solcher Menschen überwuchert den Realitätssinn: sie leben in Einbildungen meist selbstgefälliger Art; Angst vor Entscheidungen, vor endgültigen Stellungnahmen ist ebenfalls ausgeprägt. Der hysterische Mensch liebt überall das Vorläufige, Unentschiedene; er (sie) kann Charmeur sein, gesellschaftlich gewandt mit fast überbetonten, übertriebenen Qualifikationen, die darauf angelegt sind, überall Eindruck zu machen. Das Ganze wirkt aber nicht echt: es ist viel Schauspielerei darin. Anstelle von Tun tritt Getue; anstelle von Herzlichkeit betonte Sentimentalität; anstelle von Liebe allerlei Geplänkel, notfalls auch Kranksein, um auf diese Weise zarte Betreuung zu erzwingen. Die Hysterika scheint sehr temperamentvoll und aktiv zu sein: sieht man näher zu, ist fast alles nur auf Publikumswirksamkeit bedacht, im stillen Kämmerlein herrschen Angst und Depression vor. Das schauspielerische Talent solcher Menschen hat die Auffassung propagiert, daß hysterische Menschen potentielle Lügner seien. Das ist ungerecht, denn die Hysterika glaubt selbst an ihre erdichteten Eigenschaften, Erlebnisse, Leiden. Irgendwie bekommt man bei ihr den Eindruck, daß sie kein Fundament in sich selbst besitzt. Darum ist sie immer auf Effekthascherei aus, denn wenn es ihr gelingt, andere Leute mit sich zu beschäftigen, sie in Atem zu halten, hat sie für Augenblicke das Gefühl, ein nicht ganz wertloser Mensch zu sein.

»Mehr scheinen als sein«

Der hysterische Charakter ist dadurch definiert, daß sein Geltungsstreben schier unersättlich ist. Darum werden alle Mitmenschen als eine Art »Publikum« betrachtet, vor dem man seine Show abzieht. Alleinsein fällt solchen Menschen enorm schwer: da bricht dann rasch die Welt zusammen, weil niemand da ist, der einen bestätigen kann. Durch das ständig angespannte Etwas-scheinen-Wollen verliert dieser Typ seine Unbefangenheit und hat kaum noch die Energie, die man braucht, um wirklich etwas zu sein oder zu werden. Die innere und äußere Entwicklung steht still, wenn dauernd auf Effekthascherei abgestellt wird. Man beachte zum Beispiel die berufliche Leistungsfähigkeit solcher Menschen: sie scheinen gewaltig tätig zu sein, aber der Berg von Aktivität, den sie demonstrieren, gebiert nur ein Mäuschen. Die eigentliche Last der Bemühungen wird gerne auf andere abgewälzt.
Im Liebesleben neigen hysterische Charaktere zu spezifischen

Fluchtmechanismen. Der männliche und weibliche »Don Juan« ist hysterisch: da wird Liebe geschauspielert bis zu dem Moment, wo man vom anderen Besitz ergreifen könnte: von nun an allerdings interessiert das Opfer nicht mehr! Kommt es dennoch zu Partnerschaften, so will dieser Menschentyp den anderen für seine Eitelkeit, sein Geltungs- und Machtstreben »verwenden«: der andere soll sich ganz unterordnen, sozusagen Dauerpublikum für Auftritte aller Art sein. Geht es nicht mit Bekundungen von Klugheit, Schönheit oder Stärke, so benützt der Hysteriker seine Leidensbereitschaft: er spielt krank oder er wird krank, er ergeht sich in endlosen Klagen über die Benachteiligungen, die ihm zuteil werden und zuteil geworden sind, so daß er als »Ärmster der Armen« gleichzeitig Mitleid, Wohlwollen und Entlastung fordern kann. Gewöhnlich ist das zügellose Jammern nur der erste Akt des Dramas: kaum sind alle Klagen über die Bühne gegangen, kommen als zweiter Akt die tausendfältigen Forderungen an die Umwelt, die daraus abgeleitet werden. Es heißt dann: weil ich immer soviel Unglück hatte, weil ich soviel leide, weil ich so krank bin, müßt ihr mir viel Liebe, Aufmerksamkeit, Geduld usw. zuwenden. Ich selber kann und muß nichts dafür geben, denn ich bin ja so arm, daß man von mir nichts verlangen kann.

Anstelle von echter Erotik tritt dann das Beherrschenwollen des Partners mit aktiven und passiven Mitteln. Wahre Liebe würde Geben und Nehmen beinhalten: hysterische Menschen beuten unbewußt die Gefühle der anderen aus, weil sie nicht gelernt haben, daß das größte Glück aus der Gebefreudigkeit im weitesten Sinne des Wortes erwächst. Die Kindheit und Jugend solcher Menschen sind in der Tat recht traurig. Die Unechtheit, die wir bei ihnen finden, herrschte meist schon im Elternhause vor. Wie oft wachsen Kinder innerhalb von »Fassaden-Ehen« auf, die keine rechte Geborgenheit aufkommen lassen. Ungeschickte Erzieher zwingen den Kindern Rollen auf, denen sie gar nicht entsprechen können. So lernt das Kind sich innerlich verstellen: es gibt sich nicht mehr offen. Damit entfremdet es sich seiner Umgebung, kommt nicht mehr emotional an andere heran und fühlt sich vereinsamt. Gerade diese gefühlsmäßige Einsamkeit erzeugt alle die Scheinmanöver, um sich zur Geltung zu bringen; Machtgefühl oder Beachtetwerden wird mitunter als Surrogat für Liebe angenommen. Aber wie bei allen Ersatzmitteln funktioniert auch hier der Tausch schlecht: wer selber nicht Liebe gibt, empfängt auch nichts Wesentliches von seiner Umwelt. Denn die anderen sind nicht dazu da, lediglich »unser Publikum« zu sein; man muß sie ernst nehmen wie uns selbst, nur dann können Kommunikation und Kooperation zustande kommen. Aus seiner

Selbstverachtung heraus weiß der hysterische Typ andere nicht zu achten. Dies wird gespürt und korrumpiert alle menschlichen Beziehungen, die dadurch ins Kämpferische, Gefühlskalte entarten.

Heilung des hysterischen Charakters

Soll dieser Charaktertypus den Weg zu einem menschlich-gehaltvolleren Leben finden, so ist dies nur möglich durch Verbesserung seiner sozialen Beziehungen. Diese können allerdings nicht durch Willensentschluß umgebaut werden. Gefühle beherrschen und bestimmen unser Leben und unser Reagieren. Nun werden Gefühle nur durch tiefgreifende Erlebnisse, Einsichten und Erfahrungen abgeändert. Gelingt es dem Hysteriker (der Hysterikerin), in einer exemplarischen Kontaktnahme (zum Beispiel in der Psychotherapie) die Echtheit eines anderen Menschen zu erleben, so wirkt dies als Appell zum Ernstnehmen der eigenen Lebensführung. So kann man lernen, neue Gedanken und Gefühle anzunehmen, die es einem erleichtern, entschlossen und entschieden das eigene Dasein zu gestalten. Man will dann andere verstehen, ihnen helfen, mit ihnen gemeinsam wertvollen Zielen zustreben: sie durch äußeren Schein, durch Leiden und Krankheit, durch Gejammer zu beeindrucken wird uninteressant. Damit vollzieht sich eine menschliche Reifung in Richtung auf Vernunft, Verantwortung, Kontaktfähigkeit und innere Selbständigkeit, die erst die Wirklichkeit des Mitmenschen entdecken lehrt. Diese Erfahrung leitet zu einer Gefühlsdimension über, die hysterische Menschen wenig kennen: aus dem Wissen um andere erwächst Liebe.

Der schizoide Charakter

Eine der schwersten seelisch-geistigen Erkrankungen des Menschen ist die Schizophrenie. Dieser aus dem Griechischen gebildete Begriff bedeutet: Spaltungsirresein. Der Züricher Psychiater Eugen Bleuler gab dieser Krankheit den obengenannten Namen, weil er zutiefst beeindruckt war von der Aufspaltung der Persönlichkeit, welche in solchen Patienten stattfindet. So klaffen etwa Gefühl und Denken weit auseinander; Größen- besteht neben Kleinheitswahn, das Gemütsleben ist innerlich zerrissen, Denkprozesse werden chaotisch und absurd, schließlich treten auch Sinnestäuschungen (Halluzinationen) auf, die die Realitätsorientierung verunmöglichen. Derartige Kranke sind äußerst schwer zu beeinflussen; sie leben im Wahn, und nur von Zeit zu Zeit lichtet sich ihre geistige Umnebelung, in manchen Fällen allerdings heilt sie ganz aus.

Auch hier wiederum wurde viel darüber gestritten, worin die Ursachen dieser Störung bestehen. Die alte Psychiatrie nahm an, daß diese Geisteskrankheit eine Hirnkrankheit mit unbekannter Grundlage sei. Darum nannte man vor Bleuler dieses Krankheitsbild »Dementia praecox«, das ist vorzeitige Verblödung. Aber vielen Ärzten war aufgefallen, daß Schizophrene hochintelligente Menschen sein können. In den Zwischenphasen ihrer Erkrankung arbeitet der Intellekt mitunter ausgezeichnet. Darum bezweifelte man die organische Basis dieser Irritation, denn auch im Stoffwechsel (unter anderem Hormone) der Schizophrenen wurde nichts Charakteristisches gefunden. Die Tiefenpsychologen schließlich postulierten die rein psychische Verursachung des Spaltungsirreseins. Freud und seine Schüler erklärten, daß sehr frühe seelische Verletzungen der Ausgangspunkt der schizophrenen Entwicklung sein könnten. Man dachte hierbei vor allem an Störungen in der Mutter-Kind-Beziehung im ersten und zweiten Lebensjahre. In dieser Epoche der Ich-Entstehung werden grundlegende psychische Erfahrungen gemacht, die den Gesamtaufbau der Persönlichkeit beeinflussen. Nur wer in diesem zarten Alter schwere Schädigungen davonträgt, kann anläßlich irgendwelcher Belastungen im späteren Leben ganz zusammenbrechen. Die Wahnkrankheit ist sozusagen ein Aufgeben des Lebenskampfes, ein totales Zerrüttetwerden des Ich, mit seinen Funktionen des logischen Denkens, adäquaten Fühlens, des Gedächtnisses, der Kontaktfähigkeit — schizophrene Patienten ziehen sich völlig in ein Traum- und Phantasieleben zurück, sie leben in einem Traum, aus dem sie nicht mehr erwachen können. Gelegentlich haben moderne Psychopharmaka eine gute Wirkung; noch tiefgreifender jedoch wirkt die Psychotherapie, die man in den letzten Jahrzehnten erfolgreich auch auf schwere Geistes- und Gemütskrankheiten anzuwenden gelernt hat.

Die schizoide Lebenseinstellung

Eigentliche Schizophrenien betreffen etwa ein Prozent der Bevölkerung. Die Krankheit scheint unter den ärmeren Volksschichten etwas häufiger zu sein: kein Wunder, denn wenn zu allen psychischen Bürden auch noch Armut und Verelendung hinzukommen, dann läßt sich erfühlen, daß sich der Mensch in die dunkle Nacht des Wahnsinns zurückziehen muß, sofern er mit der Wirklichkeit nicht zu Rande kommt. Die Behandlung dieser Erkrankung ist, wie bereits gesagt, eine Aufgabe für Psychiater und Psychotherapeuten. Gerade in der Auseinandersetzung mit so gewaltig irritierten Menschen hat die Forschung der letzten Jahrzehnte wichtige Einblicke in das menschliche Seelenleben gewonnen.

Viel häufiger als der schizophrene Patient ist seine Vorform mit schizoider Lebensführung. Es handelt sich hierbei um stark gemilderte schizophrene Reaktionen, die noch im Bereich des sog. »Normalen« ihren Platz finden. Schizoide Menschen schlagen sich noch halbwegs durch im Leben; aber sie fallen durch irgendwelche Sonderlingshaftigkeiten auf, durch Seltsamkeiten, die auch dem Laien zu denken geben. Darum sollte man den schizoiden Menschen kennen und verstehen. Man hat oft genug mit ihm zu tun.

Schizoide Menschentypen sind ziemlich unnahbar, distanziert. Man hat unsäglich Mühe, an sie heranzukommen. Ihre Reaktionsweise wird in der Regel als kühl und abweisend beschrieben. Vor allem im Gefühlsaustausch stößt man bei ihnen auf unsichtbare Schranken. Sofern sie im Rahmen konventioneller Regeln verkehren können, geht alles eventuell ganz gut. Aber persönliche Wärme und Anteilnahme bekommt man kaum zu spüren. Sie sind steif und unflexibel. Oft sieht man ihnen das schon in der Haltung, in der Mimik und in der Gestik an. Das Mienenspiel ist oft sehr sparsam: man kann geradezu von Gesichtsmasken sprechen. Wenn gelächelt wird, ist es beinahe wie ein gewolltes Verziehen der Mundwinkel. Die Gesten sind viel häufiger eckig als abgerundet und entgegenkommend. Der Eindruck der Abwehrhaltung dominiert an allen Ecken und Enden. Solche Menschen sind bewußt und unbewußt bestrebt, sich die Mitmenschen vom Leibe zu halten. Sind sie in einer höheren beruflichen Position, so gelingt ihnen dies einigermaßen. Aber im Privatleben wirkt ihre Distanziertheit sehr schockierend. Es frustriert in Liebe und Ehe, wenn der Partner sich dauernd jeglicher intensiven Annäherung entzieht. Bringt er rationalisierend hierfür alle möglichen Argumente vor, so ahnt man doch, daß er aus einem Mangel eine Tugend macht. Der schizoide Typ kann (wie der Zwangscharakter) nicht lieben. Er will sich nur verteidigen, rechtfertigen, über den anderen triumphieren. Alle menschlichen Verhältnisse werden von ihm als Über- und Unterlegenheit erlebt. Er will jeweils der Dominierende sein. Auf gleicher Ebene mit anderen glaubt er nicht bestehen zu können. Daher das verzweifelte Bemühen, Abstand zu halten, um nicht Gefühlsrisiken eingehen zu müssen. Diese kalten und rationalen Typen haben nämlich ungeheure Angst, gefühlsmäßig enttäuscht zu werden. Um das zu vermeiden, verdrängen sie alle Gefühle, verhalten sich betont nüchtern und vernünftelnd, letzteres bis zur Unlogik. Sofern ein geschulter

Verstand vorhanden ist, kann der Schizoide trefflich »an den Problemen vorbeireden«, bis das Gegenüber den Faden verliert. Der Fachmann spricht in diesem Zusammenhang von »Sprechautismus«: manche Leute gebrauchen die Worte nicht dazu, um verstanden zu werden, sondern lediglich, um recht zu behalten.

Pathologische Formen

Ist das Schizoide in einem Menschen besonders hervortretend, so können Eigentümlichkeiten ausgebildet werden, die den Umgang sehr komplizieren. In der Linie des Ausgeprägt-Schizoiden liegen etwa: Verschrobenheit, Verstiegenheit, Maniertheit. — Der verschrobene Mensch ist einer, der seltsam-abwegige Gedanken äußert, die er keiner Korrektur unterwerfen läßt. Die Sprache deutet mit dem Wort an, daß »eine Schraube« fehlt oder locker ist. Oft ist die Rede- und Denkweise »geschraubt«, fehlkonstruiert. Verschrobene Menschen können sich an gegebene Situationen nicht anpassen. — Der verstiegene Mensch ist ebenfalls sozial »Außenseiter«. Man kann ihn nirgendwo sinngemäß unterbringen. Die Sonderlingshaftigkeit ist offenkundig. Oft vergräbt er sich in ein Spezialgebietchen, wo er keine Konkurrenz hat. Mystisch-religiöse Auffassungen gehören in diese Sphäre. In manchen Sekten kann Verstiegenheit mit Gleichgesinnten praktiziert werden. — Der manierierte Mensch ist der »unechte«. Hier spielt einer den Mitmenschen dauernd etwas vor. Was fehlt, ist die innere Substanz. Solche Menschen haben keinen Boden unter ihren Füßen: sie fühlen sich konstant isoliert und bedroht, wobei ihr gesamtes manieriertes Gebaren eine Art »Imponiergehabe« ist, mit dem Zweck, die Umgebung mit billigen Manövern zu beeindrucken.

Ursprung des schizoiden Verhaltens

Ähnlich wie die schizophrene Erkrankung ist auch die schizoide Lebenseinstellung auf Entwicklungsstörungen in der frühesten Kindheit zurückzuführen. Meist fehlt es hinsichtlich der Sozialisierung an ihren Anfängen: der Mensch muß, um Mitmensch zu werden, früh Nestwärme und Geborgenheit erleben. Fehlt ihm das, so kann er physisch und psychisch nicht gedeihen. Gerade die Erfahrungen mit dem sogenannten Hospitalismus (Kinder, die im ersten Lebensjahre keine mütterliche Betreuung hatten, kränkelten oder starben dahin) geben Aufschluß über die Entstehung der schizoiden Abkapselung. Wer als Kind nicht ausreichend geliebt wurde, ist später im Leben oft für Liebe nicht ansprechbar.

Meist haben schizoide Kinder auch schizoide Eltern, zumindest einen solchen Elternteil. Daraus entstand früher die Meinung einer Vererbung solcher Haltungen. Wir glauben heute nicht mehr an psychische Vererbung, aber an die Weitergabe seelischer Fehlhaltungen von Eltern auf Kinder. Ist ein Kind mit einem Gefühlsmanko aufgewachsen, so fällt dies unter Umständen nicht auf, wenn die Eltern an demselben Gefühlsmanko leiden. Allerdings wird die schizoide Fehlhaltung spätestens bei der Aufnahme größerer sozialer Kontakte bemerkt. Solche Kinder sind im Kindergarten und in der Schule stets für sich, sind schüchtern und innerlich dem Mitspielen und Mitarbeiten nicht zugetan. Am liebsten sind sie für sich, oft sieht man sie allein. Der kenntnislose Erzieher mag darüber den Kopf schütteln, erkennt jedoch nicht die Gefahren, die sich für die weitere Entwicklung ergeben. Das kontaktarme Kind lernt allenfalls gut, kann aber Rückschläge und Niederlagen nicht verarbeiten. Besonders prekär wird der psychische Zustand in der Pubertät. Da tritt nämlich die Forderung an derart sozial unangepaßte Menschenkinder heran, sich dichter an andere anzuschließen. Fragen der Freundschaft, der Liebe und der Sexualität tauchen auf. Der Schizoide ist hierfür nicht vorbereitet. Darum gibt es in der Pubertät die ersten schweren Zusammenbrüche, die mitunter im Selbstmord, in der Neurose, in der Psychose oder in der Verwahrlosung enden. Wer glücklicher davonkommt, paßt sich äußerlich ans Sozialleben an: im Innern bleibt er gefühlsscheu, triebverdrängend, ängstlich, überempfindlich, ambitiös und unnahbar. Solche Menschen mögen eine Berufskarriere absolvieren und auch heiraten; dennoch bleiben sie innerlich für sich allein. Daraus erwachsen ihre Nöte und ihre lebenslänglichen Probleme, die meist durch psychotherapeutische Behandlung behoben werden müssen. Denn der schizoide Mensch ist mißtrauisch, unbewußt-feindselig, gehemmt, emotional-unbeholfen, was sich alles aus seiner gefühlskargen Kindheit ableitet. Heilung dieses Zustandes bedeutet: umlernen im Denken und Fühlen, Einüben von Vertrauen, Spontaneität, Selbstsicherheit. Diese Aufgabe ist schwer, aber lösbar: das ängstliche Kind, das in jedem schizoiden Erwachsenen steckt, muß innerlich befreit und durch günstigere Wachstumsbedingungen als in der Kindheit zur echten Reife geführt werden.

Der depressive Charakter

Die Depression gehört ebenfalls zu den neurotischen Erkrankungen; in manchen Formen wächst sie sich geradezu zu einer

Wahnkrankheit (Melancholie) aus. Die Hauptsymptome der Depression sind: 1. traurige oder ängstliche Grundstimmung; 2. Hemmung des Denkens und Fühlens; 3. Störungen der psychischen und psychomotorischen Funktionen, worunter die Veränderung des Ablaufes seelischer und seelisch-körperlicher Prozesse verstanden wird. Auch der Körper ist in die Depression einbezogen, indem die Atmung langsamer und mühsamer wird, die Verdauung beschwerlicher, Herzschlag und Blutdruck vermindert, der Appetit herabgesetzt ist usw.

Depressionen können häufig ein schweres Krankheitsbild bedeuten, vom Betroffenen selbst mehr gefürchtet als eine Körperkrankheit. Die Patienten schildern unter anderem, wie apathisch sie sich in ihrem Zustand fühlen. Alles ist ihnen verleidet. Das Leben erscheint ihnen nicht mehr reizvoll. Pessimismus bemächtigt sich in undurchdringlicher Schwärze ihres Gemütes. Die Zukunft enthält keine Möglichkeiten mehr. Über alle Gedanken breitet sich eine Schwermut aus, die alles in lichtloses Dunkel taucht. Man ist Opfer von Selbstvorwürfen, Minderwertigkeitsgefühlen, Schuldgefühlen und Selbstverachtung. Der Depressive hadert mit sich selbst und seinem Schicksal, so daß er nicht selten die Versuchung empfindet, seinem Leben ein Ende zu setzen: ein Großteil der Selbstmorde erfolgt in der akuten Depression.

Die Persönlichkeit des Depressiven

Fahndet man nach äußeren Ursachen der Depression, so ist man oft enttäuscht, wie wenig man findet. Irgendein banaler Anlaß kann eine große Schwermut auslösen. Manchmal wirkt das Krankheitsgeschehen fast uneinfühlbar. Man sieht für die Selbstanklagen des Patienten keine Begründung, man kann seine Schuld- oder Versündigungsgedanken kaum nachvollziehen. Daher dachten die Psychiater in den schwereren Fällen von Melancholie an irgendwelche Stoffwechsel- oder Hirnerkrankungen. Man sprach von »endogener Depression« (sozusagen: von innen kommend), womit man die Unwissenheit der Forscher mit einem Wort bemäntelte. Tatsächlich hat man bis zum heutigen Tag keine körperlichen Ursachen der Depression gefunden. Die psychische Problematik solcher unglücklicher Menschen ist uns jedoch viel durchsichtiger geworden.

In der seelenärztlichen Behandlung lernt man depressive Patienten von Grund auf kennen. In monatelangen Gesprächen mit ihnen gewinnt man Einblick in ihre Charakterstruktur. Dadurch enträtselt sich die Dynamik solcher seelischer Deformationen. Auch läßt sich diese Störung immer von der Kindheit des Betroffenen herleiten. Es gibt eine eigentliche Erziehung zur Depression, wie es eine Erziehung zum hysterischen, schizoiden und zwanghaften Charakter gibt.

Wie steht der Depressive im Leben? Es darf uns nicht verwundern, daß es sich um primär ängstliche und mutlose Menschen handelt. Solche Menschen haben in der Kindheit (Verwöhnung oder Härte und Strenge) nicht für ihre Ziele kämpfen gelernt. Es fällt auf, daß solche Patienten von früh an still und verhalten durchs Leben gingen und an nichts recht Freude hatten. Sie haben schon in der ersten Lebenszeit ihre Lebensflamme kleingestellt. Das Ich, die Persönlichkeit wurde nicht entfaltet. Die Ungunst der kindlichen Verhältnisse ergab ein Grundgefühl wie folgt: Ich will mich nicht in dieses Leben hinein entfalten! Ich spiele nicht mit! Ich stehe draußen! Ich bleibe im eng abgezirkelten Raum! Ich beschränke mich auf mich selbst!

Der ganze Charakter solcher Menschen ist auf Selbstschutz und Sicherung angelegt. Es entsteht ein falsches Lebensprogramm, in welchem mitmenschliche Solidarität zu wenig berücksichtigt ist. Geringe Selbstachtung vereinigt sich mit einem ungeheuren Liebeshunger, der nie und nirgends gestillt werden kann. Bei Depressiven finden sich oft die bereits geschilderten Wesenszüge von Bequemlichkeit und Riesenerwartung.

Um den Schwierigkeiten des Lebens zu entgehen, macht sich der Depressive klein und winzig, was oft in Haltung, Stimme, Gestik und Sprechweise zum Ausdruck kommt. Er will kein »Ich« haben, da er sonst die Konfrontation mit der Welt wagen müßte. Tendenzen zur Selbstauslöschung (Masochismus) fehlen in diesem Krankheitsbild nie. Man will voll und ganz in den anderen aufgehen, mit ihnen völlig eins werden. Wird man durch Mißerfolge im menschlichen und persönlichen Bereich auf sich selbst zurückgeworfen, so entsteht das Gefühl absoluter Verarmung: man *hat* nichts mehr, folglich *ist* man nichts mehr! Getrenntsein bedeutet für solche Menschen Todesangst. Daraus leiten sie die Forderung ab, daß man sie nie kritisieren, nie im Stich lassen, nie ins Unrecht versetzen darf. Depressive sind sehr überempfindliche Menschen und stellen starre Bedingungen hinsichtlich des Umgangs, den sie für sich als adäquat ansehen.

Verwandte Charakterzüge

Im Hintergrund jeder depressiven Verstimmung gibt es Charaktereigentümlichkeiten, die man erst bei genauerem Zusehen erkennt. In seiner Kindheit hat der traurige Mensch zumeist Haltungen des Neides, der Eifersucht, des Kleinmuts, des Perfektionismus usw. eingeübt. Dazu kommen auch aggressive Dispositionen ins Spiel. Die Art, wie sich Depressive anschuldigen, wie sie klagen und jammern, enthält oft eine Spitze gegen die mitmenschliche Umgebung. Alles Klagen ist auch Anklagen. Wer derlei zu hören bekommt, wird damit getroffen und soll auch getroffen werden. Viele depressive Menschen lernen ihre Verstimmungen als Waffe im zwischenmenschlichen Verkehr zu benützen. Die Depression kommt zur rechten Zeit — sie bedeutet mitunter eine Bestrafung für jene, die den Wünschen des Patienten nicht entgegenkamen oder sonstwie Mißfallen erregten. Man kann via Depression auch Macht über die Umwelt erstreben und erlangen. Natürlich ist diese Zielsetzung in der Regel unbewußt.

Ein wichtiger Charakterzug Depressiver ist der Trotz. Wenn man in liebloser oder verzärtelnder Atmosphäre aufgewachsen ist, lernt man »bocken«. Der Trotz ist die Stärke der Schwachen. Wenn man nicht genug Liebe bekommt oder zu bekommen meint, kann man immerhin die Beziehungspersonen ärgern: das ist ein Liebesersatz, nämlich Prestige. Beim depressiven Menschen hat man oft den Eindruck, daß er sich in seine traurige Stimmung verbohrt und nicht locker läßt: irgendwie fühlt er sich dabei stark wie ein Kind, das nicht nachgibt. Die »Rolle« gefällt ihm im tiefsten Innern, und er trägt die Kriegskosten seines Kampfes, wenn nur die anderen mit ihren Bemühungen an ihm scheitern. Es ist oft schwer, den Depressiven für das Leben, für die Gemeinschaft, für eine produktive Lebensführung zu gewinnen. Sein Leiden enthebt ihn der Bemühung um Beitragsleistung, er kann im Schmollwinkel dösen und meditieren, wodurch er sich die Umständlichkeit der Realität vom Leibe halten kann.

Zum Trotz gehört auch mitunter der Racheaffekt. In der unglückseligen Kindheit brütet der Depressive Strafphantasien aus, wobei er gelegentlich in seiner Einbildungskraft eigenes Unglück heraufbeschwört und sich hierbei ausmalt, wie damit die anderen getroffen werden. Auch im Selbstmord liegen solche Gedankenverkettungen vor. Selbstmörder hinterlassen Briefe, die dem Kundigen leicht zeigen, wie sehr sie sich in das Gequältsein der Hinterbliebenen einzufühlen verstehen. Die Psychoanalyse hat behauptet, daß in jedem Suicid eine Tötungsabsicht bezüglich nahestehender Personen zu entdecken sei. Man muß das nicht unbedingt wörtlich nehmen, aber faktisch werden Depressionen und Selbstmorde nicht gerade aus menschenfreundlichen Gefühlen heraus konzipiert. Die unbewußte Menschenfeindschaft ist der Hauptquell depressiver Verstimmungen. Aus ihr muß dem Kranken herausgeholfen werden, wenn man ihn für ein Leben in der Kooperation, Hoffnung, Liebe und Lebensfreude gewinnen will. Nur aus solchen Gefühlen heraus werden kleinmütige und kleinliche Gesinnungen überwunden.

Viele depressive Patienten kommen zum Arzt voller Zweifel, ob ihnen überhaupt noch geholfen werden kann. Medikamentöse Kuren sind heutzutage immer noch im Schwange, bewirken aber kaum je wesentliche Besserungen. Die Methode der Wahl ist in solchen Fällen die Psychotherapie. Der *Charakter* des Depressiven muß geändert werden, wenn er instand gesetzt werden soll, aus dem Leben etwas zu machen. Ein erster Schritt hierzu ist das Aufdecken der Ursprünge des ängstlich-geduckten-aggressiven Lebensstils. Sodann muß die ganze Einstellung zu Welt und Mitmensch sorgfältig durchgearbeitet werden. Der Depressive sieht so viel »falsch« und einseitig: überall holt er sich »Bestätigungen« für seine pessimistische und negativistische Lebensanschauung heraus. Viele Patienten sind regelrecht genial im Um-Interpretieren der Ereignisse und Situationen ihres Lebenslaufes: wo immer sie wollen, können sie Material für ihre passiv-resignative Grundstimmung herbeischaffen.

Heilung der Depression bedeutet: Erlernen von Beziehungsfähigkeit. Wenn man die Menschen nicht richtig liebhat, dann ist die Welt tatsächlich öde und leer. Interesse für die anderen ist eine Vorstufe für eine Standortgewinnung in diesem so schwierigen Leben. Wer andere verstehen und behandeln kann, fällt keiner Depression zum Opfer. Selbst wenn ihn das Leben hart anpackt, wenn er schwere und schwerwiegende Verluste erleidet, kann er sich an seinem Kontakt zu den Mitmenschen immer wieder festhalten. Hat der Depressive das begriffen, so kann er auf seine ängstlich-feindselige Lebenseinstellung verzichten. Er wird frei dafür, sich zu freuen und anderen Freude zu bereiten. Er gibt das »Beleidigtsein« auf und wird ein Mensch, der sich in die oft unfreundlichen Bedingungen dieses Daseins zu schicken weiß. Damit hilft er sich und den anderen: denn es nützt niemandem, wenn man jammert, wo es doch nottut, die Steine wegzuwälzen, die uns im Wege liegen!

Dichtung und Charakterkunde

Nachdem wir nun verschiedene Charakterzüge und ihren gesamtpersönlichen Lebenshintergrund zu veranschaulichen versucht haben, wollen wir die Ebene der nüchternen Beschreibung verlassen und die bereits weiter oben angedeutete Übereinstimmung der tiefenpsychologischen Menschenkenntnis mit den Charakterschilderungen der Weltliteratur an einigen Beispielen darstellen. Es darf uns nicht verwundern, daß die Menschencharakteristik hervorragender Dichter im wesentlichen die psychologischen Erkenntnisse der Gegenwart bestätigt. Der bedeutende Schriftsteller lauscht seine Gestalten und Figuren der Wirklichkeit ab; er versenkt sich mit unendlicher Bemühung in das Gemütsleben der von ihm erfundenen Figuren, deren Fühlen, Denken und Handeln er »mit dem eigenen Herzblut« lebendig macht. Die Anekdote, welche erzählt, daß ein Besucher den Romancier Balzac in Tränen angetroffen habe und als Erklärung hierfür den Ausruf vernahm, die Herzogin von Gramont sei gestorben (es gab keine solche Herzogin in vivo, nur *als Gestalt in einem von Balzacs Romanen!*), trifft recht gut das innere Beteiligtsein eines solchen Menschengestalters, der mit seiner ganzen Einsicht und Intuition um ein Verständnis des Menschen ringt. Die Psychologen sollten sich daher nicht schämen, bei den Dichtern hinsichtlich der Charakterkunde in die Schule zu gehen.

An einigen wenigen Beispielen sei nun zum Abschluß das charakterologische Wissen einiger Autoren der Weltliteratur zur Abrundung unseres Gedankenganges skizziert. Die »Helden« in einigen berühmten Dramen und Romanen sollen uns hierbei als Anwendungsmuster unserer charakterologischen Erkenntnis dienen. Dabei wird auch die Kunst des psychologischen Lesens eines literarischen Kunstwerks verdeutlicht — »schwierige Charaktere« verdienen unser Interesse im Leben wie in der Dichtung, da sich an ihnen die Problematik des Menschenlebens enthüllt.

Shakespeares »Othello« oder die Tragödie der Eifersucht

»Othello oder der Mohr von Venedig« ist eines der Dramen Shakespeares, die heute noch eine große Bühnenwirksamkeit besitzen. Es handelt sich um eine Charaktertragödie, die im Betrachter alle Affekte des Mitleids und Mitgefühls zu mobilisieren fähig ist; schon Shakespeares Zeitgenossen waren ergriffen vom Unglück des Mohren und seiner holdseligen Desdemona, und seither haben viele Generationen an diesem Stücke lebhaftesten Anteil genommen. Das Stück wurde am 6. Oktober 1604 in London zum ersten Male aufgeführt. Sein Stoff entstammte der italienischen Novellensammlung »Hecatomothi« des *Giraldo Cintio*, aber Shakespeare hat seine Vorlage in glanzvoller Weise umgeformt, so daß sie den Ansprüchen einer dramatischen Handlung in höchstem Maße Genüge tat. Gleich zu Beginn des Stückes werden große und verheerende Leidenschaften in Szene gesetzt. Jago, der Schurke und Heuchler, eröffnet das Spiel, indem er seinen Haß gegen Othello kundgibt, der ihn bei der Wahl zum Leutnant übergangen hat. Othello ist, wiewohl ein Mohr, General in venezianischen Diensten. Er hat für die Republik Venedig eine Reihe von Siegen erfochten und genießt als Truppenführer hohes Ansehen. Aber nichtsdestoweniger ist er ein zweitrangiger Mensch, ein Neger, der von der vornehmen Bürgerschaft zugleich bewundert und verachtet wird. Für Jago ist die Demütigung, daß statt seiner Michael Cassio zum Leutnant ernannt wurde, um so schwerer zu tragen, als »nur ein Mohr« sie ihm zugefügt hat. Er will Rache üben, und er beginnt sie damit, daß er dem Vater von Othellos geliebter Desdemona die Liebschaft zwischen diesen beiden verrät.

Schon die Empörung des Vaters über dieses Liebesverhältnis zeigt, daß Othello trotz seines militärischen Ruhmes ein sozial Deklassierter ist. Wohl war er im Hause Desdemonas gern geduldet gewesen, und wenn er seine Abenteuer erzählte, hörte ihm nicht nur die zukünftige Geliebte, sondern die ganze Familie des venezianischen Senators zu. Beim Erzählen seiner Leiden und Irrfahrten gewann er die Liebe von Desdemona, die ihn »allen schönen gelockten Lieblingen Venedigs« vorzog; vom Vater vor dem Dogen der Zauberei beschuldigt, schildert er schlicht und wahrheitsgetreu den Werdegang dieser Liebe, die er mit den schönen Worten zusammenfaßt:

»Sie liebte mich, weil ich Gefahr bestand,
ich liebte sie um ihres Mitleids willen.«

Nachdem Desdemona all dies bestätigt, bleibt dem Vater nichts anderes übrig, als sie dem »Mohren« zur Gattin zu geben. Es scheint ihm dies so widernatürlich, daß er noch in seine Zustimmung Fluch und Verurteilung einbezieht, dem Mohren wünschend, daß auch ihm gegenüber Desdemona so verräterisch sein solle wie gegen den eigenen Vater. Othello lacht darüber, aber die Worte des Vaters, der diese Liebe als »Unnatur« charakterisiert, werfen ein helles Licht auf seine prekäre menschliche Situation in Venedig, das ihm als Feldherrn zu so viel Dank verpflichtet ist:

»Ein Mädchen, niemals keck
so still und schlicht von Geist, daß jede Regung
sie schamrot machte; und sie — der Natur,
den Jahren, Land, dem Ruf zum Trotz und allem —
verliebt in das, wovor ihr Auge graust!
Nur ein verkrüppelt ungesundes Urteil
glaubt, daß Gesundheit so abirren kann
von allen Regeln der Natur.«

Othello ist im Stück bereits ein älterer Mann, ruhmbedeckter General der venezianischen Truppen. Nichts ist über ihn bekannt, wie er bis anhin Liebe und Eros in sein Leben einbezogen hat: das »Geschäft der Waffen« scheint sein hauptsächliches Anliegen gewesen zu sein. Nun verliebt sich dieser alternde Mann mit ungeheurer Leidenschaftlichkeit in die zarte und liebreizende Desdemona. Er findet in ihr eine Dimension seines Daseins, die ihm offenbar bis anhin gefehlt hat. Sein liebloses, von Kampf erfülltes Leben würde nun mit einem Male hell und transparent: eine neue Ordnung kommt in sein Leben hinein, der »ordo amoris«. Gemessen an diesem war alles frühere »Chaos«, wie Othello selber sagt:

»Holdselig Ding! Unheil ergreift meine Seele,
lieb ich dich nicht. Und wenn ich dich nicht liebe,
dann kehrt das Chaos wieder.«

In dieser Liebe steckt bereits der Keim des Unheils, denn Othello als Deklassierter hat innerlich nicht genug Selbstachtung, um wahrhaft lieben zu können. Seine Gefühle, durch ein militärisches Leben in Dumpfheit und Unsicherheit geblieben, sind so absolut, daß sie an den Zufälligkeiten und Disparatheiten des alltäglichen Lebens scheitern müssen. Jagos Plan ist relativ einfach und unkompliziert. Er will Othello eifersüchtig machen, was ihm so leicht und mühelos gelingt, daß der Betrachter an Othellos feste und sichere Liebe kaum glauben kann. Othello ist stärker im Verdächtigen als im Lieben; die Einflüsterungen des Jago müssen bei ihm auf ein inneres Entgegenkommen stoßen, auf eine Persönlichkeitsstruktur, die an Liebe viel weniger glaubt als an Verrat. Mit einem Wort: Othello ist ein paranoider Charakter, sein latenter Verfolgungswahn wird durch Jago geschickt in ein offenes Wahngeschehen übergeleitet.

Der Paranoiker ist ein Mensch, der in seinem ganzen Leben keine intimen menschlichen Beziehungen aufrechterhalten konnte. Im tiefsten Grunde seines Herzens lebt daher eine Angst vor der Intimität: wenn er eine derartige Beziehung eingeht, bringt er in sie trennende Tendenzen wie Unsicherheit, Mißtrauen, Negativismus mit. Othello hat so viel Verachtung seiner Person erlebt, daß er sich innerlich gar nicht als liebenswert sieht. In diesem großen und starken Mann schlummert ein ängstliches Kind, das Angst hat, von der Geliebten verstoßen zu werden. Jago bedarf nicht vieler Worte, um Cassio, Othellos Leutnant, als einen Liebhaber zu verdächtigen, dem Desdemona ihre Gunst erwiesen hat: die unglückselige Verstrickung will es, daß Desdemona sich in eben diesem Zeitpunkt für Cassio lebhaft verwendet, da dieser wegen Jagos Machinationen bei Othello in Ungnade gefallen ist. So vereinigen sich denn alle Umstände, um die unschuldige Desdemona als schuldig erscheinen zu lassen, und Othello, eben noch glückselig verliebt, fällt den Qualen der Eifersucht zum Opfer. Für ihn beginnt eine Art »Weltuntergang«, den er folgendermaßen beschreibt:

> »O nun auf immer
> fahr hin geruhiger Sinn, fahr hin mein Friede!
> Fahrt hin helmbuschige Scharen, stolzes Heer,
> das Ehrgeiz macht zur Tugend, o fahrt hin!
> Fahr hin du wiehernd Roß, du Sturmfanfare,
> herzhebende Trommel, ohrdurchbohrende Pfeife,
> fürstlich Panier und alle Eigenschaft,
> Pracht, Pomp und Beiwerk des berühmten Kriegs!
> Und o, tödlich Geschütz, des rauhe Kehle
> nachgemacht des ewigen Zeus entsetzlich Tosen,
> fahrt hin, Othello hat sein Werk getan.«

Wir haben heute Grund genug anzunehmen, daß ein Wahn dann ausbricht, wenn für einen innerlich sehr isolierten, vereinsamten Menschen eine wesentliche menschliche Beziehung zusammenbricht. Für Othello ist dies der Fall, wenn er nicht mehr an Desdemona glauben kann. Sein Zweifel an ihr leitet zu einer Verzweiflung über, in deren Erschütterung sein schwankendes Selbstwertgefühl ganz vernichtet wird. Bekannt ist die Fähigkeit der Paranoiker, aus kleinen Details unzählige Schlußfolgerungen abzuleiten — die Verfolgungsidee manifestiert sich u. a. darin, daß mit detektivischem Scharfsinn Kombinationen angestellt werden, die das vorausgesetzte Mißtrauen bekräftigen sollen. Dies wird von Jago im Falle des Tüchleins ausgenützt, das Othello seinerzeit Desdemona als erste Liebesgabe geschenkt hat. Dieses Tüchlein hat Desdemona immer wie einen Schatz bewahrt; nach Aussage ihrer Kammerzofe Emilia herzt sie es und küßt es immer und spricht zu ihm wie zu einem lebendigen Wesen.

Dieses Tuch verliert Desdemona gerade in dem Augenblick, wo der bereits eifersüchtige Othello ihr grundlos Vorwürfe macht: eine klassische »Fehlleistung«, indem die Lockerung des Liebesbandes auch die Beziehung zur Liebesgabe beeinträchtigt, die einstmals zur Besiegelung des Liebesbundes diente. Nun wird Emilia dieses Tüchlein dem Jago übergeben, der schon lange danach Verlangen trug; und Jago spielt es dem Cassio zu, sozusagen als Beweisstück, daß Desdemona mit des Mohren Liebespfand leichtfertig ihren Geliebten beschenkte, der es nun an eine Hure weitergibt.

Für Othellos paranoisches Gemüt genug der Beweise, um alle Liebe in sich ersterben zu fühlen. Der Übergang in den Wahn ist in diesem Stück prachtvoll gekennzeichnet. Für Othello, der eben noch in Glanz und Glück und Liebe gelebt hat, geht eine Welt unter; schauerliche Phantasien des Ekels suchen ihn heim, seine Phantasietätigkeit entartet ins Widerwärtig-Untermenschliche, ins Abscheuliche. Der Schauspieler muß hier Othello darstellen als einen Menschen in Panik, als einen Atemlosen, dem die Luft abgeschnürt wird. Othello sagt über seinen Zustand:

»Doch wo mein Herz ich aufgespeichert, wo
ich leben mußte, sonst mein Leben lassen —
der Quell, aus dem mein Fluß sein Wasser nimmt,
sonst trocknet er — dort weggestoßen sein,
wenn nicht als Pfuhl ihn schaun für ekler Kröten
Knäuel und Gehecke! — Da verfärb dein Antlitz,
Geduld, du junger rosenlippiger Cherubim,
Da schau so wie die Hölle grimm.«

Die Reaktion des Menschen auf Angst und Panik ist Wut, und die paranoische Wut ruht erst dann, wenn ihr Gegenstand und Anlaß vernichtet ist. Othello hat im Laufe seines gedemütigten und erniedrigenden Lebens Haßgefühle genug in sich aufgespeichert, um nun alle Regungen der Zärtlichkeit in sich ersticken zu können. Jetzt steht der Entschluß für ihn fest, Desdemona zu töten. Der Dichter hat die nun folgende erschreckende Handlung für den Zuschauer doppelt schmerzlich gemacht, indem er die Unschuld Desdemonas eindrücklich hervorzuheben weiß. Sie liebt den Mohren ungeachtet seiner eifersüchtigen Grobheit, seiner Verdächtigungen, seiner Brutalität. Sie ist so unschuldig, daß sie sich Treulosigkeit gar nicht vorstellen kann: sie wird Emilia tadeln, daß diese einen Treubruch nicht nur imaginieren, sondern eventuell sogar begehen könnte. Und sie wird Othello noch im Tode lieben, so daß sie — schon verröchelnd — der herbeieilenden Emilia sagen wird, sie selber habe sich das Leben genommen.
Noch möchte der Zuschauer annehmen, daß Othello durch den Liebreiz und die Unschuld seiner Gattin aus dem »Teufelskreis« ausbrechen kann, den seine Wahngedanken um ihn gezogen haben, aber der Mohr hat das Gesetz des Handelns nicht mehr in der Hand. Wie eine Marionette wird er von Jagos Einflüsterungen in allen seinen Bewegungen gelenkt. Und so entschließt er sich zum Mord am Liebsten, das die Erde für ihn trägt, um im Tode die Einheit mit Desdemona zu finden, die er im Leben verloren gab.

»Erst küßt ich dich, dann würgt ich dich, ich muß
mich selber töten, und ich sterb im Kuß.«

So finden ihn denn Emilia, der venezianische Gesandte und die Bürger Zyperns an der Leiche der Geliebten, wo durch Emiliens Geständnis klarwird, daß Desdemona unschuldig und Jago ein heuchlerischer Verleumder war. Othello erkennt, daß er in schauerlichster Weise gefehlt hat, und da er getötet hat, kann er seinen Fehler nicht mehr gutmachen. Im ungeheuren Schmerz bekennt er seine Schuld und bittet darum, der Stadt Venedig von seinem Unglück zu berichten:

»Ich bitt euch, in den Briefen,
wenn ihr von diesem Unheil Kunde gebt,
sprecht von mir, wie ich bin, verringert nichts,
stellt nichts böswillig hin. Dann müßt ihr sprechen
von einem, der nicht klug, doch zu gut liebte,
nicht leicht in Eifersucht, doch wenn ergriffen,
zerrüttet war aufs äußerste; des Hand,
dem schnöden Manne gleich, die Perle wegwarf,
reicher als all sein Stamm; des überwältigt Auge,
schmelzender Stimmungen sonst ungewohnt,
von Tränen träuft, so wie Arabiens Bäume
ihr heilsam Harz.«

Nach diesen Worten richtet er sich selbst, und so endet die Tragödie der Schurkerei und Eifersucht mit dem Tode aller, die in sie verstrickt waren. Für den Zuschauer wird während des Ablaufes der gewaltigen und gewaltsamen Ereignisse klar, wie sehr der Mensch in seinen Gedanken und Mutmaßungen von der Realität abirren kann, wie kostbar das menschliche Leben ist und wie kompliziert alle menschlichen Beziehungen sind, an deren Bestand unser Glück und Unglück hängt. Besonders tiefgründiger Einblick jedoch wird gewonnen in die Seele jener Selbstverächter, die infolge eines Mangels an Selbstliebe an die Liebe der anderen nicht glauben können: Othello ist die Tragödie der Eifersucht eines Menschen, der durch einen zufälligen Makel (Hautfarbe) außerhalb der »Normalwelt« gestellt ist. *Max Frisch* hat dies in seinem »Tagebuch« vortrefflich kommentiert: »Was uns an Othello erschüttert, ist nicht seine Eifersucht als solche, sondern sein Irrtum: er mordet ein Weib, das ihn über alles liebt, und wenn dieser Irrtum nicht wäre, wenn seine Eifersucht stimmte und seine Frau es wirklich mit dem venezianischen Offizier hätte, fiele seine ganze Raserei (ohne daß man ein Wort daran ändern müßte) unweigerlich ins Komische; er wäre ein Hahnrei, nichts weiter, lächerlich mitsamt seinem Mord.
Warum übrigens ein Mohr?
›Othello oder Der Mohr von Venedig‹ heißt der ganze Titel. Othello ist in erster Linie nicht ein Eifersüchtiger, sondern ein Mohr, also ein Mensch aus verachteter Rasse. Sein persönlicher Erfolg, den er soeben errungen hat, ändert nichts an seinem verwundeten Selbstvertrauen. Man achtet ihn zwar: obschon er ein Mohr ist. Es bleibt das Obschon, das er spürt, es bleibt seine andere Haut. Er leidet an seinem Anderssein; hier wurzelt die Tragödie, scheint mir, und so entwickelt sie

sich auch. Noch handelt es sich nicht um Eifersucht; hinter allem, wie ein Schatten, steht jenes Gefühl von Minderwert, und der Mohr ist ehrgeizig, wie wir es alle sein müssen in dem Grad, als wir Mohren sind. Der einzige, der dafür eine Nase hat und die Wunde wittert, ist der verwundete Jago, dessen erste Worte, soviel ich mich erinnere, Worte eines verletzten Ehrgeizes sind. Er wie kein anderer weiß, wie er den erfolgreichen Mohren vernichten kann: durch seine eigene Mohrenangst, seine Angst vor dem Minderwert. Mit diesem Gefühl muß Jago arbeiten, wenn er sich rächen will, und das will er ja. Das allgemeinste Gefühl von Minderwert, das wir alle kennen, ist die Eifersucht, und der Griff auf beide Tasten, den Shakespeare hier macht, ist ungeheuer. Er deutet das eine mit dem andern. Das besondere, scheinbar fremde Schicksal eines Mannes, der eine andere Haut oder eine andere Nase hat, wird uns erlebbar, indem es in einer verwandten Leidenschaft gipfelt, die uns bekannt ist; die Eifersucht wird beispielhaft für die allgemeinere Angst vor dem Minderwert, die Angst vor dem Vergleich, die Angst, daß man ein schwarzes Schaf sei —.«

Balzacs »Eugénie Grandet«

Balzacs Lebenswerk, »Die menschliche Komödie«, breitet in seinen zahlreichen Bänden eine Fülle von psychologischen Beobachtungen vor dem Leser aus, deren Prägnanz stellenweise unüberbietbar ist. Es war das Anliegen des großen französischen Romanciers, in seinem Werk ein Porträt der menschlichen Gesellschaft zu gestalten. Ähnlich wie der Naturforscher Buffon in seinem umfassenden enzyklopädischen Abriß alle Gattungen des Tierreiches geschildert hatte, wollte Balzac die Charaktere und Lebensformen der Menschen gesamthaft in seinem gewaltigen Gemälde seiner Epoche festhalten. Er schuf damit eine Welt von Romanfiguren, die eine gewisse Kohärenz besitzt. In vielen seiner Erzählungen tauchen dieselben Gestalten auf: der Autor verfolgt ihre und ihrer Familie Schicksale und gibt sich erst zufrieden, wenn sein Kunstwerk als Mikrokosmos den Makrokosmos der bürgerlichen Gesellschaft widerspiegelt. Dieses Kunstprinzip, durch eine Serie von Romanen eine Gruppe von Menschen gemäß ihrem inneren Wesensgesetz agieren zu lassen, ist von anderen Autoren (z. B. Zola) später kopiert worden. Kaum einer hat jedoch die Überzeugungskraft und Lebendigkeit erreicht, die aus den Tausenden von Seiten des Balzacschen Werkes entgegenleuchten.
Der Roman »Eugénie Grandet« zeigt Balzac auf dem Gipfel seiner Schaffenskraft. Dem Titel nach würde man annehmen,

daß es sich um einen Frauenroman handelt. Aber hierin liegt nicht das Wesentliche. Balzac ging von einer atomistischen Psychologie aus, wonach jeder Mensch durch einen Haupttrieb oder durch eine »Leidenschaft« bestimmt wird. In diesem Sinne handeln viele seiner Bücher von irgendeiner Triebmotivation, die in einem oder mehreren Menschen wirksam ist. Balzac ist zutiefst durchdrungen von der Kontinuität solcher triebhafter Motive im Menschen. Wer im Sexus, in der Delinquenz, in der Kunst, in der Eitelkeit, in der Religiosität seinen Haupttrieb hat, wird durch sein ganzes Leben hindurch immer so handeln, daß dieser Trieb befriedigt wird, selbst wenn andere Antriebe dabei zu kurz kommen. Der Mensch lebt und stirbt für seine Leidenschaften — das ist eine der Lehren, die der Psychologe Balzac immer wieder verkündet.

»Eugénie Grandet« nun umkreist das Thema »Geiz«. Die Psychologie des geizigen Menschen, zu der schon Molière in seinem Lustspiel (»Der Geizige«) einen unsterblichen Beitrag geleistet hat, wird hier um wesentliche Aspekte bereichert. Balzac hat viele Geizkragen in seiner Romanserie abkonterfeit. Das ist vielleicht kein Zufall. Wer es unternimmt, die bürgerliche Gesellschaft zu malen, wird oft auf den Typus des Geldmenschen stoßen. In der bürgerlichen Welt ist Geld ein Symbol für Macht. Im allgemeinen Wettbewerb um Reichtum und wirtschaftliche Superiorität wird das Geld zum Götzen, den jeder anbetet. Daher darf der Geizige in einem Gesamtbild des bourgeoisen Zeitalters nicht fehlen. Balzac selbst sagt über diese Problematik: »Daraus erwächst vielleicht die fabelhafte Neugier, welche die Geizigen erregen ... Jeder hängt durch einen Faden mit diesen Gestalten zusammen, welche alle menschlichen Gefühle berühren, indem sie sie alle zusammenfassen. Wo ist der Mensch ohne Wünsche, und welcher soziale Wunsch läßt sich ohne Geld verwirklichen?«

Wir folgen zunächst der Darstellung des Dichters, um zu erkennen, wieviel er von der Psychodynamik des Geizes begriffen hat. Balzacs Roman führt uns nach Saumur, einem kleinen französischen Städtchen. In Saumur liegt das Haus des Böttchers Grandet, der mit seiner Frau und seiner Tochter Eugénie (die beim Beginn des Romans 23 Jahre alt wird) in behaglichen Umständen lebt. Grandet hat sich nach der Revolution von 1789 und im Kaiserreich tüchtig zu bereichern gewußt. Durch eine Anzahl geschickter Spekulationen ist er zu einem schwerreichen Mann geworden. Er besitzt Weinberge, landwirtschaftliche Betriebe, ein Schloß und sehr viel Geld. Aber davon merkt man seinem Lebensstil nichts an. Er, der sich aus kleinen Verhältnissen emporgearbeitet hat, lebt immer noch wie ein einfacher, armer Handwerker. In seinem dunklen, kargen Hause wird jede Ausgabe gescheut, denn der reiche und geizige Grandet kennt nur einen einzigen Wunsch: noch reicher zu werden.

Diese Sucht verändert, wie Balzac weiß, Grandets physiognomischen Aspekt und seine Mimik: »Der Blick eines Menschen, der gewohnt ist, ungeheure Zinsen aus seinem Kapital zu ziehen, *muß* notwendigerweise wie der des Lüstlings, des Spielers oder des Höflings gewisse kaum definierbare Eigenschaften annehmen: er wird gierig, lauernd, geheimnisvoll wie die Bewegungen dieser Menschen, die von ihren Gesinnungsverwandten sehr wohl durchschaut werden.« Grandets Geiz führt auch dazu, daß er sogar sparsam mit Worten wird. Die Kampfstellung gegen die Umwelt wird auch durch ein den Zuhörer ermüdendes Stottern unterstrichen: auch beim Sprechen gibt der Geizkragen nur wenig oder gar nichts her. Da er immer alle Trümpfe in der Hand behalten will, will er sich nie festlegen; seine Lieblingsredensarten sind: »Ich weiß nicht, ich kann nicht, ich will nicht, wir werden noch sehen.« Hören wir Balzacs Schilderung der Physiognomie dieses hartgesottenen, machtgierigen Menschentypus: »Die Augen hatten jenen starren, verschlingenden Blick, den das Volk den Basilisken zuschreibt . . . Das ganze Gesicht sprach von gefährlicher Schlauheit, von Redlichkeit ohne Herzenswärme, von der Selbstsucht eines Menschen, der gewohnt war, jedes herzliche Gefühl auszuschalten, sich nur am Golde zu freuen und an dem einzigen Wesen, das etwas für ihn bedeutete, seiner Tochter Eugénie, der einzigen Erbin. Haltung, Manieren und Gang — alles bekundete diesen Glauben an sich selbst, der häufig Menschen eignet, denen wenig fehlgeschlagen ist. Trotz seines unauffälligen, ruhigen Wesens hatte Herr Grandet einen eisernen Charakter.«

Alles, was Grandet unternimmt, ist auf den Gesichtspunkt der Bereicherung hin orientiert. Die Ernährung im Hause, die Heizung im Winter, die Heiratspläne für die Tochter: alles ist in das Gelddenken einbezogen. Auch zum Geburtstag erhält Eugénie von Kindheit an immer dasselbe, nämlich ein seltenes Goldstück. Sie muß diese ständig wachsende Goldstück-Sammlung jeweils vorzeigen, wobei der Vater Stück für Stück wohlig in die Hände nimmt. Auch Frau Grandet empfängt gelegentlich von ihrem Gatten ein »Nadelgeld« für ihre Näharbeiten; davon kann sie jedoch nur einen Teil für ihre Zwecke verwenden, den Rest »borgt« sich Grandet bald wieder, da er sich ständig knapp an Geld fühlt.

Die Erzählung beginnt damit, daß die 23jährige Eugénie von zwei Bewerbern umschwärmt wird, die zur Geldaristokratie der Provinz gehören und vermutlich ebensosehr Grandets Vermögen wie die schüchterne und herbe Eugénie heiraten wollen. Die Chancen der beiden Provinzmagnaten schwinden jedoch dahin, als Eugénies Cousin aus Paris zu Besuch kommt. Dieser Sohn von Grandets Bruder, einem Pariser Finanzmann, wird nach Saumur geschickt, weil sein Vater Bankrott erklären muß – nach Saumur kommt dann auch die Nachricht, daß sich der Bankrotteur erschossen hat. Der junge Charles stößt zumindest bei den Frauen des Hauses Grandet auf Mitleid. Er ist nun völlig verarmt und soll nach dem letzten Ratschlag seines Vaters nach Indien fahren, um sich dort ein eigenes Vermögen zu erwerben. Grandet betrachtet den Zusammenbruch der Geschäfte seines Bruders als kühler Rechner; er findet sogar einen Ausweg, durch geschicktes Manipulieren den Ruf des Familiennamens zu retten, ohne einen Franken dafür zahlen zu müssen.

In Eugénies dürftiges Leben fällt durch die Anwesenheit von Charles zum ersten Mal der Lichtstrahl der Liebe. Sie bewundert den großstädtisch gekleideten Cousin, der ihr an Lebenskunst grenzenlos überlegen ist. Es entspinnt sich eine zarte Liebschaft zwischen den beiden jungen Leuten, die der Vater widerwillig duldet, da er ohnehin weiß, daß Charles in wenigen Tagen verreisen wird. Da der junge Mann gar keine Geldmittel mehr hat und auch von seinem reichen Onkel nichts erwarten darf, übergibt Eugénie heimlich dem Abreisenden alle ihre sorgsam gesparten Goldstücke. Sie empfängt hierfür ein zierliches, goldbeschlagenes Kästchen, gleichsam als Erinnerung und Pfand für einen kaum ausgesprochenen Liebesschwur – Charles soll eines Tages zurückkehren, und sie wird auf ihn warten.

Nun setzt der Alltag in Saumur wieder ein. Eugénies Geburtstag naht, und sie wird wieder ein Goldstück vom Vater empfangen. Bei dieser Gelegenheit will er sich wiederum den kleinen Schatz seiner Tochter zeigen lassen und erfährt das Ungeheuerliche: Eugénie hat ihr Gold weggegeben. Die Mutter, die das zunächst zu hören bekommt, wird vor Schreck geradezu krank. Sie kennt ihren Gatten genau genug und weiß, was ihm Geld und Besitz bedeuten. Nun kann mit allen möglichen Tricks die Stunde der Goldstückschau wohl hinausgeschoben, aber nicht gänzlich eliminiert werden. Der alte Grandet wird bleich vor Wut und Ärger – er verurteilt seine Tochter dazu, bei Wasser und Brot auf Monate hinaus in ihrem Zimmer zu verbleiben. Frau Grandet, die kümmerlich jahrzehntelang neben ihrem gefühlskargen Mann dahingelebt hat, wird ob dieser Härte regelrecht schwer krank und siecht dahin – einige Monate später stirbt sie. Grandet ist wohl erschüttert, aber sein Charakter ändert sich nicht. An dieser Stelle äußert Balzac eine feinsinnige psychologische Bemerkung, die es verdient, in aller Ausführlichkeit zitiert zu werden: »Er (Grandet) war nun im sechsundsiebzigsten Lebensjahr. Besonders seit zwei Jahren war es mit seinem Geiz viel schlimmer geworden — es pflegt mit allen beharrlichen Leidenschaften so zu sein, daß sie ständig wachsen. Man kann bei Geizhälsen, bei maßlos Ehrgeizigen und bei allen andern Menschen, die ihr Leben unter eine einzige Idee stellen, immer wieder beobachten, daß sie ihr Herz an irgendein Sinnbild ihrer Leidenschaft hängen: Grandets Manie war der Anblick und Besitz des Goldes. Im selben Maße wie sein Geiz war auch seine Herrschsucht gewachsen.«

Nun ist durch den Tod der Frau die Tochter Eugénie zur Miterbin des Frauenvermögens geworden. Aufteilung seiner Güter ist für Grandet ein unerträglicher Gedanke. Er versöhnt sich schnell mit Eugénie, die dann auch bereit ist, den Vater an ihrer Statt die Mutter beerben zu lassen. Hierauf stützt sich der Alte mehr und mehr auf seine Tochter, die er in seine Geschäfte einweiht. Eugénie übernimmt die Herrschaft im Hause. Als einige Jahre darauf der Vater auch stirbt, erbt sie ein Millionenvermögen und ist durchaus in der Lage, dieses zu verwalten. Das Erstaunliche ist nun, daß die Tochter, die so sehr an den Engen und Eigenheiten des väterlichen Charakters litt, sich selbst dieser Charakterstruktur annähert. Sie wird hart, kühl und geschäftstüchtig. Charles kommt nach manchen Jahren aus Indien zurück, wo er sich mit allerlei Handel — auch Sklavenhandel — gewaltig bereichert hat. Da er Eugénies Vermögensverhältnisse nicht kennt, wird er nicht sein ehemals leichtfertig gegebenes Versprechen halten: er heiratet eine Aristokratin, die ihm einen Adelstitel in die Ehe mitbringt. Die seinerzeit entliehenen Goldstücke wird Eugénie zurückerhalten.

Nach dieser Enttäuschung zieht sie alle Hoffnung auf Glück und Liebe zurück und heiratet einen Provinz-Notabel, der grundsätzlich auf jede eheliche Zärtlichkeit bei ihr verzichten muß. Sie beerbt auch diesen Mann, der eigentlich hoffte, sie zu beerben. Noch reicher geworden, heiratet sie ein zweites Mal: wiederum glücklos und ohne jegliches Gefühl. Auch diesen Gatten überlebt sie und vergrößert nochmals ihr ohnehin kaum mehr überschaubares Vermögen. Balzac schreibt über den Lebensabend dieser unglückseligen Frau:

»Trotz ihrer achthunderttausend Franken Rente lebte sie, wie die arme Eugénie Grandet gelebt hatte: sie ließ nur heizen an den Tagen, an denen ihr Vater früher erlaubte, im Saal Feuer anzulegen, und sie ließ es ausgehen nach demselben Programm, das in ihren jungen Jahren maßgebend war. Angezogen war sie wie ihre Mutter. Das Haus in Saumur, jenes Haus ohne Sonne, ohne Wärme, das dauernd im Schatten lag, immer düster und schwermütig aussah, war das Abbild ihres Lebens. — Sie häufte ihre Einkünfte sorgfältig zusammen und wäre manchem reichlich sparsam erschienen, wenn sie nicht aller bösen Nachrede durch gewaltige Spenden vorgebeugt hätte... Dieses edle Herz, das nur der wärmsten, innigsten Gefühle fähig war, wurde also geknickt durch Berechnungen und Geschäftsinteressen eigennütziger Menschen. Das Geld hatte seinen fahlen Glanz auf dieses fromme Dasein geworfen und in das Herz einer Frau, die nur Liebe kannte, die nichts als Liebe war, Mißtrauen gegen alle menschlichen Gefühle gesät.«

So ist eigentlich Balzacs »Eugénie Grandet« sowohl eine Studie über den Charaktertyp des Geizigen wie über das Geld und seine korrumpierende Funktion in der bürgerlichen Gesellschaft. Differenzierte psychologische Beobachtungen wechseln sich in diesem Text mit romanhaft vorgetragenen Gesellschaftsanalysen ab, die heute noch ihre Aktualität besitzen. Wie tiefgründig ist etwa jene Bemerkung über den alten Grandet: »Er ging zu keinem Menschen, wollte weder Besuch empfangen noch Gastereien veranstalten, er machte niemals Lärm und schien mit allem zu sparen, selbst mit der Bewegung.« Man hat bei diesen wenigen Worten die ganze Phänomenologie des Geizes vor Augen.

Aber der individuelle Geizhals kann nur verstanden werden auf dem Hintergrund einer Gesellschaftsordnung, die im Geld einen Götzen verehrt und alle menschlichen Werte — Liebe, Großherzigkeit, Solidarität, schöpferische Kraft — an den schnöden Mammon verrät. Wiewohl Balzac politisch reaktionär war (wie oft verherrlicht er in seinen Werken Napoleon!), leistete er mit seiner »Comédie humaine« einen wichtigen Beitrag zum Verständnis der bourgeoisen Welt, womit implizite auch Wege eröffnet werden, diese teilweise inhumane Gesellschaftsstruktur zu überwinden. Wir verehren in Balzac einen der größten Romanschriftsteller der Neuzeit. Als Menschenschilderer ist er stellenweise unübertroffen. Dostojewski, ihm in der erzählerischen Kraft ebenbürtig und in der psychologischen Charakterdurchdringung noch überlegen, hat »Eugénie Grandet« ins Russische übersetzt. 1838 schrieb er an seinen Bruder, er habe fast den ganzen Balzac gelesen. Dabei fallen die bewundernden Worte: »Balzac ist groß. Seine Charaktere sind Schöpfungen eines weltumfassenden Geistes! Nicht der Zeitgeist, sondern ganze Jahrtausende haben in ihrem Ringen in der Seele des Menschen eine solche Entwicklung und Lösung gezeitigt!«

Oscar Wilde: »Das Bildnis des Dorian Gray«

Oscar Wilde ist einer der großen englischen Schriftsteller des 19. Jahrhunderts, berühmt durch seine Gedichte, seine

Märchen, seine Lustspiele, seine Erzählungen und seinen Roman »Dorian Gray«. Vielleicht noch bekannter als durch seine dichterischen Leistungen ist er durch die Tragödie seines Lebens. Um dieses Leben, das in Dunkelheit und Verelendung endete, hat sich eine Art Legende gebildet: man weiß, daß der allseits bewunderte Autor durch einen Prozeß mitten aus seinem Ruhm herausgerissen wurde und mit einem Schlag im puritanischen England der Einsamkeit und Schande verfiel, weil er homosexuell war. Da Homosexualität in England ein strafbares Delikt darstellte (wie in anderen Ländern), wurde Oscar Wilde, der gefeierte Dichter, für zwei Jahre in ein Zuchthaus eingesperrt; und dieser Aufenthalt, verbunden mit dem Verlust der gesellschaftlichen Achtung, ließ seinen schöpferischen Elan erlahmen, so daß nach der Episode im Gefängnis zu Reading seine schriftstellerische Potenz versiegte. Noch einmal gelingt ihm ein künstlerisches Meisterwerk in seiner »Ballade aus dem Zuchthaus von Reading«, worin er einen zum Tode Verurteilten mit großartiger Einfühlung zu schildern weiß; mit prachtvollen Versen erhebt er Anklage gegen Justiz und Gesellschaft, die Verbrechen aus Wahnwitz (jedes Verbrechen geschieht im Grunde aus Wahnwitz) mit Verbrechen aus Berechnung zu sühnen versuchen (denn auch die Todesstrafe ist Mord!). Nach diesem letzten Aufflackern seines Genies ist es mit Oscar Wilde zu Ende: er lebt noch einige Jahre in ruheloser Wanderschaft, er pumpt Geld von seinen Freunden von anno dazumal, die es nun nicht mehr sein wollen, er trinkt und versumpft in den Lasterhöhlen der Städte Europas und Nordafrikas, er ist nur noch im Schatten des früher gefeierten Künstlers, von dem die Welt feinsten Ästhetizismus und herrlichste Sprachbegabung zu rühmen wußte.

Wilde ist heute ein wenig in Vergessenheit geraten. Gelegentlich spielt eine Bühne noch seine geistreichen und witzigen Komödien; seine lyrische Dichtung »Salome« hat in einer Opernfassung immer noch Heimatrecht im musikalischen Repertoire unserer Opernhäuser. Und doch würde man Oscar Wilde unrecht tun, wenn man ihn nur noch als »Historie« ansehen würde. Er hat auch uns Heutigen noch viel zu sagen, nicht zuletzt durch seinen »Dorian Gray«, eventuell noch viel mehr zu sagen durch seine Abhandlung »Die Seele des Menschen unter dem Sozialismus«, durch die erwähnte »Zuchthaus-Ballade« und durch seine tiefgründigen Aphorismen.

»Dorian Gray«, um 1890 erschienen, soll uns an dieser Stelle vorzüglich interessieren. Dieser Roman ist ein Stück Lebensbeichte und kann dazu beitragen, das Schicksal dieses Genial-Unglücklichen besser zu verstehen. Zur Deutung dieses Romans ist anzumerken, daß Oscar Wilde im London jener Zeit ungemein beliebt als Gesellschafter, ungemein verrufen als Liebhaber schöner Jünglinge war. Man erzählt, daß manche Gastgeber auf ihren Einladungen notierten: »Kommen Sie, Oscar Wilde wird anwesend sein!« Hinreißend soll seine Gabe des Gespräches gewesen sein. Er konnte ganze Gesellschaften bezaubern durch seine Wortakrobatik, durch spielerische Sentenzen, durch ein Amüsement, das Tiefsinn in sich barg. Aber dieser vielgeliebte Salonlöwe trieb sich mit jungen Männern herum, die er vergötterte, als ob sie himmlische Wesen wären; auch im Abschaum der Hafenquartiere fand er seine Gespane, mit denen er Wollust verknüpft mit Erniedrigung auskosten konnte. Die Jahre vor dem »Prozeß« waren erfüllt von einer Liebesaffäre mit dem jungen Lord Douglas, den Oscar Wilde maßlos überschätzte; der Vater des Lords beleidigte ihn in bezug auf seine Homosexualität, worauf Wilde den Prozeß gegen ihn anstrengte, den er verlor. So brachte ihn seine pervertierte Leidenschaft ins Gefängnis, aus dem er den großartigen *Brief aus Kerker und Ketten* (80 Seiten umfassend) an den geliebten Jüngling schrieb, der sich seinetwegen nicht viel Kopfzerbrechen machte. Dennoch vereinte die Haftentlassung wiederum das ungleiche Paar, welches gemeinsam auf Reisen ging, bis dann die Zerrüttung und der Verfall den Tod des Dichters herbeiführten.

Man muß diesen persönlichen Hintergrund kennen, wenn man »Dorian Gray« verstehen will. Schon der Auftakt dieses Romans ist eine homosexuelle Situation. Ein Maler (Basil Hallward) hat einen Jüngling entdeckt, der von adonishafter Schönheit ist. Er malt diesen jungen Mann in verschiedenen Kostümen, bis er zuletzt ein Porträt von ihm verfertigt. Dieses ist von eigenartiger Schönheit, ein getreues Ebenbild des Jünglings, der Dorian Gray heißt. Ein Freund des Malers (Lord Henry) bewundert das Bild und wünscht, das Original kennenzulernen. Nur widerstrebend stellt Hallward »seinen« Dorian dem als Lebemann und Zyniker verschrieenen Lord Henry vor und muß sogleich erleben, was er befürchtet hat: Lord Henry gewinnt mit seinen souverän-witzigen Anmerkungen sofort die Sympathie Dorians, es entsteht sozusagen eine »Freundschaft auf den ersten Blick«. Lord Henry ist ein Spötter, unglücklich verheiratet, offensichtlich kein Liebhaber des »schönen Geschlechts«; er wird nicht als homosexuell geschildert, aber nach allen Andeutungen könnte er es ohne weiteres sein.

Noch ist Dorian Gray ein unschuldiger Jüngling, um den ein Hauch von Weiblichkeit und Anmut liegt, wie ihn die Homosexuellen an ihren jungen »Freunden« lieben. Aber diese Natürlichkeit wird schon durch das Bildnis zerstört, das Hallward von Dorian gemalt hat: indem der Jüngling seine bezwingende Schönheit erkennt, wird er seiner Spontaneität beraubt und erkrankt innerlich an einer Eigenliebe, an der er später zugrunde gehen wird.

Hier hat der Dichter ein romantisches Motiv eingeschaltet, das in der Literatur wohlbekannt ist. Oft hat die Romantik das Problem des »Seelenbildes«, des »Schattens« zum Gegenstand ihrer Darstellungen gemacht. In »*Peter Schlemihls wundersamer Geschichte*« von *A. von Chamisso* verkauft der unglückliche junge Mann seinen Schatten an den Teufel und verliert damit Glück und Beständigkeit im Leben. *R. L. Stevenson* hat ein ähnliches Motiv, entsprechend dem Zeitalter der heraufkommenden Naturwissenschaften, in einen chemischen Zauber verlegt; in seinem »*Dr. Jekyll and Mr. Hyde*« erfindet ein Chemiker einen Zaubertrank, mittels dessen er seine unbewußte Persönlichkeit grundlegend verändern kann: aus dem Verborgenen (Mr. Hyde) steigt eine Raubtier-Natur empor, die den aus sich harmlosen Wissenschaftler in einen Mörder (Je-kill!) verwandelt. Auch bei *E. T. A. Hoffmann* gibt es derartige Motiv-Konfigurationen, wie überhaupt die Romantik die Nachtseite des Seelenlebens vielfältig zu deuten und zu beschreiben wußte. Ein später Nachfahre dieser Richtung ist *Carl Spitteler*, der in seinem Roman »*Imago*« dem inneren Seelenbild eines Dichters schönste Darstellung gewidmet hat; man könnte eine direkte Verbindungslinie von Oscar Wilde zu Spitteler ziehen, wenngleich der Spittelersche Held viel gesünder und lebenskräftiger anmutet als der dekadente Dorian Gray von Oscar Wilde.

Dorian erbittet sich das Bild Hallwards als Geschenk und erhält es auch. Beim Anblick der wunderschönen Gesichtszüge wünscht er, daß er selber nie altern solle: das Bild solle anstatt seiner alt und vom Leben verwüstet werden. Eine geheimnisvolle Macht gewährt nun tatsächlich diesen »Pakt«: Dorian bleibt ungeachtet seines lasterhaften und schmutzigen Daseins von unangetasteter Schönheit, er altert nicht, und man sieht ihm nichts von seinem erschreckenden Lebenswandel an.

Wie verläuft nun dieser Lebenslauf, der wohl viel Autobiographisches des Dichters enthält? Zunächst verliebt sich Dorian in eine junge Schauspielerin, die ihm auf der Bühne als Figur in Shakespeare-Stücken wie eine zauberhafte Prinzessin vorkommt. Er will diese Schauspielerin (Sybil Vane) heiraten, aber er kennt sie bis anhin nur aus den Stücken und von wenigen kurzen Gesprächen her, die er im Theater mit ihr führen konnte. Nun, kurz nach seiner überstürzten Verlobung mit ihr, lädt er Lord Henry und Hallward in das erbärmliche Vorstadttheater ein, damit sie die angebetete Künstlerin sehen und bewundern können. Aber unter Henrys Zynismus verwandelt sich Sybil in eine Stümperin, faktisch spielt sie an jenem Abend wirklich schlecht, da sie durch die Liebe in eine neue Lebensdimension eingetreten ist und nunmehr die Bühne als eine Scheinwelt empfindet. Aber für Dorian ist die Liebe an diese Scheinwelt geknüpft: kaum hat Sybil als Schauspielerin versagt, ist seine Liebe für sie erloschen, und er trennt sich von Sybil, die unmittelbar darauf Selbstmord begeht. Man erkennt hier einen typischen Grundzug der Liebes-»Versuche«, die homosexuelle Männer nicht selten bei Frauen machen. Sie verlieben sich anscheinend, treten aber mit Erwartungen an die Partnerin heran, die unerfüllbar sind, worauf sie schnell auch die Gelegenheit wahrnehmen, sich enttäuscht zurückziehen: »Frauen sind nun einmal problematisch, unzufriedenstellend, unecht, banal!«

Sybil Vanes Tod berührt Dorian in keiner Weise. Er fängt nun ein zügelloses Leben an, das um Ausschweifungen mit beiden Geschlechtern kreist. Lord Henry scheint diese Entwicklung zu begünstigen, zu fördern, zu ermuntern. Auch dies ist typisch für manche Homosexuelle, die selber sich als Sünder empfinden und nahezu ein Bedürfnis haben, »Proselyten« zu machen: sie wollen andere auch auf ihre Abwege bringen. Irgendwie liegt darin eine gewisse Selbstbestätigung. Die Verführung des jungen Mannes in die Homosexualität bedeutet einen Triumph für das labile, krankhafte Gemüt des älteren Homosexuellen. Man weiß, daß der junge *André Gide* diesem Verführungseifer zum Opfer gefallen ist (allerdings kam dieser homosexuellen Verführung eine Erziehung entgegen, in der André Gide im tiefreligiösen Milieu bei drei Frauen — Mutter, Tante, Großmutter — ohne männliches Gegengewicht erzogen und verdorben wurde). Gide befand sich in Algerien und traf dort Oscar Wilde, der zusammen mit Lord Douglas Nordafrika bereiste. Es machte Wilde offensichtlich ein Vergnügen, den asketischen, von Triebangst erfüllten Gide in ein Knabenbordell mitzunehmen und ihm einen »Flötenspieler« anzubieten. Gide erzählt in seinem Buche *Stirb und werde*«, wie er diesem Angebot erlag und mit fieberhaften Sinnen eine Form von Sexualität erlebte, die gemäß seiner weltfremden Erziehung als »titanische Sünde« angesehen werden mußte — von da an datierte seine Liebe zu schmutzigen Araberjungen, die ihn mehr faszinierten als seine wohlerzogene Gattin, mit der er eine Scheinehe aufrechterhielt. Nach der Verführung will Gide mit Wilde ins Hotel zurückgefahren sein, und das Geständnis seiner Liebesspiele mit dem Knaben soll bei Wilde ein schauerliches, schallendes Gelächter ausgelöst haben, wie eine Freude darüber, daß der andere »auch dem Sündenfall erlegen ist«.

Dorian Gray übergibt sich seinen Lastern, doch niemand erkennt das an seinen Gesichtszügen. Aber wenn er in die stille Kammer eintritt, wo er das Gemälde versteckt hält, erschrickt er vor der dämonischen Wandlung, die auf der Leinwand vor sich geht. Hier hat der Mund seine zynische Verkniffenheit, hier sind die Augen trüb und matt, hier hat die Haut das fahle Timbre von Ausschweifungen und Lastern. Als Hallward eines Tages darauf drängt, er wolle das Bild wiedersehen, zeigt es ihm Dorian, aber anschließend erdrosselt er den Maler, den er als den Urheber seines (inneren) Unglücks ansieht. Auf diesen Mord wird ein zweites Verbrechen folgen, indem er einen Jugendfreund dazu zwingt, die Leiche zu verbrennen, worauf dieser unter der moralischen Last des Komplicentums Selbstmord begeht. Ungeachtet dessen lebt Dorian weiter als Liebling der Gesellschaft. Männer und Frauen werben um seine Gunst, aber eine innere Beziehung besteht bei ihm eigentlich nur zu Lord Henry, dessen Worte und Weisungen den Weg zum Laster geebnet haben. Eines Tages wird Dorian sich sogar bemühen, ein guter Mensch zu werden; ein Anflug von Reue erfaßt ihn, er tut eine »gute Tat« und hofft dabei, das Bild werde seinen Ausdruck ändern: aber die Tiefenseele ist wahrhaftiger als das trügerische Bewußtsein, das mit Schach- und Winkelzügen ebensosehr Selbsttäuschung wie Täuschung anderer betreibt. Das Bild hält Dorian unerbittlich den Spiegel entgegen, in dem er seinen moralischen Verfall erblickt — da sticht er mit einem Messer ins Bild hinein, seine Diener hören einen grauenhaften Aufschrei und finden einen ihnen unbekannten, schauderhaft verlebten Mann neben einem jugendschönen Bildnis, das offenbar im Tode Dorians wieder seine ursprüngliche Reinheit erlangt hat.

Man kann über diese gespenstische Story hinweggehen und sie als ein Überbleibsel romantischer Spintisiererei abtun. Aber »Dorian Gray« ist sicher mehr als das. Es ist eine psychologisch tiefgründige Geschichte, die viel über den Menschen an sich, noch mehr über den Homosexuellen, den Ichhaft-Eitlen, den narzißtisch in sich selbst Verliebten enthüllt. Man hat schon oft in der psychologischen Literatur erklärt, daß Homosexualität nichts Konstitutionelles, nichts Angeborenes bedeutet. Sie ist ein Produkt einer fehlleitenden Erziehung, die den betreffenden Menschen isoliert, für dauerhafte menschliche Kontakte verunstaltet und hemmt. Aus Angst vor dem andersartigen Geschlecht (und jeder Homosexuelle hat eine große »Grundangst« in sich) wendet sich der triebkranke Mann (ähnlich wie die triebkranke, lesbische Frau) dem eigenen Geschlecht zu; er fühlt sich sicherer hierbei, er ist mit dem eigenen Geschlecht vertrauter. Auch liebt er im Mann unter Umständen sich selbst, ein Abbild seiner selbst; beim Jüngling, der in Homosexuellen-Kreisen besondere Wertschätzung genießt, liebt er ein Stadium seiner früheren Entwicklung, wobei der junge Mann mitunter noch etwas Feminines an sich trägt — man kann demnach das Verlangen nach dem Weiblichen, das schüchtern entstellt ist, auch in ihm unterbringen. So wäre demnach in der Homosexualität eine aus Angst entstandene Eitelkeit und Selbstgefälligkeit zu finden, ein Protest gegen die Hingabe an das andere, furchteinflößende Geschlecht. Daher zeigt sich bei Homosexuellen nicht selten ein Stück unbewußter Selbstbewunderung, bei Oscar Wilde war Eitelkeit geradezu der herrschende Grundzug seines Wesens. Immer mußte er glänzen, hervorstechen, auffallen. Man erzählt von ihm, daß er in London mit einer Sonnenblume im Knopfloch herumspazierte. Unzählige Anekdoten und Bonmots zeigen ihn dauernd bemüht, in der Gesellschaft durch Geist und Absonderlichkeit aufzufallen.

So kann man Dorians Problem als ein Problem des Dichters verstehen. Man kann sogar noch einen Schritt weitergehen. Wir haben heute die Auffassung, daß eine Erziehung zur Sexualverdrängung schuld an der Ausbildung von Perversion und sexuellen Abweichungen ist. »Der unterdrückte Trieb entartet zum Laster« (*Nietzsche*). Bei Homosexuellen ist oft eine Erziehung zur überbetonten Tugendhaftigkeit festzustellen. Wer allzu rein sein will, fühlt immer auch einen dämonischen Hang zum Unreinen. Bei André Gide wird dies in der genannten Autobiographie besonders klar. Bei Wilde und anderen Homosexuellen scheint es nicht anders zu liegen. So bildet eine lebensfremde Erziehung Menschen heran, die die Tugend (Reinheit) vergöttern und gerade deswegen innerlich zum Laster gedrängt werden. Wilde hat diesen Konflikt mit dem Porträt zum Ausdruck gebracht, das vom ganzen Wühlen im Pfuhl der Schande unberührt bleibt. Aber gerade diese starre Tugendauffassung (die dem Betroffenen unbewußt bleibt) ist der Motor krankhafter Inspirationen, ist Zwang und Drang ins Schmutzig-Sinnliche, wie es das Leben von Dorian wie auch von Wilde zeigt.

Aber nicht nur Homosexualität hat dieses Meisterwerk der Literatur inspiriert: vergessen wir nicht, daß sein Autor ein wahrhaftiger Dichter ist, ein Künstler von hohen Graden, ein Eingeweihter in allen Nuancen des sinnlichen Empfindens. »Dorian Gray« ist auch eine Auflehnung des Menschen gegen seine Vergänglichkeit, gegen das Altern und das Sterbenmüssen. Er zeigt einen innerlich kranken und abseitigen Menschen in der Zwiesprache mit seiner Seele, und er zeigt dies so erschütternd, daß auch der weniger Kranke, den wir den Gesunden nennen, davon unermeßlich viel lernen kann. Wilde verdient gute Leser, denn für ihn selbst gilt der Aphorismus, den er dem »Dorian Gray« vorangestellt hat: »Der Künstler ist der Schöpfer schöner Dinge.«

Thomas Mann: »Buddenbrooks«

Kaum ein Dichter verdient so sehr eine psychologische Interpretation seines Werkes wie *Thomas Mann*, der von jeher der Psychologie nahestand und sich in seinen späteren Jahren ausdrücklich zur Psychoanalyse bekannte; seine Romane und Erzählungen sind von psychologischen Quellen gespeist und entfalten einen Reichtum charakterologischer Lebensschau, für den es nur auf den höchsten Höhen der Weltliteratur ein Gegenstück geben mag. Dabei geht es dem Dichter nicht nur um die sog. Normalpsychologie, sondern er treibt seinen forschenden Eifer jeweils vor bis zu den letzten Fragen der menschlichen Existenz, bis zu jenen Situationen und Fragestellungen, wo die Seelenkunde Metaphysik wird und wo am Einzelschicksal das Wesen des Menschen überhaupt aufleuchtet.

»Buddenbrooks«, der frühe Roman des Meisters, beinhaltet bereits die ganze Methode, die später die reifen Meisterwerke konstituieren wird; Thomas Mann ist sich selber treu geblieben, und die Reihe von Motiven, die den Bestand seiner Dichtung ausmachen, kehrt in wechselnden Gestalten wieder, gleich den Variationen zu einer Melodie, welche auf geheime Weise dem Leben des Dichters selber entstammt.

»Buddenbrooks« schildert den »Verfall einer Familie«, den allmählichen Untergang des Geschlechtes, das sich aus einfachsten Anfängen heraufgearbeitet hat und an physischer Erschöpfung zugrunde geht. Vor den Augen des Lesers werden vier Generationen der Familie lebendig, und von der einen zur anderen führt eine allgemeine Dekadenz, die zugleich mit einer wachsenden »Vergeistigung« und damit auch Lebensuntauglichkeit verbunden ist. Der alte Konsul Buddenbrook ist noch eine derbe, unverfälschte Kaufmannsnatur, mit Freude an den Dingen dieser Welt und mit dem wachen, kritischen Geist des aufstrebenden 19. Jahrhunderts (nicht umsonst läßt ihn der Dichter in den ersten Zeilen des Buches »Zum Teufel auch« sprechen); sein Sohn Johann Buddenbrook zeigt bereits Symptome des Angekränkeltseins in einer vertieften Religiosität, einer zerbrechlicheren Wesensart, die — weil sie dem Irdischen nicht mehr ganz gewachsen ist — ihr Leben auf das Himmlisch-Überirdische auszurichten beginnt. In den Enkeln Thomas und Christian geht der menschliche Substanzverlust weiter; Christian ist der ewig unernste Faxenmacher, der sein Leben durch Hypochondrie und »Abenteuer« vergeudet und im Ressentiment gegen den pflichtbewußteren und tüchtigeren Bruder seine unnütze Existenz behauptet; Thomas hingegen, der scheinbar lebensangepaßtere »Senator«, ist im Grunde eine Natur, in der die Schwäche sich hinter Formalität verbirgt, aber letzten Endes doch ihre Brüchigkeit offenbaren muß. Der kleine Hanno schließlich, der letzte Sproß dieses Geschlechtes, ist auch der zarteste, ein Gast nur in dieser Welt: dieser Sohn des Senators wird, unter dem Eindruck der Unfreundlichkeit und Härte des Lebens, schon in seiner Jugend sterben, aus dem einfachen Grunde, weil sich in ihm Lebenswille und Lebensfreude erschöpfen; die Familie kommt so an ihr Ende, und der letzte Zweig an diesem Stamme, der robust aus der Vergangenheit heraufgewachsen ist, wird durch einen Windhauch gebrochen werden.

Man mag sich fragen, was der Sinn einer solchen Thematik ist, aus der der Pessimismus mit aller Deutlichkeit zu sprechen scheint. Sicher ist es der Einfluß *Schopenhauers*, der sich in dieser Erzählung geltend macht; der junge Thomas Mann war ein begeisterter Schopenhauerianer, und auch der Nietzschesche Irrtum, daß Vergeistigung auf Kosten des vitalen Lebens gewonnen werden muß, spielt hier unzweifelhaft eine Rolle. Die Glieder der Familie werden in zunehmendem Maße geistiger, *weil* sich in ihnen das Leben verbraucht; sogar der hypochondrische Christian Buddenbrook, in seiner harlekinhaften Lebensform ein Zerrbild des Geistigen, ist noch Repräsentant in diesem Prozeß, denn Geist und Hypochondrie weisen zahlreiche Berührungspunkte auf, indem die *Selbstbeobachtung* für beide wesentlich ist, wenn auch mit höchst unterschiedlichen Resultaten.

Die soziologische Interpretation hat die Auffassung vertreten, in den »Buddenbrooks« kündige sich der Abstieg des Bürgertums an, und Thomas Mann sei darin ein prophetischer Dichter, daß er eine Epoche des wirtschaftlichen Aufschwunges zu Ende führe. Diese Deutung ist problematisch, weil der Untergang der Buddenbrooks vom Erfolg anderer Handelsgeschlechter begleitet ist; es geht hier offensichtlich nur um die *eine* Familie und nicht um den Stand im gesamten. Darum mag hier eine andere Deutung vorgeschlagen werden, die zunächst frappant anmutet, aber von der Tiefenpsychologie her nicht einfach von der Hand gewiesen werden kann. Man weiß, daß der Roman viel Autobiographisches enthält, daß Thomas Mann sein eigenes Erleben und seine Familie darin abkonterfeit hat. Sieht man über den Schopenhauerschen Pessimismus und das Nietzschesche Theorem hinweg, so darf man daran erinnern, daß Dichten nicht nur »Gerichthalten über das eigene Ich« (*Ibsen*) ist, sondern auch eine Abrechnung des Dichters mit seinem Leben. Man schreibt — so banal es auch klingen mag — aus persönlichen Motiven, man will damit seine eigene Lebensform verteidigen, und was in einem Roman geschieht, ist vom Autor »gewollt«, er »braucht« es in irgendeiner Weise, um sein Leben zu rehabilitieren. Wie wäre es, wenn Thomas Mann das Kaufmannsgeschlecht zugrunde gehen läßt, um sich selbst zu beweisen, daß sein Stand als Künstler zumindest ebenso sinnvoll und sozial haltbar ist wie der des Kaufmanns? Der Dichter sollte selber Kaufmann werden, er empfand sich aber als Abseitigen, Untüchtigen gegenüber den Unproblematischen, Realisten, und im »*Tonio Kröger*« zeigt sich sehr deutlich, daß die Künstlerisch-Feinsinnigen nicht ganz ohne Neid auskommen, wenn sie das Leben der »praktischen Menschen« beurteilen. Der Dichter führt den Untergang des Kaufmannsgeschlechtes mit derartiger Konsequenz durch, daß er innerlich an diesem Verhängnis sehr beteiligt gewesen sein muß: vielleicht mußte er, der in sich so viel vom bürgerlich-kaufmännischen Arbeitsethos trug, sich beweisen, daß diese Lebensform sowenig Fundament hat wie diejenige der Boheme, welche der Bürger zu verachten pflegt.

Lassen wir das Grundmotiv der Dichtung, und wenden wir uns seiner Ausführung zu, an der sich die frühe Meisterschaft des Dichters bestätigt hat. Man bewundert die große Kraft und die erstaunliche Physiognomik, mit der das Thema bearbeitet worden ist. Hier wird jeder Zug bedeutsam, in jeder Handlung liegt Symbolkraft; es taucht auch bereits das grandiose Spiel mit Personal-Motiven auf, das Thomas Mann nach eigener Aussage der Wagnerschen Opernkomposition entnommen hat. Eine Persönlichkeit wird hier anhand einer Reihe von Assoziationen beschrieben, die für sie — nur sie allein — gültig sind. Z. B. Thomas, der Senator, er wird frühzeitig durch eine Art Altersschwäche erfaßt, er fühlt sich innerlich entkräftet und entwickelt demgemäß einen wachsenden Hang zur »äußeren« Intaktheit, was sich in einer überaus sorgfältigen Toilette und allzuhäufigem Wäschewechsel ankündigt. Christian, der Bruder und Spaßmacher, der schamlos vor Fremden seine Hypochondrie erörtert und endlos über die Extravaganzen seines Körpers redet, ist charakterisiert durch seine unnachahmliche Art, sich durch die eigene Hinfälligkeit in den Mittelpunkt des Interesses zu stellen, ein Ziel, das er mit dem Trotz eines »enfant terrible« zu verfolgen weiß. Offensichtlich sind die beiden Brüder, zwischen denen eine tiefe Feindschaft schwelt und von Zeit zu Zeit zu jähen Flamme des Hasses aufzuckt, psychologische Gegensatzpaare, die uns aus der psychologischen Analyse wohlbekannt sind; der Tüchtigere entfaltet sich *auf Kosten* des Untüchtigen, der sich in Neid und Ressentiment verzehrt und darum auf die Ebene der Unnützlichkeit abgedrängt wird —

beide Brüder aber sind im Grunde von ein und derselben Krankheit des inneren Unselbständigseins befallen. Nachdem anläßlich eines Streites Christian dem Bruder seine »Korrektheit« vorgeworfen hat, sagt Thomas zu ihm: »Ich bin geworden wie ich bin, weil ich nicht werden wollte wie du. Wenn ich dich innerlich gemieden habe, so geschah es, weil ich mich vor dir hüten muß, weil dein Sinn und Wesen eine Gefahr für mich sind ... ich spreche die Wahrheit.«

Toni Buddenbrook, die Schwester der feindlichen Brüder, erleidet ein exemplarisches Schicksal, welches der Dichter mit psychologischer Subtilität aufzeichnet. Als junges Mädchen wird sie vom Kaufmann Grünlich umworben, einer obskuren Existenz, die sich im Hause der Buddenbrooks einzuführen weiß: ihre Liebe gilt einem jungen Medizinstudenten, der sie mit jugendlicher Leidenschaft liebt und ihr, der verwöhnten Kaufmannstochter, einen Einblick in das geistige und soziale Leben gibt. Toni wird zwar die (anscheinend) gute Partie, nämlich Grünlich, heiraten, aus Pflichtgefühl gegenüber dem Vater, aber ihre Liebe gehört dem Studenten, und zeit ihres Lebens werden ihre Äußerungen von den Redewendungen ihres Jugendgeliebten gefärbt sein. Sie bestreitet geradezu den ganzen Aufwand ihrer geistigen Existenz mit Reminiszenzen dieser Liebschaft; ihre erste und ihre zweite Ehe scheitern, und sie, die ewig ein Kind bleibt, wird stets mit altklugem Ton wiederholen, was ein junger Schwärmer und Liebhaber ihr an Lebensauffassungen nahegebracht hat.

Der Mensch ist in der Sphäre seiner eigentlichen Liebes-Erlebnisse beheimatet; das weiß Thomas Mann ebenso wie die Tiefenpsychologie. Thomas Buddenbrook erhält seine »Schule der Empfindsamkeit« (*Flaubert*) bei einem Blumen-Mädchen, einer kleinen Verkäuferin seiner Heimatstadt, aber heiraten wird der Sohn des Kaufmannsgeschlechtes die reiche, gefühlskalte und ihm wesensfremde Gerda, deren krankhafte Sensibilität den kleinen Hanno zur Lebensschwäche erzieht. Auch Thomas Buddenbrook bringt seine Leidenschaft der Konvention zum Opfer, aber auch er bleibt in ihr beheimatet, denn wie er darangeht, ein neues Haus zu bauen, wird er es gegenüber dem Blumenladen errichten, den seine Jugendgeliebte mit ihrem vulgären Gatten bewohnt — ein Detail, aber kennzeichnend für die Beziehungsfülle, die Thomas Mann so verschwenderisch und intuitiv vor dem Leser ausbreitet.

Auch in diesem Werk erkennt man die große Vorliebe des Dichters für das Chronikalische, für das liebevolle Verfolgen von Zeit und Zeitgeschehen, dem er in den meisten seiner Bücher treu geblieben ist. Der Romancier hat ein eigentümliches Verhältnis zur Zeit, er ist darauf aus, ihren Ablauf zu schildern, und nicht umsonst hat Thomas Mann im »*Erwähl-*

ten« und im »*Doktor Faustus*« einen Chronisten sprechen lassen, im »*Krull*« jedoch einen Autobiographen, auf jeden Fall auch einen Menschen, in dem sich die Zeit objektiviert. In »*Buddenbrooks*« ist dieses Problem durch die »Familienchronik« gelöst, das Familienbuch, in dem alle wichtigen Ereignisse aufgezeichnet werden, worin geschrieben steht, daß ein Urahn der Familie, ein Schneider in Rostock, »sich gut gestanden habe« (wie der Dichter häufig ironisch erwähnt); wenn Toni sich gegen ihren Willen, aber im Geiste der Familie, zu ihrer Heirat mit Grünlich entschließt, so wird sie es nicht jemandem sagen oder dem Familienrat mitteilen — sie schreibt es mit ihrer kindlichen Handschrift in die Chronik, mit der Genugtuung des braven Kindes, das den Plänen seiner Eltern Folge leistet. Und Hanno schließlich, der frühzeitig zum Tode Erwählte: ein Meisterstück der echten Thomas Mannschen Symbolik und Hintergründigkeit — Hanno macht unter seinem Namen in der Chronik kindlich-unbewußt einen abschließenden Strich, und auf die Vorhaltungen des Vaters wird er erstaunt erwidern, »nach ihm komme doch niemand mehr...«

Leben und Tod sind die Urmotive dieser Dichtung, und im Spannungsbogen dieser Gewalten entsteht die Kunst, beiden Mächten seltsam verschwistert. In allen Büchern ist Thomas Mann, durch Schopenhauer und Nietzsche angeregt, dem Rätsel des Lebens, seines Aufstiegs und seiner Dekadenz, nahegetreten, hat mit feinstem Spürsinn seine Gefährdung und Ausgesetztheit erkundet, ohne vor letzten Konsequenzen zurückzuweichen. Diese Dichtung hält sich, bei aller Bejahung des (kultivierten und durchgeistigten) Lebens, in der Nähe des Todes auf, wagt ihm ins Auge zu sehen; Hans Castorp im »*Zauberberg*« erfährt die Wirklichkeit des Todes in einer stillen Winternacht im Hochgebirge, Adrian Leverkühn im »*Faustus*« ist mit Teufel und Tod in schauerlichstes Einvernehmen getreten, um den Zauber seiner apokalyptischen Kunst erstehen zu lassen, und in »*Tod in Venedig*« erfährt ein todgeweihter Künstler an einer wundersamen, traumhaften Knabengestalt den Übergang ins Reich der Schatten, noch einmal durch das sich aufbäumende Leben an die Schönheit der Erscheinungen sich verlierend. Auch in den »*Buddenbrooks*«, welche Schilderungen des Sterbens nicht entbehren, wird dem Problem des Todes sein gewichtiger Tribut, verbunden mit einem (autobiographischen) Hinweis des Dichters auf Schopenhauer, entrichtet; der Senator, welcher den Tod bereits in sich fühlt, wird in seinem Gartenhause einen Band Schopenhauer entdecken, und der Geschäftsmann ahnt beinahe den Höhenflug eines Gedankens, für den das Auslöschen der individuellen Persönlichkeit metaphysisch überwunden wird

— aber dieses Aufflackern des Geistes erlischt, wird angstvoll übersehen und ausgeschaltet, und die Tröstungen der Religion werden dem Senator wichtiger sein als diejenigen der Metaphysik, welche der menschlichen Eitelkeit weniger zu bieten haben.

Wenn wir davon ausgingen, daß auch in der Kunst eine Abrechnung des Künstlers mit der Wirklichkeit vorliegt, so dürfen wir weiterhin behaupten, daß jeder ernst zu nehmende Künstler eine Kritik an dieser Wirklichkeit übt, an der Enge und Einseitigkeit des sog. »realen Lebens«, welches die Phantasie von jeher zu überflügeln trachtet. Thomas Mann wollte wohl nicht das Bürgertum zu Grabe tragen; er war und blieb selber ein Bürger, wenn er auch im Alter zum Sozialismus neigte. Seine kritische Hellsicht richtet sich wohl mehr gegen die *Möglichkeit der Selbstentfremdung und des Selbstverlustes, die in der bürgerlichen Konvention liegt, im bourgeoisen Lebensstil,* den der Dichter — wir haben es bereits betont — verneinte, weil er sein Künstlertum bejahte. Die Angekränkeltheit der »durchschnittlichen, lebenstüchtigen« Welt aufzuzeigen, muß für den abseits- und außenstehenden Dichter ein existenzielles Anliegen gewesen sein; nicht umsonst galt seine Liebe immer den Sonderexemplaren der Gattung Mensch, den Ungewöhnlichen, Unbürgerlichen, in Ausnahmezuständen Lebenden, heißen sie nun Leverkühn, Krull, Castorp, Tonio Kröger, Goethe, Nietzsche usw.

Die Tiefenpsychologie hat Thomas Mann viel zu danken — er hat, von anderen Regionen herkommend, viel zu ihrem Selbstverständnis beigetragen und ihr eine künstlerisch vollkommene Gestalt gegeben. »*Krull*« ist nicht nur die Geschichte eines genialen Hochstaplers, sondern eine tiefsinnige Psychoanalyse des Scheins; »*Der Zauberberg*« ist nicht nur die Geschichte einer Lungenkrankheit, sondern die Kosmologie der Krankheit, eine Intuition in die Krankenwelt, bei der Ärzte in die Schule gehen dürfen. »*Doktor Faustus*« schließlich ist nichts weniger als eine Psychoanalyse des Teufels, naturgemäß nicht im mittelalterlich-naiven Sinne mit Höllenschwefel und dergleichen verstanden, sondern in dem einzigen Sinne, in dem es verstanden werden darf: als Verlust der Lebensintegrität, als Verzweiflung in der Lebenskälte und Einsamkeit, in der der Mensch das waghalsige Abenteuer der genialen Schöpfung besteht. »*Buddenbrooks*« war der Auftakt zu einem Lebenswerk, dessen Monumentalität gleich einem erratischen Block aus dem Flachland unserer Zeit aufragt; schon in dieser Jugendschrift erweist sich der Dichter als einer der großen Seelenkenner, als einer, der in die Mysterien des Daseins eingeweiht ist und sie darum zu erhellen und zu offenbaren vermag.

»Bekenntnisse des Hochstaplers Felix Krull« ist der letzte Roman, den Thomas Mann veröffentlicht und in dem er seine ganze erzählerische Meisterschaft zusammengefaßt hat. Der umfangreiche Roman ist leider nur ein Torso geblieben; er ist als »Der Memoiren erster Teil« angekündigt und bricht auch tatsächlich inmitten einer abenteuerlichen Situation ab, in der sich dem Titelhelden eine verheißungsvolle Welt auftut. Der Dichter hat den »zweiten Teil« in sein Grab mitgenommen, aber schon der erste bietet Bereicherung genug, um den »Krull« zu einem beachtlichen Kunstwerk zu machen.

Erstaunlich ist die Entstehungsgeschichte des Werkes. 1910 begann Th. Mann eine Hochstaplernovelle, die er 1922 als Fragment veröffentlichte; 1951-54 schrieb er an diesem Bruchstück weiter, gemäß eigenem Bekenntnis »als ob ich ihn gestern einer dringenden Arbeit zuliebe beiseitegelegt hätte«. Offenbar war der »Krull« tief in seinem Denken und Fühlen verwurzelt: nur so ist es zu fassen, daß ein Motiv, über ein arbeitsreiches Leben hinweg, seine innere Kontinuität bewahren und mit derselben Frische im Geiste des Greises auftauchen konnte, wie es seinerzeit das Gemüt des reifen Mannes erfüllt hatte.

Im »Krull« feiert der Mannsche Humor seine liebenswürdigsten Feste. Man hat Th. Mann als einen »ironischen Schriftsteller« bezeichnet, der sich lächelnd mit seinen Gestalten identifiziert und zugleich auch sich von ihnen distanziert. Diese Zwiespältigkeit ist auch im »Krull« zu fühlen; sie wirkt aber nirgends störend, sondern erhöht den ästhetischen Reiz der Fabel, die nicht nur einen individuellen Hochstapler, sondern das Wesen der Hochstapelei an sich zu schildern weiß.

Dies — neben vielem anderen — macht diesen Roman für den Psychologen interessant, der die Erzählkunst des Dichters oftmals als einen Schlüssel zum »Rätsel Mensch« benützt, an dem er täglich seine mühevolle Arbeit vollbringt. Das Verstehen des Menschen, seiner Handlungen und Gefühle, ist das eigentliche Ziel der Psychologie. Sie begegnet dabei der Dichtung »auf halbem Wege«, die immer auch Menschen derart zu beschreiben versucht, daß man sie gleichsam leben, denken, empfinden, wachen und träumen sieht. Der große Schriftsteller ist groß durch seine intuitive Fähigkeit, die menschlichen Schicksale zu entwirren und zu deuten. Er trägt damit jeweils zu unserem Wissen vom Menschen bei, das in der Tiefenpsychologie erstmals in der Geschichte der Menschheit wissenschaftliche Gestalt angenommen hat.

Die Frage drängt sich auf, ob man am »Krull« psychologische

Einsichten erläutern und exemplifizieren kann. Hat Th. Mann ein erhellendes Licht auf die »Psychologie des Hochstaplers« geworfen? Man würde dem hervorragenden Seelenkenner, der sich zeit seines Lebens gründlich mit tiefenpsychologischen Erkenntnissen vertraut gemacht hat, unrecht tun, wenn man sein Anliegen auf eine derart »fachmännische Formel« einengen wollte. Th. Mann ging es nicht um die delinquente Form der Hochstapelei allein; ihn beschäftigte eher die Problematik von Schein und Sein im Menschenleben, von Echtheit und Unechtheit, die im Hochstapeln wie in der *Kunst* eine bedeutende Rolle spielt. Der Hochstapler ist nur ein Beispiel dafür, daß die menschliche Gesellschaft in tausendfältigen Spiegelfechtereien befangen ist: diese zu entlarven und humorvoll bloßzustellen ist eine geheime Motivation, die den Ironiker inspiriert zu haben scheint.

Krulls Kindheit und Jugend

Felix Krull wird sich im Verlaufe seines Lebens als ein »Genie der Anpassung« erweisen, als ein Verwandlungskünstler, der mit Königen aristokratisch, mit Hehlern wie ein Dieb, mit Frauen wie ein Don Juan, mit Hotelgästen wie ein Liftjunge, Kellner usw. umzugehen versteht. Allen, die mit ihm zu tun haben, ist er einen Schachzug voraus, und er weiß sie derart zu bestimmen, daß sie seinen Plänen entgegenkommen und zu unbewußten Helfershelfern werden. Fälschung, Täuschung, Beeinflussung anderer scheinen ihm »im Blut zu liegen«. Woher hat er die Hellsicht, die Quecksilbrigkeit des Wesens, die ihm in jeder Lebenslage das adäquate Manöver zuspielt, das ihm die Umwelt geneigt macht? Man könnte von einer Chamäleon-Persönlichkeit sprechen, wenn man Krulls Karriere an sich vorüberziehen läßt. Hier ist Schauspielerei in den Dienst der Lebensführung gestellt worden. Ein fast flüssig anmutender Charakter bemüht sich dabei, auch das absonderlichste Gefäß der Umstände mit seinen theatralischen Gebärden bis zum Rande zu füllen, in es hineinzuströmen und mit ihm eins zu werden.

Wie kam Krull zu dieser Versatilität, zu dieser Wendigkeit, die sich nirgends festlegt und die mit Menschen und mit der eigenen Person fast wie mit Marionetten zu spielen vermag? Die Tiefenpsychologie wird ihr Interesse auf die Kindheit des Helden lenken und in den Entstehungsbedingungen seiner Persönlichkeit nach den Konstanten seines Charakters forschen. Wie die leibhaftigen Menschen haben auch diejenigen der dichterischen Phantasie ihr »*Lebensgesetz*«, ihre Einheit und Ganzheit, die sich stilvoll von früher Kindheit an zur Geltung bringt. In der vortiefenpsychologischen Ära schrieb man dies einer vererbten Persönlichkeitsstruktur zu. Tiefen-psychologisch ist die neue Einsicht, daß Erziehung und früh-kindliche Lebenssituationen die wahren charakterprägenden Mächte sind.

Bei Felix Krull läßt sich daran schlechterdings in keiner Weise zweifeln. Er wurde geboren in einem »anmutigen Herren-sitz« am Rhein, dessen »abfallender Garten freigebig mit Zwergen, Pilzen und allerlei täuschend nachgeahmtem Getier aus Steingut geschmückt war«. Man atmet Unechtheit aus dieser Beschreibung ein, denn nicht nur Garten, Haus und Wohneinrichtung sind falsch und verlogen, sondern auch der »Schaumwein«, auf dem Vater Krulls Reichtum beruht, ist ein schauerlich gefälschter Tropfen, der mit einer prachtvollen Etikette den säuerlichen Inhalt der Flasche kompensiert.

Hochstapelei war das Milieu, in dem Felix Krull aufwuchs, und die Lüge nistete in seinem Elternhaus in allen Winkeln, sie war die Luft, die man atmete, und die Nahrung, die man zu sich nahm. Die Liebe zwischen Vater und Mutter war ein »Als ob«, das bei jeder Hausparty in die Brüche ging; Felix Krulls Gouvernanten standen in einem ganz unpädagogischen Verhältnis zum Hausvater, bis sie durch mütterliche Eifersucht aus dem Hause gejagt wurden.

In einem Heimwesen, in dem sich alle verstellten, muß auch das Kind Verstellungskünste erwerben. Felix Krull über-trumpft bald alle seine Familienangehörigen, indem er mit dem Ernst und Eifer eines frühreifen Knaben alle Proben einer Schauspielerkunst ablegt, die ihm in seinem Leben sehr zustatten kommen wird. Zunächst übt er nur Kranksein zum Zwecke des Schulschwänzens, wobei er seinen Ehrgeiz darein legt, selbst den Arzt erschrecken zu können; Diebstahl wird ihm zu einer nützlichen Methode, sich täglich im Spezereiladen die erwünschten Bonbons zu verschaffen; er lernt auch ohne weiteres, die schwungvolle Unterschrift des Vaters nachzu-ahmen, damit er die selbstverfertigten Entschuldigungen für die Schule »eigenhändig« unterzeichnen kann.

Frühzeitig lernt er, sich als ein anderer zu fühlen, als er wirk-lich ist. Sein Pate Schimmelpreester, seines Zeichens Kunst-maler und Urheber der wunderschönen Etikette, die den fal-schen Sekt des Vaters ziert, liebt es, ihn in Verkleidungen zu stecken und zu malen: einmal als Adonis, einmal als Gott, dann wieder als vornehmen Jüngling usw. Die Hochstapelei wird dem modellstehenden Knaben bereits suggeriert, nicht zuletzt auch dadurch, daß der Pate, der sich freigebig den Titel »Professor« zugelegt hat, bei Begegnungen sich als ein Unter-tan des kleinen Felix Krull aufspielt, der einer kaiserlichen Majestät Reverenz erweist. Felix Krull wird sich zeit seines Lebens als fürstliche Existenz fühlen, selbst wenn er die Livree eines Liftjungen anhat; mit dem portugiesischen König wird er ein Gespräch führen, das zwei gekrönte Häupter durchaus zu führen in der Lage wären.

Ein Trauma der Jugend

Eines Tages wird Felix Krull von seinem Vater nach Wiesbaden ins Theater mitgenommen. Mit einem Hochgefühl sondergleichen sieht er sich im erhabenen Theatersaal, gleichsam berauscht von der Fülle ungewöhnlicher Eindrücke, die auf ihn eindringen. Das Stück des Abends ist von bescheidenem Genre, aber es wird belebt durch die Rolle eines jungen Müßiggängers und Lebemannes, dargestellt durch einen Stern des Theaters, den überaus beliebten Sänger Müller-Rosé. Dieser entfaltet während der ganzen Aufführung einen bestrickenden Charme, unterstrichen durch seine bleiche Schönheit, die nicht nur auf die Frauen, sondern auch auf die Männer ihren Zauber ausübt. Der kleine Krull ist hingerissen von diesem Tenor, diesem glanzvollen Lebenskünstler, der als ein Traum von Schönheit und Jugendlichkeit die Bühne völlig beherrscht.

Unmittelbar nach der Vorstellung erklärt der Vater, daß Müller-Rosé sein Freund sei, und daß sie beide ihn in seiner Garderobe besuchen könnten. In einem lächerlich-armseligen, schmutzigen und von schlechtem Parfum und abgestandener Luft erfüllten Zimmerchen empfängt der Bühnen-Don-Juan seine Gäste, die ihn gerade beim Abschminken antreffen. Das früher schöne, bleiche Gesicht ist nunmehr käsig und rotgelb; der schlanke Leib, den prächtige Kleider verhüllt hatten, starrt von Pickeln und eitrigen Ausschlägen, die Ekel erregen. Felix Krull erlebt einmal mehr, wie die Welt sich betrügen und belügen läßt. Die ganze Dürftigkeit dieser Sänger-Existenz kontrastiert für ihn schmerzlich mit dem gehobenen Bühnendasein, das eben noch »Wirklichkeit« war — der vornehme Bühnenheld, der eben noch alle Seelen mit zärtlicher Sehnsucht erfüllt hat, erweist sich als ein Rüpel, der bei jeder passenden und unpassenden Gelegenheit Krulls Vater »die Schnauze halten« heißt. Für Felix Krull knüpfen an dieses Ereignis Gedanken an, die seine Lebensphilosophie formen helfen; er sagt zu sich selber: »Frage dich, was den abgeschmackten Witzbold trieb, diese abendliche Verklärung seiner selbst zu erlernen! Frage dich nach dem geheimen Ursprung des Gefälligkeitszaubers, der vorhin seinen Körper durchdrang und beherrschte! Um dir antworten zu können, brauchst du dich nur zu erinnern (denn du weißt es gar wohl), welche unnennbare, mit Worten nicht ungeheuerlich süß genug zu bezeichnende Macht es ist, die den Glühwurm das Leuchten lehrt. Beachte doch, wie der Mensch sich nicht satt hören kann an der Versicherung, daß er gefallen, daß er wahrhaftig über die Maßen gefallen hat! Lediglich der Hang und Drang seines Herzens zu jener bedürftigen Menge hat ihn zu seinen Künsten geschickt gemacht; und wenn er ihr Lebensfreude spendet, sie ihn dafür mit Beifall sättigt, ist es nicht ein wechselseitiges Sich-Genüge-Tun, eine hochzeitliche Begegnung seiner und ihrer Begierden?«

Aufstieg in Paris

Felix Krull hat (auch) von Müller-Rosé gelernt, daß die Welt sich täuschen und hinters Licht führen läßt. Er bestätigt sich diese Einsicht, indem er vor der militärischen Aushebungskommission das Schauspiel epileptischer Anfälle mit solcher Sicherheit vorführt, daß die erwünschte Dienstuntauglichkeit auch gegen seinen lebhaftesten Protest ausgesprochen wird. Er ist offenkundig ein Schauspieler von Rang, überzeugungskräftig bis ins Äußerste, und mit einer solchen Beherrschung seiner Kunstmittel, daß er die Fahrkarte nach Paris schon vor der Inszenierung seiner Epilepsie angesichts der Militärärzte mit gutem Gewissen kaufen kann.

In Paris allerdings muß er »von unten« anfangen. Aber schon bei seinem Sich-Vorstellen beim Hoteldirektor entfaltet er die Facetten seines vielseitigen, lebenskünstlerischen Wesens: auf die Frage nach seinen Sprachkenntnissen wird er nicht nur angeben, daß er Französisch, Englisch, Italienisch neben seiner Muttersprache versteht (was sichtlich übertrieben ist), sondern er wird sich vor den Augen des erschreckt-beeindruckten Direktors während seiner Sprachproben in einen Franzosen, Engländer, Italiener verwandeln, melodisch-beschwingt, nüchtern-näselnd, südlich-temperamentvoll sprechend. Kein Wunder, daß er als Liftboy engagiert wird.

Auf seiner Reise hat er beim Zoll ein Kästchen einer wartenden Dame gleichsam absichtslos »mitlaufen« lassen, mit jener Gewandtheit, die er als Kind übte, wenn er sich beim heimatlichen Spezereiladen alltäglich für seinen Bonbonbedarf eindeckte. Dieses Kästchen enthält Schmuckstücke von bedeutendem Wert, die dann bei einem Hehler an der rue de l'échelle du ciel verschachert werden (hier ein Anklang an die Himmelsleiter, an der Jakob in der Bibel mit dem Engel ringt, bis er dessen Segen erhält). Dieselbe Dame, der Krull durch seinen Diebstahl bereits verbunden ist, wird später im Hotel auftauchen und sich in den schönen Liftboy verlieben, der ihr in nächtlichen Besuchen den Juwelenraub durch jugendliche Zärtlichkeiten wettmachen wird. Madame Houpflé, Gattin eines sehr reichen Gänseleberpasteten-Fabrikanten, ist eine lyrisch-

angehauchte Dame, die in der Liebe masochistischer Selbster-
niedrigung huldigt; Krull erahnt diesen Wesenszug und wird
ihr seinen Diebstahl gestehen, was den Enthusiasmus der
Masochistin aufs äußerste treibt. Ihr schöner Liebhaber wird
ihr nun zum Gott Hermes, dem göttlichen Dieb, dem Schönen
und Wandelbaren, dem Boten der Götter und Menschen. Das
Hermesmotiv hat Th. Mann in einigen seiner Werke angezogen — auch im »Tod in Venedig« ist es denkwürdig gestaltet. Felix Krull wächst in dieser Begegnung in mythische
Größe hinein, die ganze Erzählung, zunächst irdisch und
handfest gestaltet, wird zum Mythos.
Hierzu trägt auch eine weitere Verwandlung bei, zu der gün-
stige Umstände den lebensfreudigen Krull veranlassen. Einer
seiner Gäste im Hotel, der Marquis von Venosta, hat sich in
eine Tänzerin verliebt, von der ihn seine aristokratischen
Eltern unbedingt trennen wollen. Sie schenken ihm »eine
Weltreise«, auf der er seine »Pariser Flausen« vergessen
soll. Anstelle des Marquis wird sich Krull auf diese Reise
begeben, wobei die Verwandlungsfähigkeit seiner Person ohne
weiteres erlaubt, die Rolle des dilettantisch-malenden Aristo-
kraten anzunehmen. Als Liftboy in Paris angekommen, wird
Krull als Marquis diese Stadt verlassen, mit einem Kreditbrief
von mehr als 20 000 Francs und Empfehlungen an die
ganze vornehme Welt diesseits und jenseits des Ozeans aus-
gerüstet.
Schon im Zug nach Lissabon eröffnet ihm sein adliger Name
Zugang zum deutsch-portugiesischen Professor Kuckuck, einem »sternenäugigen Mann«, der als Archäologe und Direktor des Naturhistorischen Museums von Lissabon in der französischen Hauptstadt wissenschaftlichen Geschäften obgelegen
hat. Die vielstündige Fahrt wird belebt durch die Darlegungen
des Gelehrten, der dem jungen Krull die Geschichte des Lebens
auf der Erde erzählt. Th. Mann war immer von den Lebens-
geheimnissen angezogen worden, seine Kunst ist zutiefst mit
den abgründigen Trieben und Instinkten des Lebendigen vertraut, heimatlich in der Zwischensphäre von Leben und Geist
angesiedelt. Daher im »Zauberberg« die mystische Einwei-
hung des lungenkranken, im Schnee verirrten Hans Castorp
in die Ausgesetztheit des Lebendigen in einer toten, leblosen
Natur; daher der seltsame Teufelspakt von Adrian Leverkühn
im »Doktor Faustus«, der durch Syphilisinfektion, durch
Agitation der »Lebeschräubchen« (der Spirochäte pallida) im
Blute und Liquor zu den höchsten Höhen seiner Künstlerschaft emporgetragen wird (»Du wirst hoch illuminiert über
der Menschheit dastehen!«). Im »Krull« wird das Leben von
seiner außermenschlichen Seite geschildert, als kosmisches
Werden, als Evolution im Laufe von Jahrmillionen, als Stamm-

baum des Pferdes und des Menschen, als Einheit der rätselhaften Lebensschwungkraft, die Millionen von Arten ins Sein gerufen hat. Das Gespräch des wißbegierigen Schein-Marquis und seines geistigen Mentors wird durch Faszinationskraft ins Mythische hineingespielt: stellenweise ist der »sternenäugige Mann« eine Art Jupiter, der einem jungen, adonisgleichen Hermes das Schöpfungsgeheimnis erläutert.

Mutter und Tochter

Felix Krull ist zu sehr auf der Erde beheimatet, als daß es ihn lange in den Sphären der Wissenschaft halten würde. Für ihn ist Lebenserkenntnis nur eine Feder mehr, mit der er sich beizeiten zu schmücken weiß. Aber Lissabon wird ihm nicht nur durch Besuch des Naturhistorischen Museums einen Ausflug in die fernste Vergangenheit des Menschen und der Tiergeschlechter bringen; Frau und Tochter von Professor Kuckuck werden den Titelhelden viel realistischer anziehen als die Gelehrsamkeit des Museumsdirektors. In eigentümlicher Weise verliebt sich Krull in beide zugleich, in der Tochter das junge Ebenbild der Mutter, in der Mutter das gereifte Ebenbild der Tochter verehrend. Woher diese Doppelspurigkeit des Empfindens, die immerhin erstaunlich wirkt? Auch sie ist auf »Vorbilder« in der Jugend des Hochstaplers zurückzuführen. Th. Mann hat mit großer Seelenkenntnis in den meisten seiner Werke das Erleben der von ihm geschilderten erwachsenen Menschen auf Leitmotive und Erlebnisse ihrer Jugend zurückgeführt: er war offenbar der tiefenpsychologischen Auffassung, daß frühe Prägungen des Menschen zeit seines Lebens erhalten bleiben, innere Kontinuität erzeugen. Felix Krull hat einmal, in den Zeiten seiner größten (materiellen) Armut, auf dem Balkon eines Hotels in der Großstadt ein Geschwisterpaar sehnsüchtig bewundert, er hat die »Zweiheit« als Liebenswertes erfahren und bleibt ihr, wie seine Beziehung zu den Damen Kuckuck lehrt, weiterhin hörig. Wie er die widerstrebende Zouzou, die in pubertierender Streitsucht die aufkeimende Erotik bekämpft und zugleich wachsen macht, mit seiner schmiegsamen Beredsamkeit in seine Arme zwingt, muß im Original nachgelesen werden; nur dort kann man auch die köstliche Kunst des Autors nacherleben, der die vornehme Mutter schließlich in Rivalität zu ihrer Tochter eintreten läßt, da sie den »Unsinn« nicht zulassen kann, »daß Jugend sich zu Jugend gesellt«. Solcher Unvernunft kann nur besonnene Führung durch die Reife entgegengesetzt werden, und so endet der Roman, indem Krull an den »königlichen Busen« sinkt, der unter seinen glühenden Zärtlichkeiten zu wogen beginnt.

Thomas Mann hat seine Erzählung einen Abenteuer- und Schelmenroman genannt und ihn mit dem »Simplicius Simplicissimus« von *Grimmelshausen* in Verbindung gebracht. Man könnte ebensogut von einem Erziehungs- und Bildungsroman sprechen, allerdings in ironischer Wendung gegen die üblichen bürgerlichen Erziehungsromane, denen es darum ging, ihre Helden auf labyrinthischem Wege zur Einfügung ins Gemeinwesen, nicht selten in den bestehenden Staat und seine Ordnungen zu führen. Davon ist im »Krull« nicht mehr die Rede. Thomas Mann war sich allzusehr bewußt, daß die bürgerliche Welt und ihre Werte in unserem Jahrhundert in eine schwere Krise geraten sind. Dieses Bürgertum im Roman fraglos-ernst hinzunehmen, war kaum mehr möglich; daher die *Parodie* des traditionellen Erziehungsromanes, die moralische Indifferenz, die Felix Krulls »Bildungsziel« in die Hochstapelei einmünden läßt. Und doch ist Thomas Manns Buch nicht ohne Moral; es gibt die bürgerlichen Moralkodices preis zugunsten einer wahrhaften Moral des Lebens und der ihm inhärenten Werte. Wie in seinen meisten Büchern schildert Thomas Mann auch in diesem das Schicksal eines Lebens-Lieblings, eines vom Leben Auserwählten, diesmal nicht den durch Krankheit (Castorp), Genialität (Leverkühn), Künstlerschaft (Tonio Kröger), Religiosität (Gregorius) Erwählten, sondern den Lebenskünstler, der mit den Menschen und Umständen sein souveränes Spiel treibt. So lehrt denn dieses Buch *das Leben als Abenteuer lieben*, als eine Fahrt zu offenen Horizonten im Sinne einer Freiheit, die selbst die bürgerliche Moral hinter sich lassen kann, ohne unmoralisch zu werden.

Hermann Hesses »Demian«

Hermann Hesses frühe Schriften zeichnen sich durch feinste psychologische Beobachtungsgabe aus und malen seelische Porträts, deren Atmosphäre und Stimmungsgehalt den Leser in ihren Bann schlagen. Die innere Echtheit dieser Romane beruht sicherlich auch darauf, daß sie einen autobiographischen Kern besitzen und in mehrfacher Abwandlung ein Schicksal schildern, das einen scheuen, zarten und zerbrechlichen Jüngling in einer rauhen und verständnislosen Welt betrifft. In diesem mimosenhaften jungen Menschen, der so sehr unter den Bedrohungen und Anfechtungen der Wirklichkeit leidet, erkennen wir ohne weiteres den Schöpfer dieser Erzählungen, der offenbar die seelischen Verletzungen seiner Jugendzeit nicht zu verwinden vermochte: mit jeder neuen Selbstdarstellung im Medium des Romans versucht er aufs neue, sich davon zu befreien, man hört ihn wehklagen über längst vergangene Schmerzen, und eine stille Wehmut liegt über diesen

Lebensbeschreibungen, die alle das Motto »Demians« tragen könnten: »Ich wollte ja nichts als das zu leben versuchen, was von selber aus mir heraus wollte. Warum war das so sehr schwer?«

Warum war das so schwer? Der Dichter selbst hat die Antwort nicht gefunden: sein Haftenbleiben an dieser schmerzlichen Jugend, sein Immer-wieder-zu-ihr-Zurückkehren bezeugt uns dies. Sollten wir in der Lage sein, ihm bei seiner Selbstklärung zu helfen? Können wir seine Darstellungen so deuten und interpretieren, daß wir seine tiefsten Seelengeheimnisse — die er mit jedem neuen Buch besser vor sich zu verbergen versucht — aufzudecken vermögen?

Die tiefenpsychologische Analyse lehrt uns, ein literarisches Kunstwerk in der Art eines Traumes, einer Phantasie, eines Ausdrucksphänomens zu verstehen. Mit ihrer Hilfe erahnen wir die einer Gedankenschöpfung zugrunde liegenden Gefühlsmotive, die Grundmelodie einer Persönlichkeit, die sich ins Werk transponiert hat. Hesse hat für eine solche Deutung viel Material geliefert, indem er mit schonungsloser Offenheit von sich berichtet hat: seine späteren Werke scheuen nicht davor zurück, in die Abgründe der Perversion, der Zügellosigkeit einer wirren und kranken Triebhaftigkeit einzutauchen.

»Demian« oder »Die Geschichte von Emil Sinclairs Jugend« kann also als ein autobiographisches Fragment gewertet werden. Wie der Dichter selbst, wächst auch der kleine Emil Sinclair in einem wohlbehüteten, streng-frommen Milieu auf und erfährt frühzeitig, was alle verzärtelten und verängstigten Menschenkinder erfahren müssen: daß die Welt nämlich in zwei Sphären geschieden ist, in eine helle und eine dunkle, in Tag und Nacht, in Wohlbehütetheit und nacktes Grauen. Diese Aufspaltung der Welt ist das Grundgefühl jedes zukünftigen seelisch kranken Menschen, der im Schoße der Familie nicht darauf vorbereitet wird, in die größere Umwelt hineinzuwachsen. Die antithetische Aufgliederung einer »guten« und »bösen« Welt wird dann zur unversieglichen Quelle von Lebensängsten, die ein ganzes Schicksal überschatten können und im Herzen der Persönlichkeit selbst die Zwiespältigkeit errichten, welche ebenfalls zur Dissoziation, zur Spaltung, ja selbst zum Irresein führen kann.

Die »böse Welt« naht dem Knaben Emil Sinclair in Gestalt eines verwahrlosten Jugendlichen, der ihn über Monate hinweg erpreßt und ausbeutet. Dieser Alptraum, den der Knabe vor seinen frommen Eltern verbergen muß, lastet erschreckend auf ihm und bestimmt die Richtung seiner Phantasie, die einen Hang zum Grauenhaften und Masochistischen nie mehr ganz los wird. Der Retter aus dieser Not ist dann der merkwürdige Fremdling Max Demian, der eines Tages in der Schule auftaucht und, die Ängste Sinclairs ahnend, diesen vor seinem Widersacher in Schutz nimmt.

Seltsam genug, wie dieser Demian gezeichnet wird! Er scheint das Wunschbild des schwachen und ängstlichen Sinclairs zu sein, ein Gegenbild, das alle Vorzüge in sich vereint, die unser unheldischer Held an sich so schmerzlich vermißt. Aber aus Leid und Angst entstehen keine gesunden Wunschbilder: die Träume und Hoffnungen der Unglücklichen sind durch Weltfremdheit stigmatisiert. Auch an weltgeschichtlichen Beispielen kann man ablesen, daß die Verfolgtesten und Bedrücktesten dazu neigen, sich den Trost der Auserwähltheit anzudichten: daher auch Max Demian unserem Sinclair gelegentlich zuraunt, daß er zu jenen Vereinzelten der Menschheit gehöre, die das Kainszeichen auf der Stirne tragen, das heißt von der Natur dazu bestimmt seien, nicht in fader Gutbürgerlichkeit dahinzuleben, sondern im Wagnis zwischen Gut und Böse einen eigenen Lebensweg zu finden. Zu dieser Aristokratie soll sich demgemäß auch Sinclair zählen, und ähnlich wie jenes Wüstenvolk, das den Auserwähltheitsanspruch in die Welt setzte, hat er als einzigen Beleg für seinen Sonderstatus in dieser Welt, daß er mehr leiden muß als andere.

Sinclair fühlt sich als einer von jenen Kainssöhnen, die das Merkmal der Verworfenheit und Auserwähltheit haben: das heißt die Zweiteilung der Welt in »gut« und »böse«, zu der ihn seine überstrenge Erziehung angeleitet hat, hat auch sein Innenleben ergriffen, und wir sind gefaßt darauf, daß er die ganze Trieb- und Affektseite seines Wesens als dunkle, verbrecherische Verlockung empfinden wird. Sein Lebensschicksal wird der verzweifelte Kampf um die Integration dieses von ihm abgespaltenen Seelenteils sein; er wird nicht zur Ruhe kommen, wenn es ihm nicht gelingt, einen Lebensmodus zu finden, in dem er auch für das Naturhafte, Animalische im Menschen genügend Raum lassen kann.

Aber die Gespaltenheit seines Wesens dauert fort, und jener Lebensanteil, den man ihn als »dämonisch« anzusehen gelehrt hat, wird seiner gespenstischen Unverstandenheit nicht entkleidet, selbst nachdem sich Sinclair ihm durch »Lasterhaftigkeit« in die Arme geworfen hat. Die Animalität des Menschen wird dem »Lasterhaften« niemals transparent, sie bleibt in jener bleiernen Schwere und Undurchsichtigkeit, die selbst nach Jahren des Wühlens in den Niederungen des Daseins von keinem Lichtstrahl der Erkenntnis aufgehellt wird. Daher gleiten die Eskapaden des jungen Sinclair, der in gymnasiastischen Zechereien einen Abglanz von Heldentum und Freiheit kennengelernt hat, an ihm ab und lassen den Kern seiner Persönlichkeit unberührt; auch durch das tollste Treiben in der Außenwelt kann er seine inneren Fesseln nicht abschütteln; er bleibt keusch und schüchtern, und ein von ferne verehrtes Mädchen erweist sich ihm als rettender Engel, der ihn wieder auf den Pfad der Tugend zurückführt.

Jede zwanghafte Tugendhaftigkeit aber spiegelt das unüberwundene »Laster« wider. Sinclair hat an den Kerkerstäben gerüttelt, er hat sich — in aller Keuschheit — »ausgetobt« und ist derselbe geblieben, der er vorher war. Seine unbewältigte Triebsphäre wird zur Thematik seines künftigen Daseins werden. Da er nicht aus sich heraus kann, da ihm die Angst den Weg zur weiblichen Ergänzung versperrt, wird er in sich selbst die Ganzheit suchen. Unmögliches und doch mögliches Unterfangen: jenes ständige Tasten und Streben, »zu sich selbst zu kommen«, ist der Ausweg jener, die nicht zu den andern kommen können. Hesse hat dafür ein schönes Sinnbild gefunden, wenn er von jenem Vogel spricht, der aus den Eihüllen durchbricht in das Licht des Tages: »Der Vogel kämpft sich aus dem Ei. Das Ei ist die Welt. Wer geboren werden will, muß eine Welt zerstören.«

So empfindet nur der, der »Geburtsschwierigkeiten« hat, dessen Ich in unglückseligem Aufbäumen der Ketten nicht ledig wird, die ihm die Welt angeschmiedet hat. Sinclair wird immer nur um sich selbst kreisen, seine Triebhaftigkeit wird sich in Symbolen ausleben, die Welt wird ihm nicht als selbständige Wesenheit erscheinen, sondern nur als ein Umweg des Menschen zu sich selbst. Die Tore zu einem romantischen, selbstbespiegelnden »Individualismus« stehen offen; ein Mensch wird heranwachsen, der die Welt nur »hinter einem Schleier« ahnt und mit dem ganzen Aufwand seines Gefühls nur seine eigene Problematik, nicht diejenige der Mitwelt wird empfinden können.

Solche ins Leben verirrte, ewige »Kinder« sind immer auf dem »Heimweg zur Mutter«, reden viel von ihrem Ich und seiner Werdensnot, sind aber im Grunde immer auf der Suche nach einem stärkeren Helfer oder Führer, der ihnen die Last des Daseins abnehmen soll. Durch ein eigentümliches, mystisches Band bleibt Sinclair mit Demian verbunden, der offenbar durch »telepathische Verknüpfung« seine Seelenzustände miterlebt und ihn schließlich an sich heranzieht durch eine Art »Allmacht der Gedanken«. Genauer ausgedrückt: Sinclair findet in seiner Universitätsstadt Demian wieder, und die beiden Jugendfreunde setzen ihre uralte Beziehung fort. Hier begegnet Sinclair auch der Mutter seines Freundes, die den beziehungsreichen Namen »Frau Eva« trägt. Das Weibliche, dem zu nahen er durch seine tiefen Ängste nicht fähig ist, erscheint ihm unter dem ungefährlichen Aspekt des Frauen-Mythos: es ist leichter, die »Urmutter aller Menschen«

zu verehren, als eine reale Geliebte zu haben. Die Furcht vor der Weiblichkeit maskiert sich in dem Verlangen nach einer mütterlichen Geliebten; das durch Ängstlichkeit gelähmte Begehren wird in stille Verehrung umgewandelt, so daß denn auch zwischen dem jungen Sinclair und Frau Eva eine sentimentale Beziehung entsteht, die den Roman in die bedrohliche Nähe des Kitsches bringt. Auch hier ist die psychologische Deutung zulässig, daß die unbewältigten Lebensaspekte auch im Kunstwerk unbewältigt bleiben: wer die Triebhaftigkeit als »Dämon« fürchtet, wird ihr immerhin noch im Rosenschimmer der Gartenlaube nahen.

Die Weltfremdheit und Lebensschwäche des aus der Triebverneinung entstandenen Ichs bekunden sich auch in zahllosen Andeutungen zum Zeitgeschehen, das dem Helden des Romans — ähnlich wie die Frau als exemplarischer Wirklichkeitsrepräsentant — hinter Dunst und Nebel als mythologischer Vorgang erscheint. Max Demian, der das Sprachrohr und Idol des Romanes darstellt, äußert sich über den ausbrechenden Weltkrieg folgendermaßen: »Na, Junge, sentimental mußt du das nicht auffassen. Es wird mir ja im Grunde kein Vergnügen machen, Gewehrfeuer auf lebende Menschen zu kommandieren, aber das wird nebensächlich sein. Es wird aber jeder von uns in das große Rad hineinkommen.«

Sinngemäß kulminiert hier die Trieb- und Gedankenmythologie im politischen Mythologem, das Krieg und Völkermorden mißversteht; das Unverständnis, das der Held des Romans für sich selbst und seine vitalen Ansprüche hat, wird auch auf die Ereignisse der Welt übertragen, die mit derselben Fatalität hingenommen werden wie die eigene verstümmelte Antriebswelt, über die er nicht hinausgelangt. Emil Sinclair ergreift weder von der Frau noch von der Welt Besitz; er träumt immer vom Selbstsein, vom »großen Werden«, vom Vogel, der sich in die Lüfte schwingt; das reale Korrelat zu diesen schönen Träumen ist, wie bei den hochfliegenden Idealen überspannter Religiosität, das »kranke Fleisch«, das gestörte Lebensgefühl, das »schizophrene« Erleben von »gut« und »böse« als einer Zweiteilung der Welt und des Menschenwesens.

Und so wird der Held des Romans nicht zur Reife und Mannbarkeit gelangen, seine Liebe wird außerhalb von »Blut und Fleisch« bleiben, sein Wirklichkeitsbewußtsein ist gelähmt durch das Gefühl, nur durch fremde Hilfe leben zu können. Da ihm die äußere Welt nicht gehört, wird Sinclair davon träumen, mit einem Stärkeren und Wissenderen eins zu werden, der für ihn die Funktion der Männlichkeit übernimmt. Wir verstehen es als sinnvolle Ergänzung seines scheuen Liebesverlangens für eine mütterliche Frau, daß er ein ebenso schüchternes Verlangen für ihren starken Sohn besitzt: in dem Kuß, den der schwer verwundete Sinclair vom sterbenden Demian (im Krieg) empfängt, deutet der Autor an, daß er seine Ausweglosigkeit angesichts seines frühzeitig gedrosselten Trieblebens auch durch eine homosexuelle Phantasie zu beschwichtigen versucht.

Wenn wir diese Beichte an uns vorüberziehen lassen, vermeinen wir, den künftigen Weg der schöpferischen Phantasie des Autors von »Demian« in ein helles Licht rücken zu können. Wird er künftig in der Lage sein, das Unbewältigte seiner Jugend zu verarbeiten oder wird er zeit seines Lebens in seinem inneren Kerker gefangen bleiben? Unseres Erachtens ist es Hesse nie gelungen, jene Zweiteilung der Welt, welche ihm seine überfromme und eingeengte Kindheit aufgedrängt hat, zu überwinden. Er verharrte in seinem Selbstschutz und schuf durch seine Dichtungen ein imponierendes Abwehrsystem, das ihn vor der Dämonie des Lebens und der Lebenstriebe schützen sollte. Und so konnte er immer nur aus seiner Liebessehnsucht hehre und reine Gedankenbilder schaffen, in die er so viel Tugend verkörperte, daß er zwanghaft auch viel Laster hinzufügen mußte. Daher der mitunter grobsinnliche bis perverse Aspekt seiner späteren Werke, die trotz hochgesinnter Humanität einen Zug ins Banal-Triebhafte auffallen lassen, mitunter sogar eine erotische Geschmacklosigkeit, deren Quelle zutiefst im Lebensgefühl des Autors mitbedingt sein muß.

Hierzu nur einige Andeutungen: Der berühmte Roman »Narziß und Goldmund« bringt das Freundespaar Demian und Sinclair in neuer Auflage, auch hier wieder eine Aufspaltung der Welt in klösterliche »Sittenreinheit« und wüstes, »weltliches« Treiben, das gelegentlich recht kunstlos anmutet. Der Autor läßt Goldmund an so viel Liebesabenteuern teilhaben, wie sie nur ein schwer gehemmtes Gemüt aussinnen und auskosten kann; daß er schließlich auch dem rein »geistigen« Abt Narziß ein Stück Verehrung darbringt, ist die Buße des »Lasterhaften«, der um so inniger die Tugend verehrt, je mehr er der Sünde Raum gibt. — Im »Steppenwolf« ist es der alte Sonderling Harry Haller, der für Mozart und Goethe eifert, aber von Sinnengier getrieben als höchstes Glück die erotische Schulung durch eine Prostituierte empfing und schließlich in Homosexualität, Lesbiertum und Lustmord die großen »Weihen« des Sinnentaumels erlebt. Breit ausgemalte und häufig derbe Erotismen lassen darauf schließen, daß gerade Erotik Quelle und Qual dieses Kunstwerks ist; der Kenner allerdings wird auch in Tugendexzessen mitunter die schwüle Sinnlichkeit erahnen. Das Alterswerk »Das Glasperlenspiel« gibt uns noch eine weitere Bestätigung, daß der Autor den unglückseligen Weg seiner Kindheit mit unerschütterlicher Konstanz zu Ende gegangen ist: nun führt er seinen

Helden in eine (wiederum) klösterliche Gemeinschaft, die welt-
fern und weltabgeschieden ein symbolisches Spiel betreibt, das
alle Künste in sich vereinigt, aber es offenbar verschmäht,
etwas zur Gestaltung der wirklichen Welt beizutragen. Auch
hier wieder ist die Sinnlichkeit zu einem zart angedeuteten
Lehrer-Schüler-Verhältnis herabgemindert, und während über
die Welt Katastrophen hereinbrechen, verstricken sich Hesses
Helden in ein kompliziertes Innenleben und ihre ungesunde
Triebhaftigkeit, denen sie nicht entrinnen können. In allen
Büchern des gefeierten Autors erklingt dieselbe Melodie der
Gebrochenheit des Natürlichen, um die ein zarter Geist so
anmutig seine Wehklage erhebt, daß auch jene von Hesses
Büchern ergriffen werden, die gar nicht ahnen, welche mensch-
liche Tragödie und welch menschlicher Fehlschlag diesen in
vielen Bänden ausgebreiteten Romantizismus inspirieren.

Heinrich Manns »Der Untertan«

Heinrich Mann hat beim Leserpublikum weniger Erfolg gehabt als sein jüngerer Bruder Thomas, dessen Werke eine
sehr breite Leserschicht ansprechen konnten. Dadurch allein
sollte jedoch die Rangordnung zweier Schriftsteller nicht bestimmt werden; Thomas Mann war »handwerklich geschickter«, der subtilere Psychologe, dem die Geheimnisse des Menschenlebens inniger vertraut waren; Heinrich Mann hingegen
war politisch engagierter und verstand Literatur als eine Form
von sozialer Verantwortung. In diesem Sinne ist er der »frei-
heitlichere« Schriftsteller. Sein Lebenswerk hat breitere Be-
rührungsflächen zum politischen Zeitgeschehen. Auch könnte
man sich bei ihm kaum eine derartige reaktionäre Entgleisung
vorstellen, wie sie sich Thomas Mann im Ersten Weltkrieg
mit seinen »Betrachtungen eines Unpolitischen« leistete. Die
beiden Brüder sind sicherlich große Humanisten. Aber bei
Heinrich Mann nahm dieser Humanismus frühzeitig eine so-
zialkritische Wendung, indes Thomas Mann erst durch den
Nationalsozialismus die Notwendigkeit des sozialen Fort-
schritts zu erkennen begann. In seinem amerikanischen Exil
wurde er zum Vorkämpfer einer sozialistischen Demokratie,
von welcher sein spätes essayistisches Werk ein beredtes Zeug-
nis ablegt. Damit hatte er sich zum Standpunkt von Heinrich
Mann durchgerungen, den er in den Jahren 1914-18 noch als
»Zivilisationsliteraten« bekämpft hatte.
Ein wunderbares Exempel der Sozialkritik von Heinrich Mann
ist der 1918 erschienene Roman »Der Untertan«. Dieser stellt
einen Versuch dar, den »mittleren Menschen« des Wilhelminischen Zeitalters, das damals zu Ende ging, zu porträtieren.
Der Verfasser stellt sich hierin die Aufgabe, den Typus des

Konformisten, des Mitläufers und Machtanbeters darzustellen. Wie ist der Mensch beschaffen, der sich jeder irrationalen Autorität beugt? Wie kommt es zu jenem Charaktertyp, der sich gegen oben duckt und nach unten tritt? In seiner Beschreibung des sadomasochistischen Menschentyps hat Heinrich Mann eine Diagnose des zeitgenössischen Menschen gestellt, wobei er den »Präfaschisten« aller Zeiten, Zonen und Bekenntnisse abkonterfeit hat. Man sollte dieses Buch so lesen, daß man vom wilhelminischen Zeitkolorit absehen kann. Der »Untertan« lebt immer noch in unserer Mitte, wenn er auch keinem Kaiser zujubelt und nicht gerade ein Fabrikant ist. Der »Untertan« kann Arbeiter, Angestellter, Unternehmer, Aristokrat, Offizier, Priester usw. sein; aber er ist immer ein Mensch, der vor der gesellschaftlich anerkannten Macht im Staube liegt und keine Solidarität zu seinen Mitmenschen besitzt. Diese Charakterstruktur ist das »menschliche Baumaterial« autoritärer Sozialordnungen. Mit seiner Hilfe besteht soziale Ungerechtigkeit weiter, werden Kriege vorbereitet und geführt, werden Vorurteile aller Art am Leben erhalten. Am autoritären Menschen kann durchaus die Welt noch zugrunde gehen.

Der Held von Heinrich Manns Erzählung heißt Diederich Heßling und ist das einzige Kind eines Papierfabrikanten. Er wird von der Mutter verwöhnt und vom Vater hart erzogen. Frühzeitig ahnt er, daß er »etwas Besseres« ist als die Arbeiter in der väterlichen Fabrik. Er spielt ihnen gegenüber den kleinen Herrn. Aber vor seinem Vater ängstigt er sich immer. Dieser war ein ehemaliger Unteroffizier und hatte strenge Auffassungen von Pflicht, Ordnung und Moral. Wenn Diederich gegen letztere verstieß, bekam er Prügel. Am Vater lernt Diederich, daß die Welt voller Autoritäten ist, mit denen man sich gutstellen muß; er beginnt, die große Hierarchie der Gewalt zu verstehen:

»Nach so vielen furchtbaren Gewalten, denen man unterworfen war, nach den Märchenkröten, dem Vater, dem lieben Gott, dem Burggespenst und der Polizei, nach dem Schornsteinfeger, der einen durch den ganzen Schlot schleifen konnte, bis man auch ein schwarzer Mann war, und nach dem Doktor, der einen im Hals pinseln durfte und schütteln, wenn man schrie — nach allen diesen Gewalten geriet nun Diederich unter eine noch furchtbarere, den Menschen auf einmal ganz verschlingende: die Schule.« (S. 7)

Diederich bewundert die strengen Lehrer, indes er den gutmütigen arge Streiche spielt. Er unterwirft sich völlig der schulischen Disziplin. Der Rohrstock des Lehrers wird ihm zu einem kultischen Symbol, das er fürchtet und anbetet. Seinen kleinen Schwestern gegenüber imitiert er das Lehrerverhalten, indem er sie Diktate schreiben läßt und ihnen

Strafen austeilt. An Tieren und Dingen baut er eine sado-masochistische Phantasiewelt auf. Wenn er an Quälereien und Zerstörung denkt, fühlt er sich groß. Gelegentlich fällt ihm auch ein schwächerer Schulkamerad in die Hände, an dem er für die Schläge, die ihm die Klassenrüpel geben, Rache nehmen kann. Er ist kein guter Schüler, aber bei den Lehrern beliebt, weil er folgsam und gefügig ist. Zudem ist er ein Angeber. Er verrät die Missetaten seiner Mitschüler, was den Lehrern gefällt. So schließt er erfolgreich sein Abitur ab und geht aus der Kleinstadt nach Berlin, wo er Chemie studieren soll. Damit soll er sich auf die Übernahme der väterlichen Papier-fabrik vorbereiten.

In Berlin ist er zunächst sehr einsam. Er besucht einen ehe-maligen Mitarbeiter seines Vaters, dessen Tochter Agnes ihm Eindruck macht. Die Familie Göppel ist sehr gastfreundlich und will den Studiosus öfter bei sich sehen. Diederich ist sehr linkisch im Umgang. Vor allem bei Mädchen ist er befangen. Er spürt bei Agnes Sympathie, aber das macht ihn noch ver-legener. Um so mehr gibt er sich als »starker Mann«, der sogar die Manieren verleugnet. Die Göppels sind ihm des-wegen nicht gram und laden ihn zu weiteren Besuchen ein. Er geht auch nochmals hin, aber da ist ein anderer Student zu Gast und bedeutet ihm, daß er ihm bei Agnes nicht Kon-kurrenz machen dürfe. Da der andere offensichtlich von ro-busterem Körperbau ist, akzeptiert Diederich dieses Verbot.

Nun tritt er der Verbindung der »Neuteutonen« bei, wo er in die Kneipe gehen, vaterländische Lieder singen und den »studentischen Komment« lernt. Wenn er sich so richtig voll-getrunken hat, fühlt er sich allen »Philistern« überlegen. In der Studentenverbindung herrscht eine straffe Rangordnung; es wird kommandiert und gehorcht. Trinken ist wichtiger als studieren. Hier soll Diederich zum »Mann« werden. Bald hat er auch seine erste Mensur mit scharfen Säbeln. Sein Gegner verletzt ihn auf der Wange, so daß er genäht werden muß. Die Narbe erhöht sein Prestige bei den Kneipfreunden. Der kleinmütige Diederich wird selbstbewußter:

»Schon hatte Diederich Selbstbeherrschung gelernt, Beob-achtung der Formen, Korpsgeist, Eifer für das Höhere. Nur mit Mitleid und Widerwillen dachte er an das elende Dasein des schweifenden Wilden, das früher das seine gewesen war. Jetzt waren Ordnung und Pflicht in sein Leben gebracht. Zu genau eingehaltenen Stunden erschien er ... im Fechtsaal, beim Friseur und beim Frühschoppen. Der Nachmittagsbummel leitete zur Kneipe über; und jeder Schritt geschah in Korpora-tion, unter Aufsicht und mit Wahrung peinlicher Formen und gegenseitiger Ehrerbietung, die gemütvolle Derbheit nicht ausschloß.« (S. 26)

In dieses unbeschwerte Studentenleben fällt eines Tages die Nachricht, daß Diederichs Vater im Sterben liege. Diederich fährt nach Hause. Er wird nun zum »Familienvorstand« und fühlt sich dieser Rolle schon einigermaßen gewachsen. Bevor er aber die Fabrikleitung übernehmen kann, muß er seinen Militärdienst absolvieren und sein Studium abschließen.

Im Militär wird seine Erziehung zum »Untertan« komplettiert. Aber lange hält er es dort nicht aus. Er bewundert den grausamen Drill, aber für ihn selbst ist das zu hart. Glücklicherweise ist der Vater eines seiner Verbindungsbrüder ein Geheimer Sanitätsrat, der Diederichs Oberstabsarzt kennt. Man arrangiert sich, so daß Diederich wegen Plattfüßen vom Militärdienst befreit wird. Er kehrt in die Verbindung zurück, wo er im Kreise andächtiger Kameraden von der Großartigkeit des Militärdienstes schwärmt. Nun kann er auf seinen Studienabschluß hinarbeiten.

Daneben kann er sich auch für Politik interessieren. Er ist natürlich konservativ, antisozialistisch, antisemitisch, kaisertreu und militaristisch. Die Demonstrationen der Arbeiter, die für menschenwürdige Arbeitszeit und Entlöhnung demonstrieren, widern ihn an. Wenn die Polizei gewaltsam gegen diese friedlichen Aufmärsche eingreift, imponiert das Diederich sehr. Für ihn sind die Sozialdemokraten der »innere Feind«. Sie stehen in der Nähe von Verbrechern, denn sie wagen die kaiserliche Autorität anzuzweifeln. Diederichs Weltbild gerät ins Wanken, daß derlei überhaupt möglich ist.

Eines Tages trifft er Agnes Göppel auf der Straße. Es sind inzwischen drei Jahre seit seinem Besuch in der Familie Göppel vergangen. Agnes besucht ihn in seiner Wohnung. Sie gibt sich ihm hin, und Diederich meint beinahe, daß er verliebt sei. Aber die Familie Göppel erscheint ihm bald als nicht standesgemäß. Der Vater ist offenbar ein Liberaler und nimmt sogar die Arbeiter in Schutz. Auch ist die Firma Göppel nicht besonders solvent. Es wäre unklug, sich mit ihr zu verbinden. Sodann ist Agnes nicht mehr jungfräulich. Das empfindet Diederich als Einwand gegen eine Ehe, wiewohl er selbst bei Agnes »der erste« war. — Diederich schließt seine Studien mit dem Doktorexamen ab und kehrt in seine Heimatstadt Netzig zurück.

Schon auf der Heimfahrt trifft er in der Eisenbahn Gusti Daimchen aus Netzig, mit der er als Kind gespielt hat. Diese ist ein unkompliziertes Frauenzimmer, das unter anderem den Vorzug einer großen Mitgift hat. Aber Diederich muß zunächst seine Rolle als Unternehmer ausbauen. Er läßt die Arbeiter seiner Fabrik antreten und spricht sie im Jargon seines hochverehrten Kaisers an:

»Leute! Da ihr meine Untergebenen seid, will ich euch nur sagen, daß hier künftig forsch gearbeitet wird. Ich bin gewillt, mal Zug in den Betrieb zu bringen. In der letzten Zeit, wo hier der Herr gefehlt hat, da hat mancher von euch vielleicht gedacht, er kann sich auf die Bärenhaut legen. Das ist aber ein gewaltiger Irrtum, ich sage das besonders für die alten Leute, die noch von meinem seligen Vater her dabei sind... Jetzt habe ich das Steuer selbst in die Hand genommen. Mein Kurs ist der richtige, ich führe euch herrlichen Tagen entgegen. Diejenigen, welche mir dabei behilflich sein wollen, sind mir von Herzen willkommen; diejenigen jedoch, die sich mir bei dieser Arbeit entgegenstellen, zerschmettere ich... Einer ist hier der Herr, und das bin ich. Gott und meinem Gewissen allein schulde ich Rechenschaft. Ich werde euch stets mein väterliches Wohlwollen entgegenbringen. Umsturzgelüste aber scheitern an meinem unbeugsamen Willen. Sollte sich ein Zusammenhang zwischen irgendeinem von euch mit sozialdemokratischen Kreisen herausstellen, so zerschneide ich zwischen ihm und mir das Tischtuch. Denn für mich ist jeder Sozialdemokrat gleichbedeutend mit Feind meines Betriebes und Vaterlandsfeind...« (S. 80)

Diederich hat nur sehr wenig Chemie und gar keine Unternehmensführung gelernt, aber er ist entschlossen, aus der väterlichen Fabrik »etwas ganz Großes« zu machen. Gegen den Rat seiner kaufmännischen Mitarbeiter schafft er teure Maschinen an. In der Fabrik spielt er andauernd den »Herrn im Haus«. Alles muß anders, besser werden. Vor allem die Arbeiter sollen sich ducken. Diederichs Beobachtungen im Militär sollen auf die Fabrik übertragen werden. Wenn er auch kein Offizier werden konnte, kann er sich als Fabrikant doch beinahe als Hauptmann fühlen.

Diederich macht seine Antrittsbesuche bei den kleinstädtischen Honoratioren und wird von ihnen freundlich aufgenommen. Er gewinnt schnell Überblick über die machtpolitischen Verhältnisse. Die Liberalen und die Sozialdemokraten existieren für ihn nicht; um so mehr fühlt er sich den Konservativen und Klerikalen verbunden. In seiner Studentenverbindung hat er genügend politische Gemeinplätze gehört, so daß er als Vaterlandsfreund und Ordnungsapostel auftreten kann. Ordnung heißt für ihn: Anerkennung der sozialen Hierarchie. Diederich denkt und fühlt hierarchisch, da er auf der Stufenleiter der Macht nicht ganz unten steht. Er ist glücklich darüber, »eine Stütze der Gesellschaft« zu sein. Die übrigen Gesellschafts-Stützen erkennen, was sie an ihm haben werden.

Heinrich Mann zeichnet mit erstaunlicher Präzision den machtpolitischen Dschungel einer deutschen Kleinstadt um die Jahrhundertwende. Da gibt es den aristokratischen Regierungspräsidenten, der wie ein Gott und Kaiser die kleinstädtischen Verhältnisse überwacht; das Großbürgertum setzt sich aus den Neureichen der »Gründerjahre« zusammen und ist fast durchgehend patriotisch und devot; dann besteht eine schwache Fraktion von Liberalen, die von den ruhmreichen Erinnerungen an das Jahr 1848 zehren; sodann hat man in der Politik im wachsenden Maße mit der Arbeiterschaft zu rechnen, die unter ihren sozialdemokratischen Führern an politischem Bewußtsein gewinnt. Streiks, Massenversammlungen und Demonstrationen beginnen die politische Szene zu beunruhigen. Die Arbeiter verlangen soziale Gleichberechtigung und gesellschaftliche Mitbestimmung. Das konservative Bürgertum, das im Bunde mit Adel und Klerus zu einer »unteren Oberschicht« geworden ist, fühlt sich bedroht und lehnt sich um so stärker an die traditionellen Autoritäten an. Diederich weiß, wo er hingehört. Es bietet sich ihm eine willkommene Gelegenheit, einen alten Liberalen wegen Majestätsbeleidigung anzuklagen. Der darauffolgende Prozeß wird zur Sensation der Kleinstadt. Die korrupten Richter und der verschlagene Staatsanwalt verhelfen Diederich zu einem prozessualen Sieg, wiewohl seine Sache eher schlecht steht. Nun ist er in die kleinstädtische Prominenz aufgerückt. Seine Heirat mit der »Millionenerbin« Gusti Daimchen bekräftigt noch seine Position.

Somit sind Diederichs gesellschaftlicher Aufstieg und materieller Erfolg gesichert. Auch seine stümperhafte Geschäftsführung kann daran nicht viel ändern. Die Kunden kommen in Scharen, denn der »Doktor Heßling« ist eine kleinstädtische Macht geworden. Im Kulturleben und in der Politik des Städtchens kann man ihn nicht mehr übergehen. Seine Brust ist vor Stolz geschwellt, seit er auch Einladungen vom Regierungspräsidenten von Wulckow erhält.

Die Hochzeitsreise führt Diederich und Gusti über Zürich nach Rom, wobei die italienische Hauptstadt vor allem deshalb als Reiseziel gewählt wurde, weil sich der deutsche Kaiser derzeit dort aufhielt. Da kommt es zum Höhepunkt in Diederichs Untertanen-Leben; der Wagen des Kaisers fährt vom Bahnhof weg und nähert sich Diederich, der in einer Menschenmenge steht:

»Aber Diederich, in entfesselter Begeisterung, durchbrach die Schranken . . . Schon war er inmitten des Platzes; zwei Soldaten in Federhüten jagten ihm nach, daß ihre bunten Frackschöße flogen . . . Diederich schwenkte den Hut, er brüllte auf, daß die Herren im Wagen ihr Gespräch unterbrachen. Der rechts neigte sich vor — und sie sahen einander an, Diederich und sein Kaiser. Der Kaiser lächelte kalt prüfend mit den Augenfalten, und die Falten am Mund ließ er ein wenig herab. Diederich lief ein Stück mit, die Augen weit aufgerissen, im-

159

mer schreiend und den Hut schwenkend, und einige Sekunden lang waren sie, indes ringsum dahinten eine fremde Menge ihren Beifall klatschte, in der Mitte des leeren Platzes und unter einem knallblauen Himmel ganz miteinander allein, der Kaiser und sein Untertan.« (S. 79)

Von diesem großen Moment wird Diederich sein Leben lang zehren. Er fühlt sich in Rom als Wächter seines Kaisers — er steht unter den Fenstern des Palastes, den dieser bewohnt, Wache. Zeigt sich der Kaiser irgendwo, so bricht er in ein Hurra-Geschrei aus. Die Italiener halten ihn schließlich für einen Privatdetektiv, der mit dem Schutz Wilhelms II. beauftragt ist.

Nach Netzig zurückgekehrt, stürzt er sich in die kleinstädtische Politik und macht vor allem mit seinem Vorschlag Furore, ein Kaiser-Wilhelm-Denkmal zu stiften. Gegen eine solche Anregung wagt niemand Einspruch zu erheben, wiewohl damit der Bau einer Schule und eines Kindergartens verzögert wird; Kaiser-Verehrung ist immer noch das Höchste! Diederich wird sogar die Ehre zuteil, bei der Enthüllung des Denkmals die Festrede zu halten — hier kann er im nationalen Pathos schwelgen. Er rühmt vor allem die »deutsche Größe«:

»In staunender Weise ertüchtigt, voll hoher sittlicher Kraft zu positiver Betätigung, und in unserer blanken Wehr der Schrecken aller Feinde, die uns neidisch umdrohen, so sind wir die Elite unter den Nationen und bezeichnen eine zum ersten Male erreichte Höhe germanischer Herrenkultur, die bestimmt niemals und von niemandem, er sei wer er sei, wird überboten werden können... Eine solche, nie dagewesene Blüte aber erreicht ein Herrenvolk nicht in einem schlaffen, faulen Frieden: nein, sondern unser alter Alliierter (d. h. Gott im Himmel — J. R.) hat es für notwendig gehalten, das deutsche Gold im Feuer zu bewähren... Wir (Deutschen) sind ernst, treu und wahr! Deutsch sein, heißt eine Sache um ihrer selbst willen tun!... Biederkeit des Mannes eint hier sich weiblicher Reine, denn das Weibliche zieht uns hinan, nicht ist es uns Werkzeug unedlen Vergnügens. Das strahlende Bild echt deutschen Wesens aber erhebt sich immer auf dem Boden des Christentums, und das ist der einzig richtige Boden... Und die Seele deutschen Wesens ist die Verehrung der Macht, der überlieferten und von Gott geweihten Macht, gegen die man nichts machen kann. Darum sollen wir nach wie vor die höchste Pflicht in der Verteidigung des Vaterlandes sehen, die höchste Ehre im Rock des Königs und die höchste Arbeit im Waffenhandwerk!« (S. 358/9).

Diederich erhält für seine gute vaterländische Gesinnung einen Orden, und wir zweifeln nicht daran, daß er auch geschäftlich weiterhin vorankommen wird. Wer so denkt wie er, ist der Unterstützung aller »anständiger Bürger« gewiß. Es ist Diederich gelungen, über den Ängsten seiner Kindheit den enormen Sicherheitsapparat eines vollendeten Konformismus zu errichten. Er wird zwar im tiefsten Innern die Urängste seiner Kindheit bewahren, aber man kann Angst durch Imponiergehaben, durch Geld, durch sozialen Status, durch Anbetung der Mächtigen einigermaßen übertönen. Wer auf niedere Volksschichten, fremde Völker, politisch und religiös Andersdenkende herabschauen kann, darf sich bereits groß fühlen. Diederich hat seine Minderwertigkeitsgefühle durch seine Spießerhaftigkeit kompensiert. Er ist zum selbstbewußten »Kleinbürger« geworden. Man muß vom Kolorit der Zeit und des Ortes absehen, um zu erkennen, daß Heinrich Mann nicht nur einen deutschen Menschen, sondern einen zeitlosen Charaktertyp porträtiert hat. Diederich Heßling ist der sadomasochistische Mitmensch, den uns die europäische Kultur — jede Kultur dieser Erde — in vielfacher Ausprägung zeigt. J.-P. Sartre hat in seiner Novelle »Die Kindheit eines Chefs« ein französisches Gegenstück zum »typisch-deutschen Gemälde« gemalt. Er bedient sich hierbei einer raffinierteren Psychologie, aber auch sein Lucien Fleurier überwindet die Ängste seiner Kindheit, indem er sich nach einer verworrenen Jugend eines Tages als »guter Franzose«, »Angehöriger der Oberschicht«, »Mann« und »Bürger« entdeckt. Nun muß er keine Angst mehr haben, denn er gehört zur »Elite«, der eine Welt zu Füßen liegt.

Der Sadomasochismus ist die allgemeinste Neurose des zeitgenössischen Menschen. Er mag daneben hysterisch, zwanghaft, angstneurotisch, phobisch, psychopathisch oder psychotisch sein: sadomasochistisch ist er auch, und zwar in allen seinen mitmenschlichen Beziehungen, in der Liebe, in der Sexualität, im Beruf, in seinem politisch-sozialen Weltbild. Diese sadomasochistische Komponente im Persönlichkeitsbild fast aller Menschen der Gegenwart entzieht sich oft der Beobachtung, weil unser Auge hierfür nicht geschärft ist und weil die meisten frühzeitig lernen, den Sadomasochismus ethisch zu bemänteln. Niemand wird von sich bekennen, daß er herrschsüchtig und unterwürfig sei; niemand wird eingestehen, daß er vor jeglicher Autorität das sacrificium intellectus (das Opfer des Verstandes) vollzieht; jeder wird behaupten, er sei ein freier und autonomer Mensch, wenngleich bei jeder seiner physischen und geistigen Lebensäußerungen die Ketten klirren, die man ihm angeschmiedet hat. Die moderne Versklavung ist listiger als die Sklaverei der Antike — man redet dem Sklaven ein, er sei ein Herr, und versöhnt ihn dadurch mit seinem knechtischen Schicksal.

Der moralische Sadomasochismus, für den Diederich Heßling eine Art Prototyp darstellt, ist Charakter und Weltanschauung zugleich. Charakterlich zeigt er sich in den traditionellen »Tugenden« des Gehorsams, der Servilität, des Konformismus, des Beachtens der bürgerlichen Moralnormen; zu diesem masochistischen Charakteranteil gesellt sich die sadistische Komponente, die als Ehrgeiz, Eitelkeit, Herrschsucht, Rücksichtslosigkeit im wirtschaftlichen Daseinskampf usw. sich ihre Geltung verschafft. Die sonntäglich gepredigte Nächstenliebe verträgt sich ohne weiteres mit dem Gleichgültigsein für das Schicksal des Nebenmenschen, wenn dieser arm, unglücklich und verzweifelt ist. Die »doppelte Moral« des Kleinbürgers, der sein Christentum und seine ökonomische Skrupellosigkeit unter einen Hut zu bringen weiß, ist von vielen Kritikern genügend ans Licht gehoben worden.

Zur *charakterlichen Korruption*, welche durch Familie, Schule und öffentliches Leben ausgebrütet wird, kommt aber auch eine *weltanschauliche Konfusion* hinzu. Um den Sadomasochismus der Kultur zu zementieren, muß man ihn auch intellektuell untermauern. Darum sehen wir den Staat, die Kirche und die Gesellschaft im gesamten bemüht, der heranwachsenden Jugend Überzeugungen einzuimpfen, die aus dem sadomasochistischen Geist entspringen und ihn hinwiederum erzeugen. Solche Lebensanschauungen sind u. a. der nationale Chauvinismus, der Fremdenhaß (Xenophobie), der Rassenhaß, Vorurteile gegen Andersdenkende, Andersgläubige und Andersartige. Der spätere Klein- oder Spießbürger muß frühzeitig die ganze autoritäre Weltkonzeption in sich aufnehmen. Dazu gehört ein ganzer Katalog von Meinungen, z. B.: Alle Menschen sind von Geburt an durch ihre Konstitution bestimmt – Soziale Gleichberechtigung ist ein Wahn – Es wird immer Kriege geben – Der Mensch ist ein Raubtier – Ohne Religion nimmt das Laster überhand – Man muß dem Vaterland dienen, ohne nach Recht und Unrecht zu fragen – Die Obrigkeit darf nicht in Frage gestellt werden – Frauen sind dem Mann an Intelligenz, Tatkraft und politischer Einsicht unterlegen – Verbrecher sollte man möglichst hart bestrafen – Auch die Prügelstrafe für Kinder hat noch nie geschadet – Die heutige Jugend ist verdorben – Man muß überall hart durchgreifen etc.

Diese Lebensäußerungen könnten ins unendliche vermehrt werden. Dabei würde man die »Untertanen-Mentalität« vielseitig beleuchten können. Dies würde jedoch das Anliegen unserer Erörterung bei weitem überschreiten. Wir gingen aus von Heinrich Manns Bildnis des »Untertanen« im Wilhelminischen Deutschland und wollten lediglich darauf hinweisen, daß der Untertan in Gestalt des Konformisten, des Patrioten, des Dogmatisch-Gläubigen, des Militaristen und des Spießers nicht der »Ganz-Andere«, sondern »wir selbst« ist. Heinrich Manns Erzählkunst stellt uns diesen Typus, an dem wir so viel Selbsterkenntnis lernen können, in zeitbedingtem Kostüm vor Augen. Er schuf damit einen gesellschaftskritischen Roman, für den ihm nicht nur die Literatur, sondern auch die moderne Psychologie dankbar sein darf. Die Psychologen müssen sich nicht schämen, wenn sie bei den Dichtern zur Schule gehen.*

* Die Zitate dieses Kapitels beziehen sich auf die Ausgabe »Der Untertan« des Deutschen Taschenbuch Verlages, dtv Bd. 256/257.

Anhang

Literaturverzeichnis

Adler, A.: Menschenkenntnis. Leipzig 1927. Neuausgabe Frankfurt am Main 1966 (Fischer Taschenbuch Bd. 6080).
– Über den nervösen Charakter. Wien 1912. Unveränderter reprografischer Nachdruck der 4. Aufl. von 1928. Darmstadt 1969. Neuausgabe Frankfurt a. M. 1972 (Fischer Taschenbuch Bd. 6174).
– Praxis und Theorie der Individualpsychologie. München 1920. Unveränderter reprografischer Nachdruck der Ausgabe von 1930. Darmstadt 1965[3].
Allport, G. W.: Persönlichkeit. Meisenheim 1959.
– Werden der Persönlichkeit. Bern 1958.
Berger, F. (Hg.): Vom menschlichen Selbst. Stuttgart 1965.
Bühler, Ch.: Psychologie im Leben unserer Zeit. München 1962.
Darwin, Ch.: Der Ausdruck der Gefühle bei Mensch und Tier. Düsseldorf o. D.
Erikson, E. H.: Einsicht und Verantwortung. Stuttgart 1966. Frankfurt a. M. 1971 (Fischer Taschenbuch Bd. 6089).
Fromm, E.: Die Furcht vor der Freiheit. Zürich 1945.
– Die Kunst des Liebens. Darmstadt 1956.
Horney, K.: Unsere inneren Konflikte. Stuttgart 1954.
– Der neurotische Mensch unserer Zeit. München 1963.
– Neue Wege in der Psychoanalyse. Stuttgart 1951.
– Neurose und menschliche Entwicklung. Stuttgart 1970.
Keller, W.: Das Selbstwertstreben. München 1963.
Klages, L.: Grundlagen der Charakterkunde. Bonn 1951.
Klineberg, O.: Die menschliche Dimension in den internationalen Beziehungen. Bern 1966.
Künkel, F.: Einführung in die Charakterkunde. Leipzig 1930.
Lersch, Ph.: Der Mensch als soziales Wesen. München 1965.
Löwith, K.: Das Individuum in der Rolle des Mitmenschen. Darmstadt 1962.
Lückert, R. H.: Konfliktpsychologie. München 1957.
Neill, A. S.: Theorie und Praxis der antiautoritären Erziehung. Reinbek bei Hamburg 1968 (Rowohlt Taschenbuch Bd. 6707/08).
Petrilowitsch, N. (Hg.): Psychologie der abnormen Persönlichkeiten. Darmstadt 1968.
Smiles, S.: Der Charakter. Stuttgart 1948.
Reik, Th.: Geschlecht und Liebe. München 1965.
Richter, H. E.: Eltern, Kind und Neurose. Stuttgart 1963. Reinbek bei Hamburg 1969 (Rowohlt Taschenbuch Bd. 6082/83).

– Patient Familie. Reinbek bei Hamburg 1970 (Rowohlt Tasche1 buch Bd. 6772).

Riemann, F.: Grundformen der Angst. München 1965.

Russell, B.: Macht und Persönlichkeit. Zürich 1953.

Schultz-Hencke, H.: Der gehemmte Mensch. Stuttgart 1947.

Sullivan, H. S.: Conceptions of Modern Psychiatry. New York 1940.

Thompson, C.: Die Psychoanalyse. Zürich 1952.

Wexberg, E.: Individualpsychologie. Darmstadt 1969.

Namen- und Sachregister

Fischer Taschenbuch Verlag

Psychologie.

Fischer
Taschenbuch
Verlag

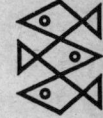

Psychologie.

**Funk-Kolleg Grundlagentexte
Pädagogische Psychologie**
Bd. 1: Entwicklung
und Sozialisation
Hrsg.: C. F. Graumann und
H. Heckhausen (Bd. 6113)
Bd. 2: Lernen und Instruktion
Hrsg.: M. Hofer und F. E. Weinert
(Bd. 6114)

Klaus Holzkamp
Kritische Psychologie (Bd. 6505)

C. G. Jung
Bewußtes und Unbewußtes
(Bd. 6058)

Alfred C. Kinsey
Das sexuelle Verhalten des
Mannes (Bd. 6003)

Marxismus Psychoanalyse Sexpol
Hrsg.: Hans-Peter Gente
(Bd. 6056) / (Bd. 6072)

Fischer Lexikon Psychologie
(Neuausgabe)
Hrsg.: Peter R. Hofstätter
(Bd. FL 6)

Paul Moor
Das Selbstporträt des
Jürgen Bartsch (Bd. 1187)

Tilmann Moser
Jugendkriminalität und
Gesellschaftsstruktur (Bd. 6158)

Ola Raknes
Wilhelm Reich
Eine Einführung in die Orgonomie
(Bd. 6225) (Okt. '73)

Josef Rattner
Aggression und menschliche
Natur (Bd. 6173)
Der schwierige Mitmensch
(Bd. 6186)
Gruppentherapie
(Bd. 6223) (Okt. '73)

Wilhelm Reich
Die sexuelle Revolution
(Bd. 6093)
Die Entdeckung des Orgons /
Die Funktion des Orgasmus
(Bd. 6140)
Charakteranalyse (Bd. 6191)

Marthe Robert
Die Revolution der Psychoanalyse
Leben und Werk Sigmund Freuds
(Bd. 6057)

Manès Sperber
Alfred Adler oder
Das Elend der Psychologie
(Bd. 6139)

Robert Waelder
Die Grundlagen der Psychoanalyse
(Bd. 6099)

Gunther Wollschläger
Kreativität und Gesellschaft
(Bd. 6177)

Hans Zulliger
Heilende Kräfte im kindlichen Spiel
(Bd. 6006)
Helfen statt strafen —
auch bei jugendlichen Dieben
(Bd. 6037)
Umgang mit dem kindlichen
Gewissen (Bd. 6074)
Die Angst unserer Kinder
(Bd. 6098)

Fischer
Taschenbuch
Verlag

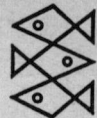

Texte zur politischen Theorie und Praxis

Herausgegeben von:
Elmar Altvater
Hans-Eckehard Bahr
Wilfried Gottschalch
Klaus Holzkamp
Urs Jaeggi
Rudolf Wiethölter
Red.: Klaus Kamberger

Analysen aus:
Soziologie
Politologie
Psychologie
Erziehungswissenschaft
Rechtswissenschaft
Ökonomie

Sven Papcke
Progressive Gewalt.
(Bd. 6501)

Karl Heinz Hörning (Hg.)
Der »neue« Arbeiter.
Zum Wandel sozialer
Schichtstrukturen. (Bd. 6502)

**Wilfried Gottschalch,
Marina Neumann-Schön-
wetter, Gunter Soukup**
Sozialisationsforschung.
Materialien, Probleme, Kritik.
(Bd. 6503)

Klaus Holzkamp
Kritische Psychologie.
Vorbereitende Arbeiten.
(Bd. 6505)

Peter Kühne
Arbeiterklasse und Literatur.
(Bd. 6506)

Jutta Menschik
Gleichberechtigung oder
Emanzipation?
Die Frau im Erwerbsleben
der BRD. (Bd. 6507)

Frigga Haug
Kritik der Rollentheorie
und ihrer Anwendung in der
bürgerlichen deutschen
Soziologie. (Bd. 6508)

Thomas Blanke
Funktionswandel des Streiks
im Spätkapitalismus.
(Bd. 6509)

Urs Jaeggi
Kapital und Arbeit
in der Bundesrepublik.
(Bd. 6510)

Fischer
Taschenbuch
Verlag

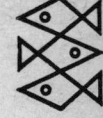

Texte zur politischen Theorie und Praxis

Die Reihe sammelt Beiträge zur Bildung politischer Theorie und Reflexion politischer Praxis.

Autoren und Herausgeber gehen davon aus, daß Wissenschaft von der Gesellschaft neuer, selbstkritischer und differenzierter Entwürfe bedarf, wenn sie ihren emanzipatorischen Anspruch erfüllen soll.

Gleiss/Seidel/Abholz
Soziale Psychiatrie.
Zur Ungleichheit
in der psychiatrischen
Versorgung. (Bd. 6511)

Walter Hollstein/Marianne Meinhold (Hg.)
Sozialarbeit unter
kapitalistischen
Produktionsbedingungen.
(Bd. 6512)

Rolf-Peter Calliess
Theorie der Strafe
im demokratischen und
sozialen Rechtsstaat.
(Bd. 6513)

In Vorbereitung:

Hubert Rottleuthner
Rechtswissenschaft als
Sozialwissenschaft. (Bd. 6514)

Gerhard Grohs/Bassam Tibi (Hg.)
Zur Soziologie der Dekolonisation in Afrika. (Bd. 6516)

In Planung:

Alternativen zur Schule
Familie und Klasse
Literaturproduktion im
Spätkapitalismus
Marx und das
moderne Recht
Psychologie in der BRD

Fischer
Taschenbuch
Verlag

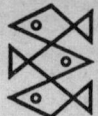

Pädagogik.

Johannes Cremerius (Hrsg.)
Psychoanalyse und Erziehungs-
praxis (Bd. 6076)

**Sozialistische Projektarbeit im
Berliner Schülerladen
Rote Freiheit**
Autorenkollektiv am Psycholo-
gischen Institut der FU Berlin
(Bd. 1147)

Karin Storch
Der zweite Bildungsweg.
Chance oder Illusion?
(Bd. 1372) (Sept. '73)

Johannes Weber/Jochen Schatte
Lesetraining.
Eine Anleitung zum schnelleren
Lesen und besseren Lernen
(Bd. 1240)

Lutz von Werder
Von der antiautoritären zur
proletarischen Erziehung.
(Bd. 1265)

Gunther Wollschläger
Kreativität und Gesellschaft.
Neue pädagogische Methoden
am Beispiel der Jugendkunst-
schule Wuppertal (Bd. 6177)

Hans Zulliger
Heilende Kräfte im kindlichen
Spiel (Bd. 6006)
Helfen statt strafen auch bei
jugendlichen Dieben. (Bd. 6037)
Umgang mit dem kindlichen
Gewissen (Bd. 6074)
Die Angst unserer Kinder. Zehn
Kapitel über Angstformen,
Angstwirkungen, Vermeidung
und Bekämpfung der kindlichen
Ängste (Bd. 6098)